oekom

Selbstverpflichtung für Nachhaltiges Publizieren:
Nicht nur publizistisch, sondern auch als Unternehmen setzt sich der oekom verlag konsequent für Nachhaltigkeit ein. Bei Ausstattung und Produktion der Publikationen orientieren wir uns an höchsten ökologischen Kriterien.
Dieses Buch wurde auf 100 % Recyclingpapier, zertifiziert mit dem FSC®-Siegel und dem Blauen Engel (RAL-UZ 14) gedruckt. Auch für den Karton des Umschlags wurde ein Papier aus 100 % Recyclingmaterial, das FSC® ausgezeichnet ist, gewählt. Alle durch diese Publikation verursachten CO_2-Emissionen wurden durch Investitionen in ein Gold-Standard-Projekt kompensiert. Die Mehrkosten hierfür trägt der Verlag.
Mehr Informationen finden Sie hinten im Buch und unter:
http://www.oekom.de/allgemeine-verlagsinformationen/nachhaltiger-verlag.html

ClimatePartner
klimaneutral
Verlag | ID: 128-50040-1010-1082

Diese Publikation wurde unter folgendem Titel als Inauguraldissertation zur Erlangung der Würde eines Doctor rerum socialium der Wirtschafts- und Sozialwissenschaftlichen Fakultät der Universität Bern von Benedikt Michael Jahnke (M.Sc.) eingereicht und anerkannt: „Mülltauchen für eine bessere Welt: Eine Mixed Methods Studie zum Containern in Deutschland". Die Fakultät hat diese Arbeit am 20. September 2018 auf Antrag der beiden Gutachter Prof. Dr. Ulf Liebe und Prof. Dr. Matthias Groß als Dissertation angenommen, ohne damit zu den darin ausgesprochenen Auffassungen Stellung nehmen zu wollen.

Bibliographische Information der Deutschen Nationalbibliothek

Die Deutsche Nationalbibliothek verzeichnet diese Publikation in der Deutschen Nationalbibliographie; detaillierte bibliographische Daten sind im Internet über http://dnb.d-nb.de abrufbar.

---

oekom verlag, Gesellschaft für ökologische Kommunikation mbH
Waltherstrasse 29, 80337 München

Umschlagabbildung: © Fotolia BillionPhotos.com/mipan/stockphoto-graf [Montage oekom]
Produktion und redaktionelle Betreuung: Volker Eidems
Korrektorat: der Autor

Druck: Bosch-Druck GmbH, Ergolding

ISBN 978-3-96238-111-0

RECYCLED
Papier aus Recyclingmaterial
FSC www.fsc.org
FSC® C011862

Benedikt Jahnke

Mülltauchen für eine bessere Welt

Eine Mixed-Methods-Studie zum Containern in Deutschland

Inhaltsverzeichnis

Tabellen- und Abbildungsverzeichnis

Tabellenverzeichnis

Abbildungsverzeichnis

Vorwort

Meine Motivation für dieses Forschungsprojekt beruht auf einem Ereignis in Verbindung mit meiner Zeit als Student der ökologischen Agrarwissenschaften in Witzenhausen: Drei Witzenhäuser Studierende mussten sich wegen Diebstahls von weggeworfenen Lebensmitteln vor Gericht verantworten. Die infolgedessen initiierten Protestaktionen bestimmten nicht nur die Gespräche auf dem Campus, sondern erregten deutschlandweites Medieninteresse. Aus alldem erwuchs ein Interesse und eine gewisse Faszination für das mir bis dahin unbekannte Phänomen des Containerns, was sich insbesondere aus dem in meinen Augen wahrnehmbarem Auseinanderklaffen zwischen Legalität und Legitimität speiste. Dass sich bei einem gemeinsamen Brainstorming zwischen Prof Dr. Ulf Liebe und mir zur Findung eines geeigneten Promotionsthemas für das Containern entschieden wurde, ist rückwirkend betrachtet ein glücklicher Zufall gewesen, schließlich ermöglichte es mir, mich intensiv mit einer Thematik auseinanderzusetzen, die mich unterschwellig schon länger beschäftigt hat.

Kann aber ein Forschungsprojekt zum Containern in Deutschland gelingen, ohne dass man selbst einmal in den Container gestiegen ist, um nach weggeworfenen Lebensmitteln zu suchen?

Ich denke schon und die vorliegende Forschungsarbeit ist hoffentlich ein Beleg dafür. In den vergangenen vier Jahren bin ich in der Theorie unzählige Male containern gewesen, habe gedanklich tief in Containern gegraben und gewühlt, mit dem Ziel das Phänomen des Containerns grundlegender zu verstehen. Dass es dabei stets bei der theoretischen Auseinandersetzung geblieben ist und ich es nie praktisch in die Tat umgesetzt habe, mögen kritische Stimmen als realitätsfern oder Forschung im Elfenbeinturm ansehen, ich sehe darin jedoch sogar einen Vorteil, denn so konnte ich vielleicht die nötige Distanz wahren und unvoreingenommen an das Thema herangehen. Während viele andere Studien zum Containern auf Grundlage eigener Erfahrungen der Autoren und Autorinnen beruhen, habe ich quasi aus der Vogelperspektive von oben in die Container hineingeschaut. In dieser tiefgehenden Beschäftigung mit dem Containern bei gleichzeitiger Wahrung der wissenschaftlichen Perspektive zweiter Ordnung liegt meines Erachtens die Besonderheit dieser Forschungsarbeit.

In diesem Zusammenhang gilt mein erster Dank den vielen Menschen, die mich bei der empirischen Untersuchung des Containerns unterstützt haben. Zu nennen sind hier zu allererst die Mülltaucher und Mülltaucherinnen, die sich bereit erklärt haben, mit mir ein Interview zu führen oder an der Onlinebefragung teilzunehmen. Ohne sie wäre die Durchführung dieses Forschungsprojekts nicht möglich gewesen. Bedanken möchte ich mich auch bei den von mir ausgemachten Experten und Expertinnen, die mir bereitwillig ihre Sicht auf das Containern erläutert und damit wichtige Hintergrundinformationen geliefert haben.

Mein besonderer Dank gilt Prof. Dr. Ulf Liebe für die gemeinsame Entwicklung des Themas, die gute Zusammenarbeit während meiner Zeit an der Universität Bern und den vielen Ideen sowie zielführenden Hinweisen bei der Durchführung des Forschungsprojekts und Anfertigung dieser Forschungsarbeit.

Bedanken möchte ich mich auch bei Prof. Dr. Matthias Groß, der sich bereit erklärt hat, die Zweitbetreuung meiner Dissertation zu übernehmen und diese Arbeit zu begutachten.

Erwähnung finden sollen an dieser Stelle auch zwei Personen, die nicht direkt an dem Gelingen dieses Forschungsprojekts beteiligt waren, aber für mich wichtige Anlaufstellen in Bern gewesen sind. Herzlichen Dank an Nils und Kusi für den beständigen Support und die guten Gespräche abseits des Unialltags.

Besonders bedanken möchte ich mich abschließend noch bei meiner Frau und meinen Kindern, die mir sehr viel bedeuten und die für mich immer wieder eine Motivationsquelle darstellten auf dem Weg zu dieser nun fertiggestellten Doktorarbeit.

1 Einleitung

»Angewandte Konsumkritik – Tauchen im Müll« (Oldag 2010)

»Die Müll-Gourmets« (Schreiner 2012)

»Von der Mülltonne auf den Esstisch« (Brien 2015)

Bei diesen drei Zitaten handelt es sich um Überschriften von Zeitungsartikeln, wie sie in den letzten Jahren mit einiger Regelmäßigkeit in deutschen Zeitungen zu lesen waren. Provokant und die Leserschaft irritierend wollen sie auf ein Phänomen aufmerksam machen – das Containern.

1.1 Forschungsgegenstand

Containern: Was ist das? Ganz allgemein gesagt, beschreibt das Containern das Herausholen von weggeworfenen Lebensmitteln aus den Containern/Mülltonnen von Supermärkten zum Eigenkonsum[1]. In Deutschland ebenfalls gebräuchlich sind die Begriffe *Mülltauchen* sowie das aus dem Englischen übernommene *Dumpster Diving*. Im englischsprachigen Raum sind neben *Dumpster Diving* auch die Bezeichnungen *Urban Scavenging*, *Urban Foraging*, *Skip Dipping* (vor allem in Australien) und *Doing the Duck* (vor allem in Neuseeland) gebräuchlich (Carolsfeld & Erikson 2013). Die Praxis des Containerns, also das Verwenden von Lebensmitteln, die von anderen als Abfall deklariert wurden, stellt kein neues Phänomen dar, sondern lässt sich bis in die frühe Menschheitsgeschichte zurückverfolgen (u.a. Lindeman 2012; Bendix 2015). Anders als zu früheren Zeiten, in denen Menschen primär aus Armutsgründen nach weggeworfenen Lebensmitteln gesucht haben, ist das Containern nicht immer und unmittelbar an die finanzielle Situation gekoppelt. Wie Studien zum Containern gezeigt haben, stammen viele aktive Mülltaucher und Mülltaucherinnen aus Familien der Mittel- bis Oberschicht (u.a. Edwards & Mercer 2007; Barnard 2011), wobei es auch gegenteilige Meinungen gibt (u.a. Eikenberry & Smith 2005; Nguyen et al. 2014). Aus diesem Grund ist von Beginn an zu betonen, dass im Fokus dieses Forschungsprojekts nicht das Herausholen von Lebensmitteln aus dem Müll aus Armutsgründen (z.B. von Obdachlosen) steht. Vielmehr wird die Praxis des Containerns im

[1] Eigenkonsum ist in Abgrenzung zu kommerzieller Nutzung zu verstehen. Damit ist gemeint, dass containerte Lebensmittel nicht weiterverkauft werden. Ein Verschenken, Teilen oder Tauschen der Lebensmittel mit anderen gehört genauso zum betrachteten Phänomen wie das Containern für soziale Events (z.B. Schnippeldisko).

hier verwendeten Sinn als Bestandteil des *Freeganismus* betrachtet, was laut Selbstdefinition eine Anti-Konsum-Ethik des Essens darstellt (Freegan.info 2000).

Der *Freeganismus* stammt aller Wahrscheinlichkeit aus den USA und wurde dort, genauer gesagt in New York, Mitte der 90er Jahre ins Leben gerufen (Hofstädter 2011). Der Begriff *Freeganismus* ist als Wortspiel zu verstehen und setzt sich zusammen aus den Bestandteilen *free* und *vegan* (u.a. Edwards & Mercer 2012; Nguyen et al. 2014), was für freie bzw. geteilte Ressourcen und vegane Ernährung steht (Pentina & Amos 2011). Jedoch leben nicht alle Freeganer und Freeganerinnen vegan (u.a. Coyne 2009; Moré 2011; Tibbetts 2013), was u.a. daran liegt, dass bei Fleisch aus dem Container eine Ausnahme von den ansonsten bestehenden Ernährungsprinzipien gemacht wird (Eikenberry & Smith 2005). Neben dem Containern beinhaltet eine freegane Lebensweise dem theoretischen Verständnis nach noch weitere Praktiken wie z.B. das Besetzen von unbewohnten Häusern und Wohnungen, das unter dem Begriff *Guerilla Gardening* praktizierte Gärtnern in der Stadt oder das Reparieren und anschließende Wiederverwerten von Alltagsgegenständen (Barnard 2011). Damit zeigen Freeganer und Freeganerinnen eine Mentalität, die von Moré (2011, S. 52) als »Use it up, wear it out, make it do or do without attitude« bezeichnet wird. Auch freiwillige Arbeitslosigkeit gehört zum Freeganismus, wobei dies wie auch das Wohnen in besetzten Häusern in der praktischen Umsetzung schwer zu realisieren ist. Da Hausbesetzungen in aller Regel nicht von den Eigentümern geduldet werden, ist es vielen Freeganern und Freeganerinnen nicht möglich in einer kostenlosen Unterkunft zu wohnen. Auch wenn es heißt »true freegans don't pay rent« (Barnard 2016a, S. 1030), sieht die Realität häufig anders aus. Die meisten Freeganer und Freeganerinnen leben in Mietswohnungen oder haben, sofern sie es sich finanziell leisten konnten, eine Eigentumswohnung erworben (Barnard 2016a). Aufgrund dieser bestehenden Zahlungsverpflichtungen für Wohnraum können praktizierende Freeganer und Freeganerinnen allenfalls ihre Arbeitszeit verkürzen, was es ihnen im Gegenzug jedoch ermöglicht, mehr Zeit ihrem Aktivismus zu widmen (Cornelissen 2016). Neben den Schwierigkeiten bei der praktischen Umsetzung eines freeganen Lebensstils ist speziell das Containern mit einer weiteren Hürde verbunden, der gesellschaftlichen Stigmatisierung. Indem Mülltaucher und Mülltaucherinnen die Container der Supermärkte durchsuchen und die darin gefundenen Lebensmittel konsumieren, verletzen sie die gesellschaftliche Norm des Essbaren[2], was von Teilen der Gesellschaft als Zeichen von Armut (Cornelissen 2016) und verlorener Würde (Carolsfeld & Erikson 2013) gedeutet wird.

[2] Die Frage, wann etwas als essbar gilt und wann nicht, wird tiefergehend im Exkurs I zum Lebensmittelabfall diskutiert.

Folge dieses Tabubruchs ist eine gesellschaftliche Abgrenzung, die je nach Lesart als bewusste Distinktion (Grewe 2017) oder gesellschaftliche Isolation, der man unter Umständen durch Geheimhaltung versucht zu entgehen (Cornelissen 2016), verstanden werden kann. Der durch das Containern vollzogene gesellschaftliche Tabubruch führt insgesamt dazu, dass bestimmte Gruppierungen, wie z.B. ethnische Minderheiten (Carolsfeld & Erikson 2013) oder Bedürftige (Grewe 2017), seltener containern gehen, was auch damit begründet werden kann, dass diese am Rande der Gesellschaft stehenden Gruppierungen sich nicht durch das Containern weiter als arm oder würdelos diskreditieren wollen. In Bezug auf die Gruppe der Bedürftigen gibt es jedoch auch gegenteilige Erkenntnisse. So haben Vinegar et al. (2016) herausgefunden, dass Menschen, die sich aufgrund ihrer prekären finanziellen Lage, nicht ausreichend mit Lebensmitteln versorgen können, das Containern bevorzugen statt auf staatliche Lebensmittelhilfen angewiesen zu sein.

Die Entscheidung containern zu gehen wird durch eine Vielzahl an Motiven bestimmt, die sich gegenseitig überlagern und über die Zeit verändern können (Carolsfeld & Erikson 2013). So können sowohl finanzielle Gründe (u.a. Rush 2006; Grewe 2017) als auch politische Motivationen, wie Protest gegen das bestehende Wirtschaftssystem (Rombach & Bitsch 2015) oder antikapitalistische Überzeugungen (Barnard 2011), zu einem Engagement als Mülltaucher oder Mülltaucherin führen. Andere wiederum gehen aus Aspekten des Umwelt- und Ressourcenschutzes containern (Heyenbruch 2013) oder wollen damit Bewusstsein in der Bevölkerung für die Problematik der Lebensmittelverschwendung schaffen (u.a. Carolsfeld & Erikson 2013; Noack et al. 2016). Des Weiteren haben verschiedene Studien gezeigt, dass das Containern auch als eine Art der Freizeitbeschäftigung aufgefasst werden kann, bei dem der Spaß und der Nervenkitzel im Vordergrund stehen (u.a. Fernandez et al. 2011; Edwards & Mercer 2012; Nguyen et al. 2014; Unrau 2015). Die dem Containern zugrundeliegenden Motive sehr gut zusammenfassend heißt es bei Vinegar et al. (2016, S. 244): »In general, participants chose to dumpster dive not only to access food, but for other reasons which included saving money, protecting the environment, for the thrill of it, and for ideological purposes such as illuminating to others the overabundance of useable waste that perpetually enters landfills.«.

Neben den Motiven gibt es einen weiteren Aspekt, der für den Einstieg in das Containern von großer Bedeutung ist, und zwar das Vorhandensein einer Kontaktperson oder eines etablierten Netzwerkes, der bzw. dem man sich als Neuling anschließen kann. Da viele für das Containern relevante Informationen, wie z.B. Containerstandorte, Uhrzeiten oder Sicherheitsvorkehrungen, auf Erfahrungswerten beruhen, ist es von großem Vorteil, wenn man als Containerneuling oder auch ortsfremde Person von erfahrenen Mülltauchern und Mülltaucherinnen mitgenommen wird und von deren Insiderwissen profitieren kann. Cornelissen (2016, S. 503) bezeichnet diese Vorgehensweise als »learned on the job« und Carolsfeld & Erikson (2013, S.263) stellen fest, dass das Containern »from one generation to the next« weitergegeben wird. Vingear et al. (2016) sehen im Fehlen von sozialen Kontakten innerhalb der Containerszene darüber hinaus einen bedeutsamen Hinderungsgrund für den Einstieg in das Containern. Diese Kontaktpersonen oder »gatekeeper«, wie sie von Heyenbruch (2013, S. 51) genannt werden, sind für Neulinge nicht nur aufgrund ihrer praktischen Erfahrungen eine wichtige Begleitung, sondern sie dienen auch als emotionale Stützen, die dabei helfen, die anfängliche Nervosität und Unsicherheit zu überwinden (Cornelissen 2016).

Mit zunehmender Erfahrung lassen sich relativ genaue Prognosen über Menge und Zusammensetzung der weggeworfenen Lebensmittel treffen, weshalb sich bei vielen aktiven Mülltauchern und Mülltaucherinnen eine Art Containeralltag etabliert, was so zu verstehen ist, dass in regelmäßigen Abständen und häufig gleichbleibender personeller Zusammensetzung die vorher ausgekundschafteten Containerstandorte aufgesucht werden. Bei Cornelissen (2016, S. 517) heißt es dazu: »Dumpster divers do not just randomly roam the streets looking for promising trash. Experienced dumpster divers know where and when to go.«. Dieses Wissen ermöglicht es den Aktiven einen bedeutsamen Anteil des Lebensmittelbedarfs durch den Konsum von containerten Lebensmitteln zu decken. So beträgt dieser Anteil bei Vinegar et al. (2016) immerhin ein Viertel bis die Hälfte, wohingegen Barnard (2011) davon berichtet, dass die von ihm interviewten Freeganer und Freeganerinnen die überwiegende Mehrheit der Lebensmittel aus dem Müll beziehen.

Beim Containern haben sich verschiedene ungeschriebene Regeln etabliert, die so auch Eingang in die wissenschaftliche Literatur zum Containern gefunden haben. Zu den besagten Regeln gehört, dass Personen, die bereits angefangen haben zu containern, nicht gestört oder verdrängt werden dürfen, ganz nach dem Motto »wer zuerst kommt, mahlt zuerst« (u.a. Edwards & Mercer 2012; Carolsfeld & Erikson 2013). Dies gilt besonders in Bezug auf Personen, die aus der Not heraus containern gehen (Barnard 2011). Des Weiteren soll darauf geachtet werden, dass nicht mehr Lebensmittel mitgenommen werden, als man selbst verbrauchen kann, um einerseits nicht selbst Lebensmittel wegwerfen zu müssen und andererseits aus Rücksicht auf evtl. nachfolgende Mülltaucher und Mülltaucherinnen (u.a. Gross 2009; Edwards & Mercer 2012). Die dritte Regel oder wie es bei Fernandez et al. (2011, S. 1782) heißt »diving etiquette« besagt, dass der Ort möglichst sauber hinterlassen werden soll, was u.a. damit begründet wird, dass man der Supermarktleitung keine zusätzliche Arbeit machen will, weil ansonsten womöglich stärkere Sicherheitsvorkehrungen installiert werden (Bernard 2011; Grewe 2017). Carolsfeld & Erikson (2013, S. 254) sprechen in dem Zusammenhang von Ressourcenmanagement und Nachhaltigkeit.

Neben diesen drei ungeschriebenen Regeln des Containerns gibt es eine Reihe weiterer Empfehlungen die Themen Hygiene und Sicherheit betreffend. So wird beispielsweise dazu geraten beim Containern Handschuhe zu tragen, um sich keine Schnittverletzungen zuzufügen und saubere Hände zu behalten (Hoffman 1993; Moré 2011). Gleichzeitig wird jedoch berichtet, dass viele Mülltaucher und Mülltaucherinnen auf diesen Schutz verzichten, weil es u.a. störend beim Öffnen der Müllsäcke ist (Cornelissen 2016) und man ein schlechteres Gefühl für die Lebensmittel im Container bekommt, weshalb Hoffmann (1993, S. 39) dies mit einer Dusche im Regenmantel vergleicht. Des Weiteren wird davor gewarnt, dass weggeworfene Lebensmittel zum Teil mit Rattengift oder Bleichmitteln versetzt werden, um eine Verwertung der Lebensmittel zu verhindern (u.a. Shantz 2005; Rush 2006; Gross 2009). Um die Gefahr von Lebensmittelvergiftungen zu reduzieren, wird obendrein empfohlen, containerte Lebensmitteln vor dem Konsum gründlich zu säubern (u.a. Coyne 2009; Fernandez et al. 2011; Lindeman 2012) und evtl. ganz auf den Konsum von leicht verderblichen Produkten, wie z.B. rohem Fleisch und Fisch zu verzichten (Edwards & Mercer 2012), was im Sommer aufgrund der höheren Temperaturen und dem damit schnelleren Verderben der Lebensmittel von besonderer Bedeutung ist (Vinegar et al. 2016). Trotz dieser Vorsichtsmaßnahmen wird das Containern als sehr riskant eingestuft, weil man nie genau weiß, was sich in den Containern befindet (Tibbetts 2013). Daher kommt es immer wieder vor, dass Mülltaucher und Mülltaucherinnen durch den Konsum von containerten Lebensmitteln krank werden. Bei Vinegar et al. (2016) haben beispielsweise von 26 interviewten Mülltauchern und Mülltaucherinnen über 50 Prozent angegeben, selbst einmal durch das Containern erkrankt zu sein oder jemanden zu kennen, dem dies widerfahren ist. Dem gegenüber steht die Beobachtung von Edwards & Mercer (2007), dass nur sehr wenige Mülltaucher und Mülltaucherinnen durch das Containern gesundheitliche Probleme bekommen haben.

Während das Phänomen des Containerns als zentrale Praktik des Freeganismus in den USA schon seit Mitte der 90er Jahre bekannt ist, hat es einige Jahre gedauert, bis es auch in Deutschland angekommen ist. Der erste Bericht über das Containern in Deutschland stammt nach meinen Recherchen aus dem Jahr 2007 und wurde im Berliner Tagesspiegel veröffentlicht (Gernert 2007). Den endgültigen Durchbruch hat das Containern dann im Jahr 2011 mit dem Film »*Taste the Waste*« von Valentin Thurn geschafft. In Folge dessen erschienen deutlich mehr Zeitungsberichte, wobei insbesondere über die drei großen Prozesse in Lüneburg 2012, Düren 2013 und

Witzenhausen 2014 berichtet wurde, bei denen sich Mülltaucher und Mülltaucherinnen für ihr Handeln in gerichtlichen Auseinandersetzungen verantworten mussten. Während das mediale Interesse am Containern ab 2015 deutlich abgenommen bzw. sich hin zu anderen damit verbundenen Praktiken wie beispielsweise Foodsharing verschoben hat, ist das Containern in den sozialen Netzwerken wie Facebook nach wie vor präsent, wobei diese Onlineplattformen zumeist stadt- bzw. regionsbezogen strukturiert sind und insbesondere für das Herstellen eines Erstkontaktes sowie zum Darstellen von containerten Lebensmitteln genutzt werden.

1.2 Forschungsstand

Zum Containern und dem *Freeganismus* sind einige populärwissenschaftliche Werke veröffentlicht worden, von denen die bekanntesten die Bücher von John Hoffman »*The Art & Science of Dumpster Diving*« aus dem Jahr 1993 sowie von Jeff Ferrell »*Empire of Scrounge*« von 2006 sind. Einen sehr guten Überblick zum Thema gibt das 2016 erschienene Buch »*Freegans*« von Barnard (2016b). Einen interessanten Einblick in das Containern in Deutschland liefert das vom Autoren Christian Walter (2017) als Selbstbericht geschriebene Buch »*Volle Bäuche statt volle Tonnen*«.

Darüber hinaus wurden seit 2005 einige wissenschaftliche Studien zu dem Thema Containern publiziert (siehe Tabelle 1), wobei häufig das Containern nicht allein, sondern im Vergleich dargestellt wird. So beruht z.B. die Arbeit von Gross (2009) auf einem Vergleich zwischen Anhängern und Anhängerinnen des Freeganismus und der Back-To-The-Land Bewegung[3] im ruralen Oregon. Ebenfalls vergleichend gearbeitet haben Edwards & Mercer (2007; 2012) sowie Hofstädter (2011) in ihrer Dissertation. Während Edwards & Mercer (2007; 2012) in Australien zwei Gruppierungen (Containern und Food Not Bombs[4]) innerhalb der freeganen Bewegung miteinander vergleichen, bei denen es explizit um weggeworfene Lebensmittel geht, verwendet Hofstädter (2011) einen weiter gefassten Vergleichsrahmen. Wie der Titel ihrer Dissertation »*Leute die vom Müll leben*« schon andeutet, wird der Umgang mit Müll als Lebensgrundlage zum Vergleich ermöglichenden Faktum und sie wählt dafür Mülltaucher und Mülltaucherinnen sowie Flohmarkt- und Antiquitätenhändler und -händlerinnen in Wien. Ebenfalls

[3] Der Begriff Back-To-The-Land Bewegung beschreibt eine besonders in den 70er Jahren in den USA beobachtbare Binnenmigration aus den Städten heraus auf das Land mit dem Ziel dort Subsistenzlandwirtschaft zu betreiben und sich damit zum Teil selbst versorgen zu können (siehe Jacob (2003) auch für weiterführende Informationen).

[4] Food Not Bombs ist eine weltweit agierende Bewegung, die Anfang der 80er Jahre in den USA entstanden ist. Ziel der Bewegung ist es durch die Bereitstellung von veganem Essen, zubereitet aus Produkten, die nicht mehr verkauft werden können, einen Wandel der Gesellschaft hin zu mehr Frieden und Umweltschutz anzustoßen (Food Not Bombs 2017).

vergleichend aber auf einer anderen Ebene ist die Arbeit von Corman (2011) anzusiedeln, da sie zum einen Menschen (Mülltaucher und Mülltaucherinnen) und Tiere (Waschbären) miteinander in Beziehung setzt und sie zum anderen einen Perspektivwechsel vornimmt, indem sie nicht, wie die allermeisten anderen Studien sich auf die Innenperspektive fokussiert, sondern danach fragt, wie die Gesellschaft Containern wahrnimmt. Der Versuch beide Perspektiven, also sowohl die Innenperspektive der Aktivisten und Aktivistinnen als auch die Außenperspektive der Gesellschaft, einzufangen und einander gegenüberzustellen, wird in der Arbeit von Pentina & Amos (2011) unternommen.

Eine weitere Auffälligkeit bei den bisherigen wissenschaftlichen Veröffentlichungen zum Containern ist die Vielzahl ethnographischer Studien. Während in einigen Studien explizit auf den ethnographischen Hintergrund verwiesen wird (z.B. Edwards & Mercer 2012; Carolsfeld & Erikson 2013; Barnard 2016a; Gollnhofer 2017), wird in anderen Studien auf die klassischen Erhebungsmethoden der Ethnographie, qualitative Interviews und teilnehmende Beobachtung, zurückgegriffen und damit implizit ethnographische Feldforschung betrieben (z.B. Fernandez et al. 2011; Nguyen et al. 2014; Vinegar et al. 2016). In einigen Fällen (z.B. Black 2007; Carolsfeld & Erikson 2013; Barnard 2016a) führte die intensive Beschäftigung mit dem Thema und die fortschreitende Sozialisierung mit dem Forschungsfeld dazu, dass die Forschenden selbst zum Mülltauchenden wurden und einen Großteil des Lebensmittelbedarfs durch das Containern deckten, sodass sie selbst zum Forschungsobjekt wurden, was Cornelissen (2016, S. 512) beispielsweise als »auto-ethnographic experience« beschreibt. Wie aus Tabelle 1 ersichtlich wird, beruhen fast alle empirischen Arbeiten zum Containern auf einen Methodenmix aus qualitativen Interviews und/oder teilnehmender Beobachtung. Herausfällt dabei die Arbeit der beiden Ernährungswissenschaftlerinnen Nicole Eikenberry und Chery Smith (2005), die mittels Fragebogentechnik die Einstellungen und Überzeugungen zum Mülltauchen sowie dessen Verbreitung unter Personen mit geringem Einkommen quantitativ untersucht haben. Daneben gibt es noch vereinzelt Studien, die als Datengrundlage ebenfalls nicht auf Interviews und/ oder teilnehmende Beobachtung zurückgreifen, sondern inhaltsanalytisch verschiedene Schriftdokumente, häufig Einträge in Onlineforen, analysieren. Dazu zählen z.B. die Arbeiten von Coyne (2009), Corman (2011) und Pentina & Amos (2011).

Neben diesen zwei methodischen Gemeinsamkeiten unter den wissenschaftlichen Studien zum Containern lassen sich auch einige Themenfelder erkennen, die besonders intensiv beforscht und diskutiert wurden. Dazu gehört zum einen das auf dem Containern liegende Stigma, das in insgesamt zehn der in Tabelle 1 aufgeführten Studien erwähnt wird, wobei speziell die Arbeiten von Nguyen et al. (2014) und Savio (2017) auf dieses Thema fokussieren, indem untersucht wird, wie Mülltaucher und Mülltaucherinnen mit der Stigmatisierung umgehen. Laut Nguyen et al. (2014) kommt es dabei zur aktiven Umkehrung des Stigmas durch die Aktiven, indem in deren Augen nicht mehr das Herausholen und der Konsum sozialen Normen widerspricht, sondern das Wegwerfen noch verzehrbarer Lebensmittel. Darauf aufbauend wird bei Savio (2017) das Potential zur Umkehrung der Stigmatisierung unter Berücksichtigung des Organisationsgrades der Mülltaucher und Mülltaucherinnen beleuchtet. Anhand eines Fallbeispiels aus New York wird gezeigt, dass insbesondere im Rahmen einer formalen Organisation, wie es der Zusammenschluss über die Website freegan.info darstellt, die Möglichkeit gegeben ist, aktiv das auf dem Containern liegende Stigma umzukehren.

Ein weiteres zentrales Themenfeld in der wissenschaftlichen Auseinandersetzung mit dem Containern ist die identitätsstiftende Wirkung des Containerns, wobei zwischen persönlicher und kollektiver Identität zu differenzieren ist. So haben sich Fernandez et al. (2011) mit der persönlichen Identitätskonstruktion beschäftigt und dabei insbesondere die Frage beleuchtet, wie es Mülltauchern und Mülltaucherinnen in einem durch Konsum bestimmten gesellschaftlichen Umfeld und trotz sozial abweichenden Verhaltens möglich ist eine positive eigene Identität herausbilden. Einen interessanten Beitrag zur kollektiven Identität haben Pentina & Amos (2011) geleistet, indem sie mittels Inhaltsanalysen von verschiedenen Schriftdokumenten sowohl die auf internen Aushandlungsprozessen beruhende Identitätskonstruktion durch die Mülltaucher und Mülltaucherinnen selbst als auch die durch die öffentliche Wahrnehmung von außen zugeschriebene Identität analysiert haben. Den Autoren zufolge zeigt sich dabei, dass sich die von den Mülltauchern und Mülltaucherinnen selbst ausgehandelte Identität zwischen einer radikalen und nicht-radikalen Identität aufspaltet, was auch in unterschiedlichen Strategien zum Ausdruck gebracht wird. Von der Außenperspektive betrachtet lassen sich drei Containeridentitäten feststellen, wobei in der Öffentlichkeit die von den Autoren als Held- und Landstreicheridentitäten bezeichneten Typen vorherrschend sind.

Kein zentrales Forschungsthema aber dennoch ein inhaltlich bedeutsamer Aspekt, der in vielen wissenschaftlichen Studien zum Containern thematisiert wird, ist die Verbindung des Containerns zu anderen gesellschaftlichen Strömungen und Denkweisen. Dazu gehört neben Anti-Kapitalismus, Globalisierungskritik und Do-It-Yourself Bewegung insbesondere, dass das Containern als Form des Anti-Konsums[5] beschrieben wird (u.a. Barnard 2011; Nguyen et al. 2014), womit zum Ausdruck gebracht werden soll, dass es sich beim Containern

[5] Einen guten Einblick in das Themenfeld *Anti-Konsum* bietet die 2009 erschiene Ausgabe 62(2) des Journal of Business Research, insbesondere die Studien von Cherrier (2009) und Iyer & Muncy (2009).

um eine Praktik handelt, die über alternativen oder bewussten Konsum hinausgeht und stattdessen auf komplette Konsumverweigerung bzw. weitgehenden Konsumverzicht zielt, wobei, wie von Fernandez et al. (2011, S. 1786) deutlich gemacht, das Containern ohne zu konsumieren nicht möglich ist. Coyne (2009, S. 14) spricht in dem Zusammenhang von einer Abhängigkeit zu einem funktionierenden Kapitalismus und verweist damit auf den beim Containern angelegten Widerspruch eine Wirtschafts- und Gesellschaftsform zu kritisieren, indem man von dessen Resten profitiert.

Tabelle 1: Empirische Studien zum Containern (chronologische Übersicht zum Forschungsstand).

Autor(en)	Jahr	Titel	Datengrundlage					Datenerhebung	
			Interviews	Beobachtung	Inhaltsanalyse	Fokusgruppe	Befragung	Jahr	Land
Eikenberry & Smith	2005	Attitudes, beliefs, and prevalence of dumpster diving as a means to obtain food by Midwestern, low-income, urban dwellers				x	x	2002	USA
Rush	2006	Skip Dipping in Australia	x		x			k.A.	Australien
Black	2007	Eating Grabage. Socially marginal provisioning practices		x				2000 – 2003	Frankreich, Italien
Edwards & Mercer	2007	Gleaning from Gluttony: an Australian youth subculture confronts the ethics of waste	x	x	x			k.A.	Australien
Coyne	2009	From Production to Destruction to Recovery: Freeganism's Redefinition of Food Value and Circulation			x			k.A.	USA
Edlmayr	2009	„Living Beyond Capitalism – Mülltonnentauchen als konsumkritische Praxis"	x					2008	Österreich
Gross	2009	Capitalism and Its Discontents: Back-to-the-Lander and Freegan Foodways in Rural Oregon	x					2004	USA
Barnard	2011	'Waving the banana' at capitalism: Political theater and social movement strategy among New York's 'freegan' dumpster divers	x	x	x			k.A.	USA
Corman	2011	Getting Their Hands Dirty: Raccoons, Freegans, and Urban "Trash"			x			k.A.	Kanada
Fernandez et al.	2011	"Doing the duck": negotiating the resistant-consumer identity	x	x	x			k.A.	Neuseeland
Hofstädter	2011	„Leute die vom Müll leben" Eine Studie zur Soziologie des Abfalls	x	x				k.A.	Österreich
Moré	2011	Dumpster Dinners: An Ethnographic Study of Freeganism	x	x				k.A.	USA
Pentina & Amos	2011	The Freegan phenomenon: anticonsumption or consumer resistance?			x			k.A.	USA
Edwards & Mercer	2012	Food waste in Australia: the freegan response	x		x			2005	Australien

Fortsetzung von Tabelle 1

Autor(en)	Jahr	Titel	Datengrundlage					Datenerhebung	
			Inter-views	Be-obach-tung	In-halts-ana-lyse	Fokus-gruppe	Befra-gung	Jahr	Land
Foden	2012	Everyday consumption practices as a site for activism? Exploring the motivations of grassroots re-use groups	x					k.A.	Großbritan-nien
Lindeman	2012	Trash Eaters	(x)	x				2009	USA
Carolsfeld & Erikson	2013	Beyond Desperation: Motiva-tions for DumpsterTM Diving for Food in Vancouver	x	x				2012	Kanada
Heyen-bruch	2013	"Containern" - ethnografische Überlegungen zum Umgang mit Lebensmitteln zwischen Protest und Alltagsstrategie	x	x				2012	Deutsch-land
Nguyen et al.	2014	Reverse stigma in the Freegan community	x	x	x			k.A.	USA
Müller-Späth	2015	Geteiltes Gut? Der Abfallcontai-ner als Form der Allmende	x					2014	Deutsch-land
Rombach & Bitsch	2015	Food Movements in Germany: Slow Food, Food Sharing, and Dumpster Diving	x					2014	Deutsch-land
Unrau	2015	Festmahl aus dem Müll – Con-tainern zwischen Jagen, Retten und Schenken	x					k.A.	Deutsch-land
Barnard	2016	Making the City "Second Na-ture": Freegan "Dumpster Di-vers" and the Materiality of Mo-rality	x	x	x			2007 – 2009; 2012	USA
Cornelis-sen	2016	Turning distaste into taste: con-text-specific habitus and the practical congruity of culture	x	x				2012/ 2013	USA
Noack et al.	2016	Was Menschen bewegt, Lebens-mittel aus dem Müll zu holen: eine explorative Studie zum Containern	x					2014/ 2015	Deutsch-land
Vinegar et al.	2016	More than a response to food in-security: demographics and so-cial networks of urban dumpster divers	x	x				2011/ 2012	Kanada
Gollnhofer	2017	The Legitimation of a Sustaina-ble Practice Through Dialectical Adaptation in the Marketplace	x	x	x			2012/ 2013	Deutsch-land
Grewe	2017	Teilen, Reparieren, Mülltau-chen. Kulturelle Strategien im Umgang mit Knappheit und Überfluss	x	x	x			2012 – 2014	Deutsch-land
Savio	2017	Organization and Stigma Man-agement: A Comparative Study of Dumpster Divers in New York	x	x	x			k.A.	USA

Ein weiterer Punkt, der sich deutlich aus Tabelle 1 herauslesen lässt, ist der geographische Schwerpunkt der empirischen Studien im englischsprachigen Raum. Ein Großteil der Studien hat in den USA stattgefunden (u.a. Gross 2009; Barnard 2011; Nguyen et al. 2014; Barnard 2016), es gibt jedoch auch Arbeiten aus Kanada (z.B. Carolsfeld & Erikson 2013;

Vinegar et al. 2016), Großbritannien (Foden 2012), Australien (Rush 2006; Edwards & Mercer 2007; 2012) und Neuseeland (Fernandez et al. 2011).

Diese geographische Konzentration lässt sich u.a. dadurch erklären, dass das Phänomen des Containerns in den USA, wie beschrieben, schon länger bekannt ist als in anderen Ländern, wie beispielsweise Deutschland, dem Untersuchungsgebiet dieses Forschungsprojekts, wo mit der Zunahme an Zeitungsberichten und damit öffentlicher Wahrnehmung die Wissenschaft sich dem Thema Containern angenommen hat, sodass erst in den letzten Jahren wissenschaftliche Studien zu dem Thema aus Deutschland erschienen sind. Zu nennen sind zum einen die vergleichend arbeitenden Studien von Rombach & Bitsch (2015) und Grewe (2017). Während in der erst genannten Studie drei Bewegungen (Slow Food[6], Foodsharing[7], Containern) anhand qualitativer Interviews analysiert werden, die direkten Bezug zu Lebensmitteln haben, wird bei Grewe (2017) der thematische Fokus erweitert, indem Kleidertauschpartys[8], Repair Cafés[9] und das Containern zueinander in Beziehung gesetzt werden, um deren Umgang mit Knappheit und Überfluss zu untersuchen. Weitere Forschungsarbeiten zum Containern in Deutschland wurden von Heyenbruch (2013), Müller-Späth (2015), Unrau (2015), Noack et al. (2016) und Gollnhofer (2017) veröffentlicht. In dem Aufsatz von Heyenbruch (2013) wird das Containern als konsumkritische Praktik verstanden und dahingehend untersucht, wie es sich in den Alltag der Mülltaucher und Mülltaucherinnen integriert. Bei Müller-Späth (2015) wird die Fragestellung diskutiert, ob der Abfallcontainer als Bezugsquelle von Lebensmitteln für die Mülltaucher und Mülltaucherinnen eine Form der Allmende darstellt. In der Arbeit von Unrau (2015) wird das Containern anhand der drei zentralen Praktiken »Jagen«, »Retten«, »Schenken« beleuchtet und aufgezeigt, dass das Containern auch als Festmahl verstanden werden kann. Noack et al. (2016) haben eine explorative, qualitative Studie zu den Motiven von Mülltauchern und Mülltaucherinnen durchgeführt. Die dabei herausgearbeiteten fünf verschiedenen Motivgruppen umfassen

[6] Slow Food ist eine im Jahr 1989 gegründete internationale Bewegung, die sich für die Bewahrung lokaler Kulturen und Traditionen von Lebensmitteln einsetzt, sich gegen die Schnelllebigkeit des Alltags positioniert und für die Vermittlung von lebensmittelbezogenen Fähigkeiten und Kenntnissen eintritt (Slow Food 2017).

[7] Foodsharing ist eine im Jahr 2012 gegründete Bewegung, die mittels einer Online-Plattform die Weitergabe von ansonsten weggeworfenen Lebensmitteln zwischen Privatpersonen ermöglicht und die Abholung unverkäuflicher Lebensmittel von Handelsunternehmen organisiert und koordiniert (Foodsharing 2017).

[8] Kleidertauschpartys sind soziale Events, auf denen aussortierte, aber sehr gut erhaltene Kleidungsstücke untereinander getauscht werden. Kleidungsstücke, die während der Party keinen Interessenten gefunden haben, werden an soziale Einrichtungen gespendet (Clothing Swap 2017).

[9] Repair Cafés sind organisierte Veranstaltungen, auf denen die Teilnehmer alleine oder zusammen kaputte Gegenstände reparieren. Dabei können sie auf das vorhandene Werkzeug und Material zurückgreifen sowie die Hilfe von fachkundigen Ehrenamtlichen in Anspruch nehmen (Repair Café 2017).

überwiegend ideologische Beweggründe, zudem insbesondere die Sensibilisierung der Öffentlichkeit gehört. Egoistische Motive, wie z.B. finanzielle Vorteile, seien hingegen nur von untergeordneter Bedeutung. Die Studie von Gollnhofer (2017) schließlich befasst sich mit der engen Verflechtung zwischen Containern und Foodsharing, indem mittels ethnographischer Forschungsmethoden herausgearbeitet wird, wie durch Kooperation, Umdeutung und Strukturierung aus der Praxis des Containerns die legale und öffentlich legitimierte Alternative Foodsharing entstehen konnte. Neben den hier erwähnten publizierten Studien zum Containern in Deutschland gibt es noch weitere Arbeiten zu dem Thema in Form von unveröffentlichten Projekt- und Abschlussarbeiten. So wird in Welz (2015) z.B. von einem Lehrforschungsprojekt mit dem Titel »*food / waste / share*« berichtet, in dem sich Studierende der Kulturanthropologie und Europäischen Ethnologie u.a. mit dem Containern beschäftigt haben.

1.3 Forschungsziel und Aufbau der Arbeit

Der soeben skizzierte Stand der Forschung zum Containern lässt erkennen, dass dieses Thema bereits aus verschiedenen Blickwinkeln und mit unterschiedlichen thematischen Fragestellungen untersucht wurde. Zu diesem Schluss kommt auch Grewe (2017, S. 79), indem sie sagt: »Im internationalen Kontext ist das Containern bereits interdisziplinär beforscht.«. Dennoch, und da schließe ich mich der Meinung von Vinegar et al. (2016) an, bestehen weiterhin viele Forschungslücken, die das Containern zu einem spannenden Forschungsfeld machen. Vinegar et al. (2016, S. 251) sehen den Forschungsbedarf insbesondere darin, »to identify the various motivations to dumpster dive and quantitatively assess the prevalence of dumpster diving«. Auch in diesem Punkt teile ich die Auffassung der drei Forscher und sehe meine Studie als Beitrag, die dem Containern zugrunde liegenden Motive besser zu verstehen und zwar durch Auswertung sowohl qualitativer als auch quantitativer Daten. Wie aus der Präsentation des Forschungsstandes deutlich wurde und sich aus Tabelle 1 ablesen lässt, gibt es mit Ausnahme der Studie von Eikenberry & Smith (2005), die als Ernährungswissenschaftlerinnen jedoch einen anderen thematischen Schwerpunkt verfolgt haben, keine quantitativen Untersuchungen zum Containern, sodass mein Forschungsprojekt diesbezüglich wie auch beim zum Einsatz kommenden Vignetten-Experiment Neuland betritt. Das Containern darüber hinaus als unkonventionelle Protestform gegen die Lebensmittelverschwendung aufzufassen und anhand theoriegeleiteter Einflussfaktoren aus der sozialen Bewegungsforschung zu »erklären«, stellt einen weiteren Aspekt dar, der bislang in der wissenschaftlichen Auseinandersetzung mit dem Containern unberücksichtigt geblieben ist und im Rahmen dieses Forschungsprojekts zum ersten Mal beleuchtet wird. Ein dritter Punkt, der hier anders als in vorangegangenen Studien tiefergehend und mit qualitativen und quantitativen Daten untermauert betrachtet wird, ist die Illegalität des Containerns, wobei die exakte juristische Rechtsauffassung weniger im Fokus meiner Untersuchung steht, sondern es vielmehr darum geht, die persönlichen Rechtsauffassungen der aktiven Mülltaucher und Mülltaucherinnen zu verstehen und deren Handlungsrelevanz nachzuzeichnen. Dass in diesem Forschungsprojekt neben der Perspektive der Aktivisten und Aktivistinnen auch die Meinung der Bevölkerung zum Containern näher betrachtet wird, stellt eine Besonderheit im Vergleich mit den bislang durchgeführten Studien dar, in denen dieser Blickwinkel gar nicht oder nur am Rande thematisiert wird, jedenfalls nicht, wie in dieser Studie, auf Daten aus einer allgemeinen Bevölkerungsbefragung basieren.

Im Anschluss an diese Einleitung, in der der Forschungsgegenstand umfassend beschrieben und tiefergehend auf den Stand der Forschung zum Containern eingegangen wurde, werden im Abschnitt 2 zunächst die theoretischen Überlegungen vorgestellt, auf deren Grundlage die Annahmen zum Containern fußen. Der nachfolgende Abschnitt 3 untergliedert sich in zwei größere Sinneinheiten: während im Abschnitt 3.1. auf die Grundideen von Mixed Methods eingegangen wird, stehen in den weiteren Unterpunkten des Abschnitts 3 die Datenerhebung, die Beschreibung der Datensätze sowie Erklärungen zur Variablenkonstruktion und den Vignetten-Experimenten im Mittelpunkt. Im Abschnitt 4 werden in acht themenbezogenen Unterpunkten, die sich auch als unterschiedliche Perspektiven auf das Containern auffassen lassen, die Forschungsergebnisse zum Containern in Deutschland dargestellt. Im Schlussteil (Abschnitt 5) werden zu Beginn noch einmal die wichtigsten Ergebnisse dieses Forschungsprojekts zusammengefasst und diskutiert. Daran anschließend erfolgen eine kritische Auseinandersetzung mit der eigenen Forschungsarbeit sowie eine Prognose zur Fortentwicklung des Containerns.

Doch bevor ich mich im Abschnitt 2 den theoretischen Überlegungen zuwenden werde, möchte ich an dieser Stelle zwei in meinen Augen für das weitere Verständnis wichtige Exkurse einfügen. Der erste Exkurs führt uns ein Stück weit vom praktischen Containern weg, indem ich mich dem Thema Lebensmittelabfall auf zwei verschiedenen Ebenen widme. Zum einen werde ich Lebensmittelabfälle als gesellschaftspolitisches Problem skizzieren, zum anderen tiefergehend auf die Kontingenz des Begriffs Lebensmittelabfall eingehen. Der zweite Exkurs bringt uns dann wieder zurück zum Containern, indem die für das Containern relevante Rechtslage beleuchtet wird.

Exkurs I: Lebensmittelabfall

Der für die Beschäftigung mit dem Containern zentrale Begriff des Lebensmittelabfalls setzt sich, wie unschwer zu erkennen ist, aus den beiden miteinander verbundenen Substantiven Lebensmittel und Abfall zusammen, die sich in Bezug auf die Essbarkeit diametral gegenüberstehen. Lebensmittel sind essbar, Abfälle hingegen nicht.[10] Aber wie entscheidet sich, ob etwas Lebensmittel oder Abfall ist? Wie u.a. von Fischler (1980) oder Barlösius (2016) festgestellt, ist nicht alles was ernährungsphysiologisch essbar wäre, auch unter den kulturellen Begebenheiten essbar. Deutlich zum Ausdruck gebracht werden die unterschiedlichen Abstufungen von Essbarkeit in dem folgenden Zitat von Asp (1999, S. 289): »Items can be considered inedible by humans in a culture; edible by animals but not by humans in my culture; edible by humans in some cultures but not in my culture; edible by humans in my culture but not by me; and edible by me«.

Was für die eine Person Lebensmittel und damit essbar ist, wird von der anderen als nicht essbar eingestuft und womöglich als Abfall entsorgt. Lebensmittelabfall ist damit ein kontextspezifisches soziales Konstrukt, bei dem die Kontingenz im Alltagshandeln der Menschen offensichtlich wird. Um sich davon zu überzeugen, genügt oftmals schon ein Blick in die Mülltonnen der Nachbarschaft. Es gibt demnach weder Lebensmittel noch Abfall als objektive Kategorie, sondern es handelt sich dabei stets um soziale Konstrukte (Windmüller 2004). Die von Mary Douglas ([1966] 1985) und Michael Thompson ([1979] 1981) in Bezug auf Müll und Schmutz formulierte These, dass es sich dabei um Gegenstände am falschen Ort handelt, lässt sich dahingehend erweitern, dass in Situationen, in denen Gegenstände als Lebensmittel aufgefasst werden, sich diese am richtigen Ort befinden müssen. Lebensmittel als essbare Gegenstände besitzen einen von der individuellen Betrachtungsweise abhängigen Wert, sei es einen ernährungsphysiologischen oder einen symbolischen. Abfall hingegen wird als unbrauchbar und wertlos eingestuft. Wertzuschreibungen sind jedoch, wie von Keller (2009, S. 34) festgestellt, »historisch variable, umkämpfte, kontingente, kontextgeprägte, konstruierte symbolische Ordnungssysteme.«. Was also nicht in unser Ordnungsschema passt, läuft Gefahr aussortiert und als Abfall entsorgt zu werden. Markus Vogt (2016, S. 64) schreibt dazu: »Abfall ist das, was von einer bestimmten gesellschaftlichen Ordnungs- und Normvorstellung »abfällt« und wofür

[10] Dass es sich bei dieser Aussage um eine verkürzte und stark vereinfachende Darstellung handelt, wird aus den Ausführungen von Kofahl (2014, Kapitel 3) zur Ernährungskommunikation deutlich, in denen die Unterscheidung zwischen essbar und nicht essbar entlang der Perspektiven Organismus, Psyche und Gesellschaft ausdifferenziert wird.

nach den jeweils herrschenden Vorstellungen von Effizienz, Reinheit und Schönheit kein Platz ist.«

»Der Mensch ist, was er isst« so lautet die zur Floskel gewordene Erkenntnis des Philosophen Ludwig Feuerbach, dass Lebensmittel eine identitäts- und persönlichkeitsstiftende Funktion besitzen. Mag dies noch nachvollziehbar sein, schließlich handelt es sich dabei dem Wort nach um Mittel zum Leben, fällt es wahrscheinlich vielen schwer, dasselbe Potential im Abfall wiederzufinden. Daher mag es befremdlich sein, wenn in dem Buch »*The Ethics of Waste*« von Gay Hawkins (2006, S. 2) zu lesen ist, dass das »what we want to get rid of tells us who we are.«. Sich die Umstände zunutze machend, dass Abfallhandeln einerseits stark durch kulturelle Einflüsse geprägt ist, anderseits auf individuelle Entscheidungen beruht, lässt es sich sowohl historisch als auch im aktuellen Zeitgeschehen als kulturelles und personenbezogenes Zeugnis begreifen. Diesen Punkt aufgreifend stellt Scharfe (1988, S. 15) fest: »[Der] Umgang mit Müll spiegelt Kultur; im unterschiedlichen Umgang mit Abfall, Wegzuwerfendem, (angeblich) nutzlos Gewordenem zeichnen sich unterschiedliche Lebensräume und Phasen unserer Gesellschafts- und Kulturgeschichte ab«. In diesem Zusammenhang ist auf die Arbeiten von Rathje & Murphy (1994) sowie Strasser (1999) zu verweisen, in denen aus unterschiedlicher Perspektive – bei Rathje & Murphy (1994) aus archäologischer und bei Strasser (1999) aus sozialhistorischer Perspektive – den Spuren des Abfalls nachgegangen wird. Das gleiche Ziel verfolgt auch die Arbeit von Kuchenbuch (1988), allerdings auf einer anderen, weil sprachwissenschaftlichen Ebene. In der von ihm betriebenen »Stichwortgeschichte« zeichnet er den Verlauf des Wortes Abfall in den Einträgen verschiedener Lexika seit 1732 nach. Anhand dieser Einträge lässt sich u.a. zeigen, dass der Begriff Abfall zunächst vor allem eine gott- bzw. herrschaftsbezogene Bedeutung hatte und als Ausdruck für Untreue verwendet wurde. Erst Mitte des 19. Jahrhunderts lassen sich Einträge finden, die unserem heutigen Verständnis von Abfall nahekommen, wobei diese die bestehenden Einträge zunächst ergänzt, später weitestgehend ersetzt haben.

Die Unterscheidung zwischen Lebensmittel und Abfall ist, wie bereits mehrfach betont, ein sozial konstruiertes, kulturelles Phänomen und damit auch den Einflüssen sozialer und persönlicher Normen ausgesetzt. Das Wegwerfen von Lebensmitteln wird so zu einer moralisch aufgeladenen Handlung, was sich, wie verschiedene empirische Studien gezeigt haben (Evans 2012; Quested et al. 2013; Blichfeldt et al. 2015; Parizeau et al. 2015), beispielsweise darin äußert, dass sich bei vielen Akteuren, die ehemals zum Verzehr gedachte Objekte als Müll entsorgen, ein schlechtes Gewissen einstellt, das sich u.a. auf ethische Überzeugungen und Effizienzgedanken zurückführen lässt (Watson & Meah 2013). Um dieses schlechte Gewissen abzumildern werden verschiedene Strategien angewandt, wobei eine in den empirischen Untersuchungen sowohl von Evans (2012) als auch von Blichfeldt et al. (2015) festgestellte Praktik sich darauf bezieht, dass Lebensmittel solange z.B. im Kühlschrank aufbewahrt werden, bis sie die individuell aufgestellten Kriterien für Lebensmittel nicht mehr erfüllen und deshalb zwingend entsorgt werden müssen. In diesem Zusammenhang wird oftmals die Bedeutung des Mindesthaltbarkeitsdatums diskutiert, das von vielen Konsumenten und Konsumentinnen als absolutes Maß für die Verzehrbarkeit von Lebensmitteln (miss)verstanden wird (u.a. Williams et al. 2012; Milne 2013; Van Boxtael et al. 2014). Die Studienergebnisse von Blichfeldt et al. (2015) deuten diesbezüglich an, dass bei dieser als »Objectification« bezeichneten Herangehensweise mehr Lebensmittel weggeworfen werden, als wenn man sich auf die eigenen sensorischen Fähigkeiten bei der Überprüfung der Essbarkeit von Lebensmitteln stützt (»Internalization«).

Die bis hierher angestellten sozialwissenschaftlich geprägten Überlegungen zum Lebensmittelabfall spiegeln nur einen kleinen, eher randständigen Ausschnitt des öffentlichen Diskurses zu diesem Thema wider. Der Fokus liegt stärker auf der Wahrnehmung als globales Umwelt- und Versorgungsproblem, das es zu lösen gilt, ohne zu wissen wie. Diese dominante Perspektive wird getragen von verschiedenen empirischen Erhebungen zum Ausmaß des Lebensmittelabfalls, von denen ich im Folgenden auf drei genauer eingehen werde.

Laut Schätzungen der Food and Agriculture Organization der Vereinten Nationen (FAO 2011) werden jährlich rund 1,3 Milliarden Tonnen Lebensmittel weggeworfen oder gehen entlang der Wertschöpfungskette anderweitig verloren. Das entspricht etwa einem Drittel der weltweit für den menschlichen Verzehr produzierten Lebensmittel. Aus dieser globalen Dimension an Lebensmittelverlusten wird allerdings nicht ersichtlich, dass es enorme Unterschiede zwischen den verschiedenen Regionen und Kontinenten gibt. So produziert die Bevölkerung in Europa und Nordamerika laut der Studie der FAO zwischen 95 und 115 kg Lebensmittelabfall pro Kopf und Jahr, in Sub-Sahara Afrika und Süd- bzw. Südostasien sind es hingegen nur 6 bis 11 kg pro Kopf und Jahr. Der in den Industrienationen auf der Konsumentenebene anfallende Lebensmittelabfall ist mengenmäßig in etwa identisch mit den gesamten in Sub-Sahara Afrika produzierten Lebensmitteln.

Eine von der EU-Kommission in Auftrag gegebene Studie (FUSIONS 2016) beziffert den in den 28 Mitgliedsländern anfallenden Lebensmittelabfall auf 88 Millionen Tonnen, was rund 20 Prozent der in der EU produzierten Lebensmittel ausmacht. Wird die ermittelte Gesamtmenge auf alle EU-Bürger und -Bürgerinnen umgelegt, so ergeben sich 173 kg Lebensmittelabfall pro Kopf und Jahr. Auch für Deutschland liegen Zahlen zu der Menge an weggeworfenen Lebensmitteln vor. Demnach belaufen sie sich auf fast elf Millionen Tonnen, wovon ca. 6,7 Millionen Tonnen auf die privaten Haushalte entfallen und die für den Lebensmitteleinzelhandel ausgewiesene Menge bei »nur« einer halben Millionen Tonnen pro Jahr liegt (ISWA 2012). Setzt man diese Zahl von elf Millionen Tonnen in Bezug mit den in der EU-Studie (FUSIONS 2016) ermittelten 88 Millionen Tonnen, so ergibt sich für Deutschland ein Anteil von 12,5 Prozent an dem in der gesamten EU anfallenden Lebensmittelabfall, was unter Berücksichtigung des Anteils der in Deutschland lebenden Bevölkerung von etwa 16 Prozent zeigt, dass in Deutschland vergleichsweise wenig Lebensmittel weggeworfen werden.

So verlockend es ist, die verschiedenen Studien miteinander in Beziehung zu setzen, ihnen fehlt die gemeinsame Grundlage: eine allgemeingültige Definition von Lebensmittelabfall. Während in der Studie der FAO (2011) zwischen Lebensmittelverlusten (food loss) und Lebensmittelabfall (food waste) unterschieden wird,[11] fehlt eine solche sprachliche Differenzierung sowohl in der EU-Studie (FUSIONS 2016) als auch in der Deutschland-Studie (ISWA 2012). Dafür werden in der letztgenannten Studie weggeworfene Lebensmittel auf Grundlage des Vermeidungspotentials in »nicht vermeidbar«, »teilweise vermeidbar« und »vermeidbar« klassifiziert. Darüber hinaus unterscheiden sich die drei hier näher betrachteten Studien auch in Bezug auf die jeweils berücksichtigten Stufen der Wertschöpfungskette bzw. der dabei jeweils anfallenden Produkte. So werden beispielsweise in den Studien der FAO (2011) und der EU (FUSIONS 2016) die Abfälle aus der landwirtschaftlichen Produktion mit in die Kalkulation eingeschlossen, wohingegen diese in der Deutschland-Studie (ISWA 2012) ausgeklammert wurden. Werden in der FAO-Studie (FAO 2011) Lebensmittelabfälle, die beispielsweise als Tierfutter eingesetzt werden, für die Berechnung der Abfallmenge einbezogen, werden diese bei der EU-Studie (FUSIONS 2016) explizit ausgeschlossen.

Zu diesen Schwierigkeiten durch unterschiedliche Definitionen des Begriffs Lebensmittelabfall kommt hinzu, dass viele, wenn nicht sogar der Großteil der für die Berechnungen berücksichtigten Daten auf groben Schätzungen und Extrapolationen beruhen, weshalb in allen drei Studien immer wieder auf die schlechte Datengrundlage hingewiesen wird,[12] was u.a. auch auf die

---

[11] Als Lebensmittelabfall werden diejenigen Lebensmittelverluste bezeichnet, die auf den letzten beiden Stufen der Supply Chain anfallen, sprich im Handel oder in den Privathaushalten.

[12] Um einen Eindruck von der schwierigen Datenlage zu bekommen, sei auf den Anhang E der EU-Studie (FUSIONS 2016) verwiesen.

mangelnde Kooperationsbereitschaft von Unternehmen zurückzuführen ist, wie es beispielsweise in der Deutschland-Studie (ISWA 2012) für den Lebensmitteleinzelhandel festgestellt wurde.

Angesichts des Ausmaßes an weggeworfenen Lebensmitteln und den soeben skizzierten Schwierigkeiten erscheint das als Sustainable Development Goal von den Vereinten Nationen (UN 2015) formulierte Ziel, zu dem sich auch die Europäische Union (EU-Parlament 2017) und die Bunderepublik Deutschland (Bundesregierung 2017) bekennen, bis 2030 die Menge an Lebensmittelabfall im Vergleich zum Jahr 2014 halbieren zu wollen,[13] sehr ambitioniert. Auf europäischer Ebene gibt es diesbezüglich eine Vielzahl nationalstaatlicher Initiativen, aber keine gemeinsam koordinierten Anstrengungen, das anvisierte Ziel zu erreichen. So hat beispielsweise das wallonischen Parlament im März 2014 ein Antiwegwerfgesetz verabschiedet, das besagt, dass Supermärkte keine verkäuflichen Waren mehr entsorgen dürfen. Alle Produkte müssen karitativen Organisationen gespendet werden. Wer sich nicht an dieses Gesetz hält, dem droht der Entzug der Betriebserlaubnis (Deutsche Wirtschaftsnachrichten 2014). Zwei Jahre später wurde in Frankreich ein ähnliches Gesetz erlassen, wonach Supermärkte dazu verpflichtet werden, unverkäufliche aber noch verzehrbare Lebensmittel zu spenden bzw. Lebensmittel, die für den menschlichen Verzehr nicht mehr geeignet sind, zu Tierfutter zu verarbeiten oder zu kompostieren (Zentrum für Europäischen Verbraucherschutz 2016). Von solch drastischen Maßnahmen ist man in Deutschland weit entfernt. Zwar wurden auch hier zahlreiche Initiativen zur Reduzierung der Lebensmittelabfallmenge gestartet, so z.B. die von dem Bundesministerium für Ernährung und Landwirtschaft im Jahr 2012 ins Leben gerufene Initiative »*Zu gut für die Tonne*«, doch beruhen diese auf Freiwilligkeit und damit auf Kooperationsbereitschaft von Seiten Dritter. Im Mittelpunkt dieser Initiativen stehen weniger restriktive Maßnahmen als vielmehr die Sensibilisierung und Aufklärung der Bevölkerung. In diesem Zusammenhang, und um den Bogen zurück zum Containern zu schlagen, lässt sich auch das Containern als bewusstseinsbildende Maßnahme verstehen, da hier die vom Lebensmittelhandel praktizierte Lebensmittelverschwendung sinnhaft erfahrbar wird, weshalb der für seinen Film »*Taste the Waste*« bekannte Regisseur und Produzent Valentin Thurn darin »eine Art Volksbildung«[14] sieht.

---

[13] Das ursprünglich anvisierte Ziel sowohl der EU als auch der deutschen Bundesregierung sah vor, die Menge an Lebensmittelabfall bereits bis zum Jahr 2020 zu halbieren (BMEL 2013; Bundesregierung 2015). Doch dieses Ziel wurde aufgegeben und zehn Jahre nach hinten verschoben.

[14] Das Zitat stammt aus einem persönlichen Gespräch mit Herrn Thurn vom 18.12.2014.

Exkurs II: Rechtslage Containern

Die Frage nach der rechtlichen Einordnung des Containerns ist nicht nur für die aktiven Mülltaucher und Mülltaucherinnen von Relevanz, sondern hat auch das Interesse von einigen Rechtsexperten und -expertinnen geweckt. So gibt es neben unzähligen Foreneinträgen zu diesem Thema (z.B. in den verschiedenen lokalen Facebook-Gruppen) auch zwei wissenschaftliche Veröffentlichungen, die sich explizit mit den rechtlichen Konsequenzen des Containerns beschäftigen. Während die Studie von Thomas (2010) die Rechtslage in Großbritannien in den Blick nimmt, wird bei Hoffmeister et al. (2015) die Gesetzeslage in Deutschland beleuchtet, indem verschiedene Szenarien durchgespielt werden, anhand derer die rechtlichen Konsequenzen erläutert werden. Da die Rechtsauffassungen bzgl. des Containerns länderspezifisch unterschiedlich sind, soll sich im Folgenden auf die Gesetzeslage in Deutschland konzentriert und nicht darüber hinaus internationale Vergleiche dargestellt werden. Diese Fokussierung erfolgt vor dem Hintergrund, dass es sich hier nicht um eine rechtswissenschaftliche Arbeit handelt, die sich primär mit der juristischen Bewertung des Containerns auseinandersetzt. Da jedoch die Hauptstudie in Deutschland stattgefunden hat, ist es notwendig die dortige das Containern betreffende Gesetzeslage zu kennen, um zu verstehen, vor welchem strafrechtlichen Hintergrund in Deutschland containert wird. Darüber hinaus das Containern auch aus der zivilrechtlichen Perspektive zu beleuchten, sprich etwaige Schadensersatzansprüche der Supermarktleitung an die Mülltaucher und Mülltaucherinnen zu berücksichtigen, erscheint aufgrund der zumeist gegebenen Geringfügigkeit des Schadens und der Abhängigkeit vom Einzelfall weniger relevant und wird aufgrund dessen hier nicht weiter thematisiert.

Die folgenden Ausführungen zur Rechtslage des Containerns in Deutschland beruhen hauptsächlich auf der Arbeit von Hoffmeister et al. (2015) und werden ergänzt durch Informationen aus einem Gespräch mit einem Jura-Professor zu diesem Thema, das im Rahmen der Experteninterviews geführt wurde.

Die strafrechtliche Bewertung des Containerns ist stark situationsabhängig. Je nach Art des Vorgehens beim Containern können folgende Tatbestände erfüllt sein: Diebstahl (§ 242 StGB); Bandendiebstahl (§ 244 StGB); Hausfriedensbruch (§ 123 StGB); Sachbeschädigung (§ 303 StGB). Während es sich beim Hausfriedensbruch, also dem Eindringen in klar abgegrenzte Räume wie es z.B. auch der Parkplatz eines Supermarktes darstellt, um ein reines Antragsdelikt handelt, es also nur strafrechtlich verfolgt wird, wenn der oder die Geschädigte Anzeige erstattet (§ 123 Abs. 2 StGB), können zu den übrigen Tatbeständen auch aus Antrieb der Strafverfolgungsbehörden Ermittlungen aufgenommen werden. Dies ist insbesondere dann der Fall, wenn eine Strafverfolgung im öffentlichen Interesse steht. Zur Klärung, ob es sich beim Containern um Diebstahl handelt, muss nachgewiesen werden, dass die Tat vorsätzlich und mit Absicht verübt wurde, wovon beim Containern in aller Regel auszugehen ist. Das Gelände des Supermarktes wird von den Mülltauchern und Mülltaucherinnen mit dem Ziel betreten, aus den dort stehenden Containern Lebensmittel zu entwenden, um sie anschließend zu konsumieren. Damit werden sie unwiederbringlich dem Gewahrsam des vorherigen Eigentümers entzogen. Des Weiteren muss erkennbar werden, dass es sich bei den entwendeten Sachen nicht um herrenlose Güter nach § 959 BGB handelt. Damit etwas zu einem herrenlosen Gut wird, muss der Eigentümer bzw. die Eigentümerin auf das Eigentum verzichten und den Besitz aufgeben, was sich unter dem Begriff Dereliktion zusammenfassen lässt. Die Supermarktleitung, als besitzende Instanz der weggeworfenen Lebensmittel, müsste folglich jeglichen Anspruch auf die Waren aufgegeben haben und der weiteren Verwendung indifferent gegenüberstehen. Dies ist nach übereinstimmender Meinung von Hoffmeister et al. (2015) sowie des interviewten Experten wenig wahrscheinlich. Vielmehr erscheint es plausibel, dass die entsorgten Lebensmittel nur von dem dafür beauftragten Entsorgungsunternehmen abgeholt werden sollen. Eine Aneignung dieser Lebensmittel durch Dritte widerspräche den umsatz- und gewinnmaximierenden Zielen der Supermarktleitung. Während bei freizugänglichen und unverschlossenen Containern noch ein gewisser Interpretationsspielraum bzgl. der Dereliktionsabsicht besteht, kann eine Eigentumsaufgabe bei eingezäunten oder verschlossenen Containern ausgeschlossen werden. Ein Punkt, der bei der Strafverfolgung des Diebstahls zu berücksichtigen ist, betrifft den Wert der entwendeten Sachen. Wie dem § 248a StGB zu entnehmen ist, werden Diebstähle geringwertiger Sachen nur auf Antrag verfolgt, wobei dieser Wert laut eines Urteils vom Oberlandesgericht Frankfurt aus dem Jahr 2008 bei 50 Euro anzusiedeln ist.[15] Dieser durch die Geringwertigkeit der entwendeten Dinge ermöglichte gesetzliche Spielraum besteht beim Bandendiebstahl (§ 244 Abs. 1 Nr. 2 StGB) nicht. Hier ist eine Strafverfolgung obligatorisch. Als Bande gilt, wenn mindestens drei Personen sich in der Absicht zusammenschließen einen Diebstahl zu begehen. Neben dem einfachen Diebstahl und dem Bandendiebstahl gibt es auch noch den besonders schweren Fall des Diebstahls (§ 243 StGB). Dieser Tatbestand gilt als erfüllt, wenn z.B. im Zuge des Diebstahls in einen umschlossenen Raum eingebrochen wird (§ 243 Abs. 1 Nr. 1 StGB), also Hausfriedensbruch begangen wird, oder sich die entwendete Sache in einem verschlossenen Behältnis befunden hat (§ 243 Abs. 1 Nr. 2 StGB). Das verschlossene Behältnis stellt beim Containern in der Regel ein abgeschlossener Müllcontainer dar, der aufgebrochen

---

[15] Das entsprechende Urteil des Oberlandesgerichts Frankfurt vom 09.05.2008 trägt das Aktenzeichen 1 Ss 67/08.

oder anderweitig geöffnet werden muss, um an die Lebensmittel heranzukommen. Dabei wird das Schloss häufig so manipuliert, dass eine weitere Nutzung nicht möglich ist, weshalb dies den zusätzlichen Tatbestand der Sachbeschädigung nach § 303 StGB erfüllt. Kommt es aufgrund von Vergehen beim Containern zur Anklage und zum Prozess werden Diebstahl und unter Umständen weitere erfüllte Tatbestände wie die Sachbeschädigung als Tateinheit aufgefasst und miteinander verhandelt. Diese Verfahren enden meistens mit einer Einstellung (§ 153 StPO) oder einer Einstellung unter Auflagen und Weisungen (§ 153a StPO), wobei es sich dabei häufig um Geldzahlungen oder zu erbringende Leistungen handelt, die als angemessen erachtet werden, den entstandenen Schaden auszugleichen.

Auch wenn das Containern in Deutschland in den meisten Fällen die Tatbestände des Diebstahls und des Hausfriedensbruchs erfüllt, müssen die Mülltaucher und Mülltaucherinnen nur äußerst selten mit einer Strafverfolgung rechnen.[16] Der Großteil der geschädigten Supermärkte verzichtet auf eine Strafanzeige oder zieht diese wieder zurück, wie es beispielsweise im Dürener Containerprozess der Fall gewesen ist (Schumacher 2013). Hintergrund dieses Verhaltens der Supermarktleitungen, so ist zu vermuten, ist zum einen der geringe monetäre Wert des entstandenen Sachschadens und zum anderen der mit dem Stellen einer Strafanzeige verbundene Imageschaden für das Unternehmen. Auch eine Strafverfolgung ohne Strafantragsstellung ist nur in den seltensten Fällen zu befürchten, weil dafür kein öffentliches Interesse besteht. Wie bereits erwähnt stellt sich die Situation bei einem nachgewiesenen Bandendiebstahl anders dar. Hier ist die Aufnahme von Ermittlungen verpflichtend, weshalb es aus juristischer Perspektive die sicherere Alternative wäre, alleine oder zu zweit containern zu gehen, auch wenn dies dem gefühlten Sicherheitsempfinden entgegenstehen mag, das durch den Schutz der Gruppe zu bestehen scheint.

[16] Diese Feststellung beruht auf eigener Recherchearbeit und den Aussagen der interviewten Mülltaucher und Mülltaucherinnen. Um genauere Angabe zur Häufigkeit von Strafprozessen in Zusammenhang mit dem Containern zu bekommen, wurden im Rahmen dieses Forschungsprojekts Staatsanwaltschaften von 15 deutschen Großstädten angeschrieben, jedoch lagen keiner Staatsanwaltschaft diesbezügliche Daten vor. Bereits 2014 musste die Bundesregierung im Zuge einer Kleinen Anfrage zum Thema »Maßnahmen zur Beendigung der Lebensmittelverschwendung« eingestehen, dass ihnen dazu keine Erkenntnisse vorliegen (Bundesregierung 2014).

2 Theoretische Überlegungen

Befragungen des Verbraucherministeriums haben ergeben, dass fast 70 Prozent der Befragten beim Wegwerfen von Lebensmitteln ein schlechtes Gewissen empfinden (BMELV 2011) und das Ziel der Bundesregierung unterstützen, die Menge an weggeworfenen Lebensmitteln zu reduzieren (BMELV 2012). Wie bei vielen anderen Themen[17] gibt es bei der Reduktion der Lebensmittelverschwendung eine erhebliche Einstellungs-Verhaltens-Lücke (siehe dazu z.B. Kollmuss & Agyeman 2002). Die Bürger und Bürgerinnen haben ein hohes Problembewusstsein, aber eine geringe tatsächliche Handlungsbereitschaft. Wer sind also jene Personen, die sich als Mülltaucher und Mülltaucherin aktiv gegen eine Verschwendung von Lebensmitteln einsetzen? Um sich der Beantwortung der Frage zu nähern, wie man diese Form illegalen Protesthandelns erklären kann, werden in Anlehnung an die Arbeiten von Karl-Dieter Opp (hier vor allem Opp 1985; Muller & Opp 1986; Opp & Roehl 1990; Opp 1997, Opp 2009) zu konventionellem sowie unkonventionellem sozialen Protest verschiedene soziologische und sozialpsychologische Bestimmungsfaktoren betrachtet. Im Folgenden soll auf die einzelnen Bestimmungsfaktoren kurz eingegangen werden.

Politischer Einfluss

Politischer Einfluss (political efficacy) stellt eine allgemeine politische Einstellung dar, die seit der Konzeptualisierung in den 50er Jahren häufig zur Erklärung von politischer Partizipation verwendet wurde (Niemi et al. 1991). Eine frühe Definition von politischem Einfluss, auf der viele der in den Folgejahren entwickelten Begriffsbestimmungen aufbauen, stammt von Campbell et al. ([1954] 1971) und lautet wie folgt:

»Sense of political efficacy may be defined as the feeling that individual political action does have, or can have, an impact upon the political process […]. It is the feeling that political and social change is possible, and that the individual citizen can play a part in bringing about this change.« (ebd., S. 187)

Eine entscheidende Modifikation erfuhr das Konzept des politischen Einflusses mit den Arbeiten von Lane (1959), Converse (1972) und Balch (1974), in denen argumentativ und anhand empirischer Daten aufgezeigt wurde, dass politischer Einfluss als ein mehrdimensionales Kon-

---

[17] Eine Einstellungs-Verhaltens-Lücke wurde z.B. auch für den Einkauf von Öko-Lebensmitteln (u.a. Padel & Foster 2005; Janssen 2018), den Wasser- und Gasverbrauch im Haushalt (u.a. Newton & Meyer 2013), und bei der Wahl eines neuen Autos (u.a. Lane & Potter 2007; Van Rijnsoever et al. 2009) festgestellt.

zept aufzufassen ist. Besonders deutlich wird dies in der Arbeit von Balch (1974), indem nachgewiesen wird, dass die von Campbell et al. ([1954] 1971) entwickelten vier Frageitems[18], die in Teilen bis heute als Messinstrument für das Ausmaß an politischen Einfluss verwendet werden, einzeln betrachtet unterschiedliche Effekte auf verschiede Formen von politischer Beteiligung haben, woraufhin vorgeschlagen wird, politischen Einfluss in eine interne und eine externe Dimension zu unterteilen. Während sich die interne Dimension auf individuell wahrgenommene Fähigkeiten zur politischen Einflussnahme bezieht, fokussiert die externe Dimension auf die Ansprechbarkeit und Empfänglichkeit des politischen Systems bzw. der in diesem System verantwortlichen Akteure auf Forderungen aus der Bevölkerung (u.a. Balch 1974; Pollock 1983; Clarke & Acock 1989; Schyns & Koop 2000). Craig (1979) spricht in diesem Zusammenhang auch von Input- und Output-bezogenem Einfluss und betont damit noch einmal die unterschiedlichen Ebenen, auf denen die interne und externe Dimension anzusiedeln sind. Dass interne und externe Dimension dabei nicht vollständig unabhängig voneinander sind, zeigt sich u.a. in der Arbeit von Coleman & Davis (1976), in der davon ausgegangen wird, dass in pluralistischen Systemen ein vorhandener externer Einfluss das Zustandekommen eines internen Einflusses begünstigt, wenn gleich dies keine hinreichende Bedingung dafür darstellt.

Sowohl die vier Items von Campbell et al. ([1954] 1971) zur Messung des politischen Einflusses als auch die von Balch (1974) vorgenommene Zuordnung der Items, Item 1 und 3 der externen Dimension und Item 2 und 4 der internen Dimension, wurde in den Folgejahren mehrfach repliziert, modifiziert und erweitert (u.a. Asher 1974; McPherson et al. 1977; Stentz & Lambert 1977; Seligson 1980; Abramson 1983; Craig et al. 1990). So kommt beispielsweise Mokken (1971) in einer länderübergreifenden Studie zu dem Ergebnis, dass das Item »Voting is the only way that people like me can have any say about how the government runs things.« aus der Skalenkonstruktion ausgeschlossen werden sollte. Bei Miller et al. (1980) wird das Item »People like me don´t have any say about what the government does.« der internen Dimension zugeordnet, was der von Balch (1974) vorgeschlagenen Zuordnung widerspricht. Im Fokus der Arbeiten von Craig & Maggiotto (1982) und Niemi et al. (1991) steht neben der Überprüfung der Originalitems von Campbell et al. ([1954] 1971) die Suche nach neuen Items, die besser geeignet sind für die Messung von politischem Einfluss. Die jeweiligen Lösungsvorschläge

[18] Die vier Frageitems von Campbell et al. ([1954] 1971) lauten im Original: (1) »I don´t think public officials care much what people like me think.«, (2) »Voting is the only way that people like me can have any say about how the government runs things.«, (3) »People like me don´t have any say about what the government does.«, (4) »Sometimes politics and government seem so complicated that a person like me can´t really understand what´s going on.«

umfassen bei Craig & Maggiotto (1982) fünf Items für die interne und neun Items für die externe Dimension bzw. bei Niemi et al. (1991) vier Items zur Messung der internen Dimension, da sich hier nur auf diese Dimension konzentriert wurde.

Neben der soeben skizzenhaft dargestellten Weiterentwicklung des Konzeptes des politischen Einflusses und dessen Messinstrumente wurde sich in der Forschung intensiv mit Fragen zum Zusammenhang zwischen politischem Einfluss und verschiedenen soziodemographischen Faktoren beschäftigt. Der dabei wiederholt festgestellte positive Zusammenhang zwischen dem sozioökonomischen Status insgesamt (u.a. Scott & Acock 1979; Paulsen 1991; Hayes & Bean 1993; Borgonovi & Pokropek 2017) bzw. der Bildung im Speziellen (u.a. Campbell et al. 1960; Niemi et al. 1991; Hayes & Bean 1993; Morrell 2003, Chao et al. 2017) und dem Ausmaß an politischen Einfluss lässt sich als Kernbefund in diesem Forschungsfeld bezeichnen. Weitere soziodemographische Faktoren, für die ein statistisch signifikanter Zusammenhang zum politischen Einfluss ermittelt wurde, sind das Geschlecht (u.a. Paulsen 1991; Bowler & Donovan 2002; Caprara et al. 2009; Chao et al. 2017) und das Alter (u.a. Hayes & Bean 1993; Bowler & Donovan 2002; Caprara et al. 2009). Während in Bezug auf das Geschlecht die empirischen Befunde eindeutig erscheinen (Männer fühlen sich politisch einflussreicher als Frauen), ist man beim Alter zu unterschiedlichen Ergebnissen gekommen. So berichten Hayes & Bean (1993) von einem positiven Effekt des Alters auf den subjektiv wahrgenommenen politischen Einfluss, Bowler & Donovan (2002) hingegen von einem negativen Effekt. Und bei Caprara et al. (2009) wird schließlich ein umgekehrt u-förmiger Zusammenhang zwischen Alter und politischen Einfluss festgestellt, was bedeutet, dass Personen mittleren Alters in der Eigenwahrnehmung den größten politischen Einfluss besitzen.

Neben den soziodemographischen Faktoren galt das Augenmerk der Forschung der Frage, wie sich das Vorhandensein oder Fehlen von politischem Einfluss auf verschiedene Formen der politischen Partizipation auswirkt. Ein Befund, der sich diesbezüglich in zahlreichen empirischen Studien gezeigt hat (u.a. Guyton 1988; Paulsen 1991; Rudolph et al. 2000; Cohen et al. 2001; Hadjar & Beck 2010; Kim 2015; Pirralha 2017), ist, dass politischer Einfluss einen positiven Effekt auf verschiedene Formen von politischer Partizipation hat.[19] So heißt es beispielsweise bei Milbrath (1965, S. 57): »a feeling of efficacy facilitates participation in nearly any type of political activity«. Zu einem differenzierteren Ergebnis kommen u.a. die

[19] Finifter (1970) spricht in diesem Zusammenhang von einem komplexen Rückkoppelungsprozess und bezieht sich damit auf die Arbeit von Dahl (1963), in der diskutiert wird, dass auch ein umgekehrter Effekt (politische Partizipation erhöht den wahrgenommenen politischen Einfluss) denkbar ist.

Arbeiten von Gamson (1968) und Muller (1982). So schlussfolgert Gamson (1968), dass ein hohes Maß an politischem Einfluss zusammen mit einem geringen Vertrauen in die Politik die optimalen Voraussetzungen für politische Mobilisierung bieten. Bei Muller (1982) wird zwischen demokratischer und aggressiver politischer Teilnahme unterschieden. Während demokratische politische Teilnahme, wie Wählen oder Demonstrieren, vorwiegend von Personen ausgeübt wird, die es als wichtig erachten, politisch beteiligt zu sein und ein hohes Maß an politischen Einfluss wahrnehmen, zeichnen sich Personen, die sich für eine aggressive politische Teilnahme, wie ziviler Ungehorsam oder politische Gewalt, entscheiden durch ein geringes Maß an subjektivem politischen Einfluss aber einer großen Bedeutung von politischer Beteiligung aus.

Vor diesem Hintergrund und dem Kernbefund, dass politischer Einfluss einen positiven Effekt auf politische Partizipation hat, ist für das Containern, was, wie einleitend dargestellt, als eine politische Handlung gegen Lebensmittelverschwendung aufzufassen ist, folgender Zusammenhang zu vermuten: *Je stärker der Einfluss auf die Lebensmittelverschwendung subjektiv wahrgenommen wird, desto aktiver ist man als Mülltaucher oder Mülltaucherin.*

Abschließend ist zu erwähnen, dass in verschiedenen Arbeiten (u.a. Finifter 1970; Seligson 1980) das Konzept des politischen Einflusses (political efficacy) als Gegenteil von politischer Machtlosigkeit (political powerlessness) verstanden wird, was eine der fünf von Seeman (1959) beschriebenen Formen politischer Entfremdung ist. Damit wird eine direkte Verbindung zwischen dem politischen Einfluss und dem Konzept der politischen Entfremdung hergestellt. Trotz dieser zweifelsohne bestehenden Nähe dieser beiden Konzepte erscheint es mir zielführend zu sein, sie im Rahmen dieser Studie zum Containern als eigenständige Theoriebausteine aufzufassen, da unterschiedliche Einflüsse auf legale und illegale Aktionen gegen Lebensmittelverschwendung vermutet werden, weshalb ich im Folgenden näher auf das Konzept der politischen Entfremdung eingehen werde.

Politische Entfremdung

Bei politischer Entfremdung (political alienation) handelt es sich um Einstellungen der Entfremdung zum politischen System (Olson 1969) oder wie es bei Levin (1962, S. 61) auf dem Punkt gebracht heißt: »Political alienation is the feeling of an individual that he is not a part of the political process.«. Politische Entfremdung setzt sich zusammen aus dem subjektiven Gefühl von fehlendem politischen Einfluss und einem allgemeinen Misstrauen gegenüber denjenigen, die Machtpositionen im politischen System innehaben (Thompson & Horton 1960), weshalb zwischen einer diffusen Entfremdung vom politischen System als Ganzes und eine auf die amtierende Regierung bezogene Entfremdung differenziert werden kann (Muller & Jukam 1977). Politische Entfremdung stellt eine themenbezogene Form des für die Soziologie zentralen Konzepts der Entfremdung dar, mit dem sich bereits Vordenker wie Karl Marx, Max Weber und Émile Durkheim auseinandergesetzt haben und das speziell in den 50er und 60er Jahren verbreitet war (Dean 1961). Trotz dieser Tradition und zeitweisen Prominenz des Konzepts ist festzustellen, dass es schwerfällt, eine allgemeingültige Begriffsbestimmung vorzunehmen. So bezeichnet Jaeggi (2005, S. 21) Entfremdung als »Begriff mit »unscharfen Rändern«.«. Für Seeman (1983) trägt die anhaltende Diskussion um die Definition von Entfremdung entscheidend dazu bei, dass das Konzept insgesamt in den Augen mancher Wissenschaftler und Wissenschaftlerinnen als nicht mehr zeitgemäß aufgefasst oder wie von Lee (1972) sogar für tot erklärt wird. Aufgrund dieser Schwierigkeiten belassen es beispielsweise Finifter (1970) oder Muller & Jukam (1977) bei der Feststellung, dass Entfremdung den Endpunkt eines Kontinuums darstellt, dem die Begriffe Unterstützung oder Integration gegenüberstehen. Des Weiteren ist man dazu übergegangen, das Konzept der Entfremdung weiter auszudifferenzieren. Neben politischer Entfremdung existiert eine Reihe von weiteren themenbezogenen Formen der Entfremdung, wie soziale Entfremdung (z.B. Glorieux 1993), Rassenentfremdung (z.B. Bobo & Hutchings 1996) oder kulturelle Entfremdung (z.B. Miller et al. 2009). Allen themenbezogenen Formen der Entfremdung gemeinsam ist die Rückbeziehung auf die Arbeit von Seeman (1959), in der die folgenden fünf Formen von Entfremdung von einander abgrenzt werden:

a) Machlosigkeit: aus Sicht des Individuums bestehen keine oder nur sehr begrenzte Möglichkeit das Eintreten eines gewünschten Ereignisses zu beeinflussen.

b) Bedeutungslosigkeit: aus Sicht des Individuums lassen sich keine oder nur sehr begrenzte Vorhersagen über die Entscheidungen anderer Personen treffen.

c) Normlosigkeit: aus Sicht des Individuums ist gesellschaftlich missbilligtes Verhalten notwendig um bestimmte Ziele zu erreichen. Soziale Normen besitzen hier keine oder nur sehr geringe Reglungsfunktion auf individuelles Verhalten.

d) Isolation: für das Individuum sind allgemeine gesellschaftliche Ziele und Überzeugungen von keiner oder nur sehr geringer Bedeutung.

e) Selbstentfremdung: das Individuum entspricht nicht den eigenen Idealvorstellungen und erhält demzufolge keine oder nur sehr geringe Selbst-Belohnung für das eigene Handeln.

Viele der in den Folgejahren durchgeführten empirischen Arbeiten zur politischen Entfremdung stützen sich auf diese Systematisierung von Seeman (1959), wobei häufig nicht alle fünf Formen der Entfremdung berücksichtigt werden. So beruhen beispielsweise sowohl die Arbeit von Finifter (1970) als auch von Miller (1974) auf den zwei Formen Machtlosigkeit und Normlosigkeit.

Im Mittelpunkt vieler empirischer Arbeiten zur politischen Entfremdung standen zum einen die Einflussfaktoren auf politische Entfremdung sowie dessen Wirkung auf die politische Beteiligung. So geht aus gleich mehreren Studien (Thompson & Horton 1960, Dean 1961, Olson 1969) hervor, dass die ökonomischen Verhältnisse bzw. der sozioökonomische Status negativ mit dem Grad der politischen Entfremdung assoziiert sind. Von Thompson & Horton (1960) wird diesbezüglich die Vermutung geäußert, dass politische Entfremdung ein vermittelnder Faktor zwischen sozioökonomischen Status und politischer Beteiligung darstellt. In der länderübergreifenden Studie von Mierina (2014) werden darüber hinaus signifikante Geschlechts-, Alters- und Bildungsunterschiede in Bezug auf das Ausmaß an politischer Entfremdung festgestellt, und zwar dahingehend, dass Frauen, Personen unter 55 Jahren und solche mit niedrigem Bildungsabschluss stärker politisch entfremdet sind. Im Gegensatz dazu stellen sich die Befunde bzgl. der Wirkung von politischer Entfremdung auf die politische Beteiligung differenzierter dar. Während verschiedene empirische Untersuchungen darauf hindeuten, dass politische Entfremdung zu einer geringeren politischen Beteiligung führt (u.a. Olson 1969, Paige 1971, Henn et al. 2005), haben die Studien von Opp & Roehl (1990) sowie Kowalewski & Porter (1992) genau das Gegenteil herausgefunden, nämlich eine höhere und zum Teil militantere politische Partizipation. Die dabei von Opp & Roehl (1990) geäußerte Vermutung, dass die konkreten Proteste gegen Atomkraft in Zusammenhang mit einer allgemeinen Unzufriedenheit mit dem politischen System stehen, lassen sich mit den aus der Literatur zum Containern (u.a. Barnard 2016a) gemachten Beobachtungen in Verbindung bringen, dass das Containern eingebettet ist in eine Protestkultur, in der es nicht nur um den Protest gegen die Lebensmittelverschwendung geht, sondern auch Kritik an den bestehenden politisch-wirtschaftlichen Verhältnissen ausgedrückt werden soll. *Daher wird im Rahmen dieses Forschungsprojekts von einem positiven Zusammenhang zwischen dem Ausmaß der politischen Entfremdung und dem Engagement als Mülltaucher oder Mülltaucherin ausgegangen.*

Wahrgenommene Legitimität von Gewalt

Der Feststellung von Peter Imbusch (2003, S. 13) Rechnung tragend, dass Gewalt »one of the most elusive and most difficult concepts in the social sciences« ist, soll zu Beginn der theoretischen Erläuterung des Bestimmungsfaktors *Wahrgenommene Legitimität von Gewalt* zunächst vertiefend auf den Begriff Gewalt und den damit verbundenen konzeptionellen Überlegungen eingegangen werden, um darauf aufbauend den Bestimmungsfaktor zu erläutern und eine Hypothese zum Containern zu formulieren.

Wie von Yakeley & Meloy (2012) beschrieben wird der Begriff Gewalt in der Literatur nicht einheitlich verwendet, was u.a. damit zu begründen ist, dass Gewalt häufig nur unzureichend von anderen Begriffen, wie Aggression oder Brutalität abgegrenzt wird (siehe dazu auch die Ausführungen von Imbusch (2003) zur Herkunft und Geschichte des Wortes). Hinzukommt, dass die Definition von Gewalt von dem jeweiligen kulturellen und sozialen Kontext abhängig ist (u.a. Dubet 2003; Rucht 2003) und damit auch zeitlichen Veränderungen unterliegt (Imbusch 2003). Dies zeigt sich beispielsweise darin, dass sich Gewalt aus Sicht einiger Autoren (u.a. Anderson & Bushman 2002; Eisner 2009; Yakeley & Meloy 2012) auf Situationen beschränkt, in denen der Täter die Absicht verfolgt dem Opfer körperlichen Schaden zuzufügen, wohingegen u.a. Tilly (1978, S. 174) der Meinung ist, dass Gewalt als »any use of physical force« zu verstehen ist, was die Möglichkeit beinhaltet, dass auch Gegenstände Ziel und Opfer von Gewalt sein können. Diese Auffassung wird auch von Gamson (1990, S. 74) vertreten, indem er Gewalt als »deliberate physical injury to property or persons« definiert.

Trotz aller Verschiedenheit der Definitionen ist man sich laut Dubet (2003, S. 937) in dem folgenden Punkt einig: »violence is a bad thing«. Unterstützung erfährt diese Ansicht durch die Feststellung von Riches (1986), dass in der Allgemeinheit Gewalt mit Handlungen in Verbindung gebracht wird, die als illegitim erachten werden. Gleichzeitig deutet er an, dass diese Einschätzung stark perspektivabhängig ist, weshalb insbesondere Täter und Opfer zu gegenteiligen Einschätzungen diesbezüglich kommen.[20] Dies liegt nach Meinung von Baumeister & Campbell (1999) u.a. darin begründet, dass für Opfer die Tat an sich im Mittelpunkt steht, die von ihnen eindeutig moralisch bewertet wird, wohingegen Täter ihr Handeln moralisch häufig in

[20] Um Missverständnisse vorzubeugen, sei an dieser Stelle betont, dass sich die beim Containern ausgeübte Gewalt ausschließlich gegen Sachen richtet und nicht gegen Menschen. Folglich gibt es auch keine Opfer im Sinne von körperlich Geschädigten, sondern allenfalls von materiell Geschädigten (z.B. Supermarktbetreiber). Dies ändert jedoch nichts daran, dass sich die Perspektiven auf den Sachverhalt zwischen Tätern (Mülltaucher und Mülltaucherinnen) und Opfern (Supermarktbetreiber) unterscheiden.

einer Grauzone verorten, indem sie z.B. mildernde Umstände oder legitime Begründungen berücksichtigen. So kann Gewalt beispielsweise als notwendiges Übel verstanden werden, das dazu dienen soll, ein größeres Übel zu verhindern (Gamson 1990). Insbesondere in Situationen, in denen staatliche Organisationen, denen das Gewaltmonopol zugesprochen wurde, nach subjektiver Empfindung nicht oder unzureichend auf ein bestehendes Übel reagieren, können Gewalt als ein Mittel zur Selbsthilfe angesehen werden, um Gerechtigkeit herzustellen (Black 1983).

Dieser Sichtweise von Gewalt als notwendiges Übel oder Mittel zur Selbsthilfe liegt ein instrumentelles Verständnis von Gewalt zugrunde, wonach Gewalt als Mittel zur Erreichung eines konkreten Ziels eingesetzt wird (u.a. Gamson 1990; Imbusch 2003; Eisner 2009). Diesbezüglich weisen Snyder & Kelly (1979) darauf hin, dass Gewalt nur eines von vielen zur Verfügung stehenden taktischen Mitteln ist, wobei Eisner (2009) betont, dass der Vorteil von Gewalt gegenüber anderen Mitteln darin besteht, dass hierbei weder Verhandlungen noch kooperatives Verhalten der Gegenseite notwendig sind. Neben der instrumentellen Funktion kann Gewalt auch zum Selbstzweck werden (Imbusch 2003), und zwar genau dann, wenn sie intrinsisch motiviert ist. Baumeister und Campbell (1999) unterscheiden diesbezüglich drei verschiedene Formen von intrinsisch motivierter Gewalt. Als die offensichtlichste Form wird der Sadismus beschrieben, bei dem der durch die Ausübung von Gewalt hervorgerufene Schaden Vergnügen bereitet. Darüber hinaus sehen die beiden Autoren den spürbaren Nervenkitzel und die Aufregung bei der Ausführung von Gewalt, insbesondere in Zusammenhang mit einem ansonsten als langweilig empfundenen Leben, als bedeutsames Motiv an. Als dritte Form wird schließlich noch bedrohter Egoismus erwähnt, wonach ein von außen infrage gestelltes Selbstbild oder Ansehen zum Auslöser von Gewalt wird.

Unabhängig davon, ob es sich um instrumentelle oder intrinsisch motiviert Gewalt handelt, sind aus Sicht von Lamnek (2003) Begründungen für dessen Einsatz erforderlich, um einerseits Hemmungen zu verringern und anderseits das Verhalten zu rationalisieren. Ein diesbezüglich viel beachteter Ansatz stellt das von Bandura (u.a. Bandura et al. 1996; Bandura 1999) entwickelte Konzept der moralischen Entkopplung (moral disengagement) dar. Demnach existieren vier verschiedene Mechanismen, mit denen Handlungen, die den eigenen moralischen Standards widersprechen und infolgedessen Selbstsanktionierung erfahren müssten, vor einem selbst zu rechtfertigen sind. Dazu gehört neben der moralischen Rechtfertigung, wie sie bereits im Kontext des notwendigen Übels erläutert wurde, auch die Nichtanerkennung bzw. Verzerrung der Konsequenzen sowie das Fortschieben von Verantwortung, wenn beispielsweise eigenes Handeln als Ausführung eines externen Mandats angesehen wird. Als vierter Mechanismus wird von Bandura noch die Entmenschlichung angesehen, der darauf beruht, dass den Opfern der Status als Mensch aberkannt wird, sodass im Umgang mit ihnen andere Maßstäbe Gültigkeit besitzen.

Diese soeben skizzierten vier Mechanismen lassen im Zusammenhang mit der ebenfalls dargestellten Unterscheidung zwischen Opfer- und Täterperspektive im Zusammenhang mit Gewalt erkennen, dass Gewalt auch als illegale Handlung unter bestimmten Voraussetzungen aus subjektiver Perspektive als legitim wahrgenommen werden kann. Die wahrgenommene Legitimität von Gewalt bezieht sich nun als modaler Bestimmungsfaktor auf die Art und Weise der (politischen) Partizipation. Konkret bedeutet dies, dass die wahrgenommene Legitimität von Gewalt als generelle Einstellung Einfluss darauf hat, welche Mittel im Zuge der (politischen) Partizipation zum Einsatz kommen. Zentral dabei ist die Unterscheidung zwischen legalen und illegalen Mitteln, wobei laut Opp (1985; 1990) die wahrgenommene Legitimität von Gewalt, die von ihm als Gewaltnorm bezeichnet wird, einen stärkeren Effekt auf illegalen als auf legalen Protest besitzen sollte. Personen, für die die Anwendung von Gewalt im Rahmen ihres Aktivismus legitim ist, werden eher zu illegalen Mitteln greifen, als Personen, die Gewalt kategorisch ablehnen. *Da das Containern nach geltender Rechtsprechung eine illegale Handlung (Einbruch, Diebstahl, Hausfriedensbruch) darstellt, sollte eine hohe wahrgenommene Legitimität von Gewalt folglich zu einem stärkeren Engagement als Mülltaucher oder Mülltaucherin führen.*

Soziale Norm

Soziale Normen[21] sind ein zentrales Erklärungskonzept für individuelles (Protest-)Handeln (Hechter & Opp 2001; Tutić et al. 2015) und lassen sich als sozial erwartete Art des Verhaltens (Ajzen 1991) bzw. Bündel von Vorstellungen über das Verhalten von anderen (Schultz 1999) definieren. Prägnant formuliert heißt es dazu bei Armitage & Conner (1999, S. 73): »subjective norms are general perceptions of social pressure to perform or not to perform the behavior«. Charakteristisch für soziale Normen ist, dass sie spontan entstehen, nicht schriftlich fixiert sind und informell durchgesetzt werden (Hechter & Opp 2001), weshalb Coleman (1991) darauf hinweist, dass soziale Normen auch im Widerspruch zu geltendem Recht stehen können. Im Rahmen der Theorie des geplanten Verhaltens (Theory of Planned Behavior; Ajzen 1985), was eine Erweiterung der Theorie überlegten Handelns (Theory of Reasoned Action;

[21] Synonym zur Bezeichnung soziale Norm wird, insbesondere in den Arbeiten von Icek Ajzen (1988, 1991), der Begriff subjektive Norm verwendet. Ich habe mich entschieden im Rahmen dieser Forschungsarbeit die Bezeichnung soziale Norm zu gebrauchen.

Ajzen & Fishbein 1980) darstellt, bilden soziale Normen neben Einstellungen und subjektiver Verhaltenskontrolle eine von drei Bestimmungsfaktoren für Intentionen, einer Vorstufe von Verhalten. Diese drei Bestimmungsfaktoren lassen sich wiederum von spezifischen salienten Überzeugungen[22] ableiten, wobei normative Überzeugungen, also die Wahrscheinlichkeit das bedeutsame Referenzpersonen oder -gruppen die Durchführung eines Verhaltens für gutheißen oder missbilligen, als die zugrundeliegenden Bestimmungsfaktoren für subjektive Normen angesehen werden (Ajzen 1988). Im von Ajzen (1991) entworfenen Modell subjektiver Norm (SN) sind normative Überzeugungen (n) multiplikativ verknüpft mit der persönlichen Motivation (m) den jeweiligen Referenzen entsprechend zu handeln. Das sich ergebende und über alle relevanten Referenzen aufsummierte Produkt ist schließlich, wie in Formel 1 dargestellt, proportional zu der subjektiven Norm.

Formel 1: Modell subjektiver Norm nach Ajzen (1991)

$$SN \propto \sum_{i=1}^{n} n_i \, m_i$$

Nach Definition und Herleitung sozialer Normen soll an dieser Stelle auf einen weiteren Aspekt eingegangen werden: die Unterscheidung zwischen beschreibendem und verfügendem Charakter sozialer Normen.

Cialdini et al. (1990) untersuchen in ihrer Studie den Einfluss von Normen auf das Wegwerfverhalten an öffentliche Plätzen und unterscheiden dabei zwischen beschreibenden (descriptive) und verfügenden (injunctive) sozialen Normen. Beschreibende Normen basieren demnach auf Überzeugungen, wie andere Menschen sich normalerweise in einer Situation verhalten und liefern damit einen approximativen Hinweis darauf, was wahrscheinlich eine effektive und praktikable Verhaltensweise darstellt, ganz nach dem Motto: »If everyone is doing it, it must be a sensible thing to do.« (ebd., S. 1015). Im Gegensatz dazu sind verfügende Normen Überzeugungen darüber, was andere Menschen denken, was gemacht werden sollte. Das bedeutet, dass verfügende Normen vorschreibend sind (Schultz 1999) und die Verhaltenswirksamkeit auf positiver Sanktionierung von normkonformen bzw. negativer Sanktionierung von normabweichendem Verhalten beruht (Reno et al. 1993). Aufgrund der Tatsache, dass Verhaltensweisen, die für gutgeheißen werden (verfügende Norm), häufig die sind, die typischerweise praktiziert werden (beschreibende Norm), besteht die Schwierigkeit, diese beiden Formen von

---

[22] Die Salienz von Überzeugungen richtet sich nach der subjektiv beurteilten Stärke des Zusammenhangs zwischen Verhalten und den verschiedenen daraus resultierenden Folgen (Ajzen 1985).

sozialen Normen zu unterscheiden (Cialdini et al. 1990). Infolgedessen kommt es, wie von Cialdini (2003, S. 108) beschrieben, häufig vor, dass im Rahmen einer Informationskampagne eine »normatively muddled message« ausgesendet wird, also beispielsweise ein sozial missbilligtes Verhalten (verfügende Norm) als ein weit verbreitetes Phänomen (beschreibende Norm) dargestellt wird. Darüber hinaus weisen Cialdini et al. (1990) darauf hin, dass soziale Normen zwar als gesellschaftlich anerkannte Regeln des Verhaltens gelten, diese aber damit nicht losgelöst von der jeweiligen Situation zu betrachten sind und temporären Veränderungen unterliegen können. Daher ist auch hier, wie bei den persönlichen Normen, eine Verhaltenswirksamkeit dann am wahrscheinlichsten, wenn eine Aktivierung der sozialen Norm[23] stattgefunden hat.

In empirischen Studien wird das Konzept sozialer Normen zumeist in der von Ajzen (1991) beschriebenen Art und Weise operationalisiert und zwar dergestalt, dass die Antwortenden gefragt werden, wie bedeutende Referenzpersonen oder -gruppen die Ausführung eines bestimmten Verhaltens bewerten würden, also ob man es gutheißen oder missbilligen würde. Dieser vorgeschlagenen Art der Operationalisierung folgend und entsprechend der Umsetzung in Opp & Roehl (1990) ist in Bezug auf das Containern zu erwarten, dass *je höher die Befürwortung des sozialen Umfelds (Familie und Freunde) ist, desto stärker sollte das Engagement als Mülltaucher oder Mülltaucherin ausfallen.*

Persönliche Norm

Neben sozialen Normen richten Individuen ihr Handeln auch nach sogenannten internalisierten oder persönlichen Normen[24] aus (Schwartz, 1973; 1977; Schwartz & Fleishman 1978). Dabei handelt es sich um von einem selbst erwartetes Verhalten, was durch antizipierte Selbstaufwertung oder -abwertung unterstützt wird (Schwartz & Fleishman 1978) bzw. um Pflichtgefühle in einer spezifischen Situation auf eine bestimmte Art zu handeln (Schultz 1999), wobei diese Selbsterwartung bzw. das Pflichtgefühl auf der persönlichen Überzeugung beruht, dass »acting in a certain way is right or wrong« (Manstead 2000, S. 12). Im Unterschied zu sozialen Normen, die von allen Mitgliedern einer Gruppe geteilt werden, sind persönliche Normen, wie der Name schon sagt, von Person zu Person unterschiedlich (Schwartz 1977). Darüber hinaus sind bei

[23] Auf die Aktivierung von Normen wird genauer im Rahmen der persönlichen Norm eingegangen.

[24] Bei Schwartz (1977, S. 240) werden persönliche Normen auch als moralische Normen bezeichnet, wobei aus Sicht des Autors nicht eindeutig ist, welche Form zu bevorzugen ist. Ich habe mich entschieden im Rahmen dieser Forschungsarbeit die Bezeichnung persönliche Norm zu verwenden.

persönlichen Normen Sanktionen an das Selbstverständnis der Person geknüpft, weshalb normkonformes Verhalten das Selbstwertgefühl steigert und die Missachtung einer persönlichen Norm Schuldgefühle hervorruft. Coleman (1991) spricht in diesem Zusammenhang von intrinsischer Belohnung bzw. Bestrafung. Durch die Verwendung der Bezeichnung »Norm« wird verdeutlicht, dass persönliche Normen in sozialen Interaktionen entstehen bzw. erlernt werden und dass sie im Zuge von sozialen Interaktionen wandelbar sind (Schwartz 1973). Wie bei sozialen Normen auch bedarf es der Aktivierung der persönlichen Normen, damit diese verhaltensrelevant werden. Voraussetzungen für die Aktivierung von persönlichen Normen sind ein vorhandenes Bewusstsein über die Konsequenzen und das subjektive Gefühl Kontrollmöglichkeiten zu besitzen über die Handlung und dessen Ergebnis (Schwartz, 1968). Aus diesen beiden Voraussetzungen lässt sich schlussfolgern, dass die Aktivierung von persönlichen Normen insbesondere dann stattfindet, wenn die Konsequenzen offensichtlich und die persönliche Verantwortung deutlich erkennbar sind. Die Ausführung von durch persönliche Normen beeinflusstem Verhalten ist stets mit Kosten verbunden, wie beispielweise körperlichem Einsatz oder zeitlichen Ressourcen. Zu diesen Kosten gehören aber auch mögliche soziale Sanktionen oder Selbstkritik aufgrund nichtberücksichtigter entgegengesetzter Normen. Je nach Stärke der persönlichen Norm und Höhe der damit verbundenen Kosten können aktivierte persönliche Normen neutralisiert werden und zwar genau dann, wenn die Kosten der Durchführung eines normkonformen Verhaltens die selbst erwarteten Kosten für die Nichtberücksichtigung einer aktivierten persönlichen Norm übersteigen. Neben der Neutralisation aufgrund antizipierter Kosten bestehen zwei weitere Möglichkeiten der Neutralisation, die direkt aus den Voraussetzungen für die Aktivierung von persönlichen Normen ableitbar sind. So können durch Leugnung der Konsequenzen oder Leugnung der persönlichen Verantwortung ebenfalls aktivierte Normen neutralisiert werden, was allgemein dazu führt, dass normverletzendes Verhalten ohne selbsterzeugte Kosten möglich wird (Schwartz 1973).

Empirische Studien zu verschiedenen Themengebieten[25], wie beispielsweise der Bereitschaft zur Organsende (Schwartz & Tessler 1972), dem Verhalten im Straßenverkehr (Parker et al. 1995) oder dem Einkauf von Bio-Lebensmitteln (Arvola et al. 2008) haben ergeben, dass sich durch die Integration von persönlichen Normen in das Modell der Theorie geplanten Verhaltens von Ajzen (1985) Verhalten bzw. Verhaltensintentionen besser vorhersagen lassen. Ferner ist

[25] Einen guten Eindruck von der Themenvielfalt der empirischen Studien, die bis Mitte der 90er Jahre veröffentlicht wurden, vermittelt die Arbeit von Manstead (2000).

in empirischen Studien zu beobachten, dass persönliche Normen zumeist dergestalt operationalisiert werden, dass nach der moralischen Verpflichtung gefragt wird, eine bestimmte Handlung auszuführen oder zu unterlassen (u.a. Minton & Rose 1997; Nordlund & Garvill 2002; Andorfer & Liebe 2015). Diese allgemeine Formulierung auf das Containern übertragen, ist nach der moralischen Verpflichtung zu fragen, etwas gegen die Lebensmittelverschwendung zu unternehmen. Unter der als erfüllt anzusehenden Voraussetzung, dass bei den aktiven Mülltauchern und Mülltaucherinnen eine persönliche Norm zur Reduktion der Lebensmittelverschwendung existiert und aktiviert ist, sollte folgender Zusammenhang gelten: *Personen, die sich moralisch verpflichtet fühlen, etwas gegen die Lebensmittelverschwendung zu unternehmen, sollten beim Mülltauchen aktiver sein.*

Identität

Die persönliche Identität (self-identity[26]) ist ein in der Soziologie und Sozialpsychologie verbreitetes Konzept (Conner & Armitage 1998). Die persönliche Identität, die auch als Selbstbild oder Selbstkonzept bezeichnet wird (Sparks & Guthrie 1998), beschreibt ganz allgemein ein Gefühl davon, wer man ist (Jasper 1997). Das eigene Ich setzt sich dabei laut Identitätstheorie (siehe Stryker & Burke 2000 für einen Überblick) aus unterschiedlichen eigenständigen Identitäten zusammen, die untereinander in einer hierarchischen Beziehung stehen und situationsbezogen unterschiedliche Wirksamkeit auf das Verhalten besitzen. Stryker (1968) nennt in diesem Zusammenhang z.B. die familiäre, politische und berufliche Identität. Zu diesen eigenständigen Identitäten gehören aber auch die von Jasper (1997) neben der persönlichen Identität beschriebene kollektive und bewegungsbezogene Identität, wobei er gleichzeitig darauf aufmerksam macht, dass diese untereinander in direkter Wechselbeziehung stehen. Viele der unterschiedlichen Identitäten sind eng mit moralischen Vorstellungen verbunden, sei es, weil sie auf moralischen Werten beruhen oder ihnen ein moralischer Wert beigemessen wird (Sparks & Guthrie 1998). Charles Taylor (1989) schreibt dazu:

»To know who you are is to be oriented in moral space, a space in which questions arise about what is good or bad, what is worth doing and what not, what has meaning and importance for you and what is trivial and secondary.« (ebd., S. 28)

Die persönliche Identität lässt sich weiterhin als Produkt sozialer Interaktionen verstehen (Biddle et al. 1987), wird also im Laufe gemachter Erfahrungen in und mit dem sozialen Umfeld

---

[26] In der englischsprachigen Literatur wird neben self-identity auch die Bezeichnung personal identity verwendet (u.a. Melucci 1980; Jasper 1997).

herausgebildet und unterliegt demzufolge permanenter, jedoch kleinschrittiger Veränderungen (Jasper 1997). Damit ist die persönliche Identität eng mit der Ausführung einer bestimmten gesellschaftlichen Rolle verbunden (Armitage & Conner 2001), was in dem folgenden Zitat von Burke und Reitzes (1991, S. 242) zum Ausdruck kommt: »Identities are the shared social meanings that persons attribute to themselves in a role.«.

Die persönliche Identität beeinflusst als Selbstperspektive Verhaltensintentionen, und zwar dergestalt, dass mit zunehmender Identifikation mit einer sozialen Rolle die Ausführung eines rollenbezogenen Verhaltens wahrscheinlicher wird (Armitage & Conner 2001). Dieser Zusammenhang ist durch zahlreiche empirische Studien, die auf Grundlage der Theorie überlegten Handelns (Ajzen & Fishbein 1980) bzw. Theorie geplanten Verhaltens (Ajzen 1985) durchgeführt wurden und eine von Eagly & Chaiken (1993) vorgeschlagene Modellerweiterung[27] berücksichtigt haben, zu unterschiedlichen Themen belegt worden (siehe Rise et al. 2010 für einen Überblick). Im Zusammenhang mit dem Containern von besonderem Interesse sind diesbezüglich die Studienergebnisse zu den Themen Lebensmittelkonsum (u.a. Sparks & Shepherd 1992; Sparks et al. 1995; Sparks & Guthrie 1998; Armitage & Conner 1999; Dean et al. 2012; Dowd & Burke 2013; O'Connor et al. 2017), Recycling (u.a. Terry et al. 1999; Mannetti et al. 2004) und Engagement in der Umweltbewegung (Fielding et al. 2008), die allesamt darauf hindeuten, dass die persönliche Identität einen eigenständigen Einfluss auf das jeweilige Verhalten haben. In Bezug auf das Containern ist daher zu vermuten, *dass Mülltaucher oder Mülltaucherinnen, die Containern als Teil ihrer Identität betrachten, ein stärkeres Engagement zeigen als jene, für die Containern nicht Teil der eigenen Identität ist.*

Der hier einseitig angedeutete kausale Zusammenhang von der persönlichen Identität auf das Verhalten lässt sich auch in die andere Richtung denken, indem nämlich die Häufigkeit einer ausgeführten Handlung, im konkreten Fall die Häufigkeit des Containerns, die Herausbildung einer persönlichen Identität bewirkt (siehe dazu z.B. Charng et al. 1988). Diese Argumentation unterstützend haben verschiedene Studien gezeigt, dass der wiederholt festgestellte eigenständige Einfluss der persönlichen Identität auf bekundetes oder tatsächlich gezeigtes Verhalten durch die Häufigkeit der Ausführung des spezifischen Verhaltens in der Vergangenheit moderiert wird. Für Verhalten, das unregelmäßig oder in großen zeitlichen Abständen ausgeführt

[27] Eagly & Chaiken (1993, S. 209) entwerfen ein zusammengesetztes Einstellungs-Verhaltens-Modell (composite attitude-behavior model), bei dem die persönliche Identität als Einflussfaktor sowohl auf Einstellungen als auch Handlungsintentionen einwirkt.

wird, ist die persönliche Identität ein wichtiger Prädiktor, wohingegen alltägliche oder sehr routinemäßig vollzogene Verhaltensweisen weniger durch die persönliche Identität beeinflusst werden (siehe Dean et al. 2012 für einen Überblick).

Diese skizzierten theoriegeleiteten Bestimmungsfaktoren haben entweder eher allgemeinen oder aber handlungsspezifischen Charakter und sind zum Beispiel im Falle der persönlichen Norm und Identität nicht zwingend unabhängig voneinander. Folgt man der Korrespondenzregel der sozialpsychologischen Forschung (siehe Ajzen & Fishbein 1977), dann sollte der Zusammenhang zwischen allgemeinen Bestimmungsfaktoren wie der politischen Entfremdung oder der Gewaltakzeptanz auf der einen Seite und dem spezifischen Aktivismusgrad des Containerns auf der anderen schwächer ausfallen als zwischen spezifischen Bestimmungsfaktoren wie der internalisierten Norm zu containern und dem Ausmaß des Aktivismus. Der Grund ist, dass Bestimmungsfaktoren und Handeln mit derselben Spezifität betrachtet werden sollten. Weiterhin wird aus analytischen Gründen in diesem Beitrag die persönliche Norm und Identität als separate Konzepte behandelt, obgleich eine gewisse Verbindung zwischen diesen leicht ersichtlich ist. Das Containern als Teil der persönlichen Identität geht sehr wahrscheinlich auch mit einer persönlichen Norm einher und vice versa.

3 Methodisches Vorgehen, Datensatzbeschreibung und Variablen

Nachdem in den vorangegangenen Abschnitten zunächst der Forschungsstand zum Containern umfassend vorgestellt und die für dieses Forschungsprojekt grundlegenden theoretischen Konzepte eingeführt wurden, gilt es in den folgenden Abschnitten das methodische Vorgehen bei der Datenerhebung zu erläutern (Abschnitt 3.2.), die erhobenen Daten zu beschreiben (Abschnitt 3.3.) und die zentralen Variablen darzustellen (Abschnitt 3.4.). Doch bevor wir uns damit dem empirischen Teil dieses Forschungsprojekts zuwenden, soll in dem sich anschließenden Abschnitt 3.1. in die Forschungstradition Mixed Methods eingeführt werden, auf dessen Grundlage dieses Forschungsprojekt konzipiert wurde. Dazu wird übersichtsartig auf die Grundideen von Mixed Methods eingegangen und Fragen zum Forschungsdesign sowie methodenimmanente Vor- und Nachteile diskutiert.

3.1 Mixed Methods

»…using two methods can be more than twice as difficult as using one method« (Morgan 2014, S. 6)

Dieses Zitat stammt aus einem Methodenlehrbuch zur Integration von qualitativen und quantitativen Methoden innerhalb eines Forschungsprojekts und klingt erst einmal sehr ernüchternd. Warum sollte man sich diese zusätzliche Arbeit machen, wenn doch die Forschungszeit stets knapp bemessen ist? Doch bevor darauf eingegangen werden soll, stellt sich zunächst eine ganz andere Frage: Mixed Methods: Was ist das?

Die Beantwortung dieser Frage ist keineswegs so eindeutig und einfach, wie es vielleicht erscheinen mag. Deutlich wird dies an den vielen verschiedenen Definitionen, die es für den Begriff Mixed Methods gibt (u.a. Creswell 1999; Creswell et al. 2003; Johnson & Onwuegbuzie 2004; Maxwell 2016), weshalb Small (2011, S. 58/59) zu dem Schluss kommt »even though the term "mixed method study" is ubiquitous, consensus on its meaning has been elusive«. Johnson et al. (2007) haben den Versuch unternommen etwas Licht in den Begrifflichkeitsdschungel zu bringen, in dem sie von 19 führenden Wissenschaftlern und Wissenschaftlerinnen aus dem Bereich Mixed Methods um eine Definition des Begriffs Mixed Methods gebeten haben, um diese nach Gemeinsamkeiten und Unterschieden zu untersuchen. Die sich aus den Zusendungen ergebene Synthese lautet wie folgt:

»Mixed methods research is the type of research in which a researcher or team of researchers combines elements of qualitative and quantitative research approaches (e.g., use of qualitative and quantitative viewpoints, data collection, analysis, inference techniques) for the broad purposes of breadth and depth of understanding and corroboration.« (ebd., S. 123)

Sich die Begriffsumschreibungen der 19 Wissenschaftler und Wissenschaftlerinnen ebenfalls zu Nutzen machend heißt es bei Kuckartz (2014):

»Unter Mixed-Methods wird die Kombination und Integration von qualitativen und quantitativen Methoden im Rahmen des gleichen Forschungsprojekts verstanden. Es handelt sich also um eine Forschung, in der die Forschenden im Rahmen von ein- oder mehrphasig angelegten Designs sowohl qualitative als auch quantitative Daten sammeln. Die Integration beider Methodenstränge, d.h. von Daten, Ergebnissen und Schlussfolgerungen, erfolgt je nach Design in der Schlussphase des Forschungsprojektes oder bereits in früheren Projektphasen.« (ebd., S. 33)

Was anhand dieser beiden Definitionen bereits deutlich wird, ist, dass für ein als Mixed Methods konzipiertes Forschungsprojekt das Zusammenspiel von qualitativen und quantitativen Elementen das konstitutive Merkmal darstellt, wobei das Zusammenspiel auf verschiedenen Ebenen bzw. in verschiedenen Stadien des Forschungsprozesses stattfinden kann. Diese knappe und stark vereinfachende Definition wird dabei der Komplexität von Mixed Methods nicht in Ansätzen gerecht, weshalb es sinnvoll erscheint, einen Blick zurückzuwerfen, um nachzuvollziehen, wo Mixed Methods herkommen und wie sie sich entwickelt haben.

Schon zu Beginn des 20. Jahrhunderts wurde Mixed Methods Forschung betrieben, allerdings ohne dass es diesen Begriff damals schon gegeben hat.[28] Als ein frühes Beispiel der Integration von qualitativen und quantitativen Methoden im Rahmen eines Forschungsprojekts wird in der Literatur gerne auf die bekannte Marienthalstudie von Jahoda et al. ([1933] 1975) verwiesen (u.a. Flick 2008; Maxwell 2016; Baur et al. 2017b), bei der sowohl qualitative Interviews als auch quantitative Befragungen durchgeführt wurden. Es folgte eine Phase des Auseinanderdivergierens von qualitativer und quantitativer Forschung, was von Vertretern beider Seiten zu regelrechten »paradigm wars« (Tashakkori & Teddlie 1998, S. 3) hochstilisiert wurde. In dieser Zeit, die geprägt war von der Unvereinbarkeitsvorstellung von qualitativer und quantitativer Forschung, gab es jedoch auch einige Wissenschaftler und Wissenschaftlerinnen, die dieser Auffassung widersprachen und stattdessen das Potential erkannten, das in der Kombination von

[28] Bei Maxwell (2016) wird argumentiert, dass in den naturwissenschaftlichen Disziplinen wie Astronomie und Geologie schon wesentlich früher qualitative und quantitative Forschungselemente miteinander verknüpft wurden, dies jedoch bei der Diskussion um die Ursprünge von Mixed Methods weitestgehend ignoriert wird.

qualitativen und quantitativen Methoden steckt. Exemplarisch dafür sei hier die Arbeit von Sieber (1973) erwähnt, in der er die Überzeugung vertritt, dass »each method can be greatly strengthened by appealing to the unique qualities of the other method« (ebd., S. 1340), und vermutet, dass dies letzten Endes zu einem »new style of research« (ebd., S. 1358) führen könnte.

Einen entscheidenden Schritt in Richtung Mixed Methods gelang dem Soziologen Norman Denzin (1970) mit seinem Buch »*The Research Act. A Theoretical Introduction to Sociological Methods*«, in dem er das Konzept der Triangulation aus der Landvermessung auf die sozialwissenschaftliche Forschung übertrug. Demnach sollten qualitative bzw. quantitative Forschung zur Validierung von Forschungsergebnissen aus der jeweils anderen Forschungstradition eingesetzt werden. Denzin (1970) unterscheidet dabei vier verschiedene Ebenen, auf der Triangulation stattfinden kann (Daten-, Forscher-, Theorie- und Methodentriangulation). Auch wenn Triangulation nicht gleichbedeutend mit Mixed Methods ist,[29] so war es doch von großer Bedeutung für den einsetzenden Prozess des Zusammendenkens von qualitativer und quantitativer Forschung. Tashakkori & Teddlie (1998, S. 41) bezeichnen die Methode der Triangulation z.B. als Keil, der die Vormachtstellung von monomethodischer Forschung durchbricht. Dieses von Tashakkori & Teddlie (1998) verwandte Sinnbild eines Keils, mit dem schlagartig eine Spaltung hervorgerufen wird, täuscht jedoch ein wenig darüber hinweg, dass es noch gut dreißig Jahre gedauert hat, bis sich Mixed Methods als drittes Forschungsparadigma etabliert haben. Entscheidend dafür war insbesondere das Erscheinen des von Tashakkori & Teddlie (2003) herausgegebenen »*Handbook on Mixed Methods in the Social and Behavioral Research*«, in dem führende Wissenschaftler und Wissenschaftlerinnen ihre Sicht auf verschiedene Detailaspekte, wie z.B. Forschungsdesigns, Möglichkeiten der Datenerhebung oder Formen der Ergebnisdarstellung, dargelegt haben und damit eine gewisse Verbindlichkeit in das gesamte Forschungsfeld eingeführt haben (Small 2011).[30] Allerdings wird die Position, Mixed Methods als drittes methodologisches Paradigma zu begreifen, keineswegs von allen Forschenden geteilt, die qualitative und quantitative Methoden in einem Forschungsprojekt kombinieren. Speziell aus den Reihen der angewandten Forschung wird diesbezüglich die Meinung vertreten, dass

---

[29] Für eine ausführliche Analyse zu den Unterschieden zwischen den beiden Konzepten siehe z.B. Kuckartz (2014, S. 44-50).

[30] Eine mit dem Werk von Tashakkori & Teddlie (2003) vergleichbar umfassende deutschsprachige Darstellung zu Mixed Methods bietet das von Baur et al. (2017a) herausgegebene Sonderheft der Kölner Zeitschrift für Soziologie und Sozialpsychologie.

methodologische Grundsatzfragen nicht überzubewerten sind und man sich stärker auf die praxisrelevanten Fragestellungen konzentrieren solle (Kuckartz 2014). Dazu passend stellt Kelle (2008, S. 19) fest: »Die methodologische Diskussion hinkt hier der Forschungspraxis mit großem Abstand hinterher.«.

Nicht nur aus diesem Grund, sondern auch vor dem Hintergrund dieser vor allem ergebnisbezogenen Forschungsarbeit, erscheint es an dieser Stelle sinnfällig, sich nicht weiter mit methodologischen Detailfragen der Mixed Methods Forschung zu beschäftigen, wie etwa der Diskussion um den Pragmatismus als philosophischen Unterbau von Mixed Methods (siehe dazu u.a. Denscombe 2008; Morgan 2014), sondern sich zwei forschungspraktischen Fragestellungen zuzuwenden – dem Forschungsdesign sowie den Vor- und Nachteilen von als Mixed Methods konzipierten Forschungsprojekten.

Die Frage nach geeigneten Forschungsdesigns für Mixed Methods Studien ist lange intensiv diskutiert worden, nicht zuletzt auch deshalb, um sich gegenüber monomethodischer Forschungstraditionen abzugrenzen (Leech & Onwuegbuzie 2009). Aus diesen Diskussionen sind eine Reihe von Vorschlägen zur Systematisierung der Integration von qualitativen und quantitativen Forschungselementen hervorgegangen (u.a. Greene et al. 1989; Creswell et al. 2003; Leech & Onwuegbuzie 2009; Guest 2013), wobei die Vorschläge der jeweiligen Autoren sowohl in der Art als auch in der Anzahl der berücksichtigen Elemente variieren. So haben beispielsweise Greene et al. (1989) anhand einer Literaturreview sieben Designmerkmale herausgearbeitet, wohingegen der Vorschlag von Guest (2013) nur zwei Elemente beinhaltet, nämlich Zeitpunkt und Ziel der Integration von qualitativen und quantitativen Daten. Der in meinen Augen aufgrund seiner Anwendungsorientierung zu favorisierende Ansatz stammt von Leech & Onwuegbuzie (2009) und umfasst die folgenden drei Dimensionen:

a) Ausmaß der Integration: Wie stark sind qualitative und quantitative Forschung im Verlauf des Forschungsprojekts miteinander verwoben? Wird an verschiedenen Stellen aufeinander Bezug genommen oder nur einmalig?

b) Reihenfolge der Datenerhebung: In welcher Reihenfolge werden die qualitativen und quantitativen Daten erhoben? Werden die Daten gleichzeitig erhoben oder zeitlich hintereinander?

c) Priorisierung: Welche Bedeutung kommt den einzelnen Forschungselementen zu? Liegt der Fokus eher auf den qualitativen oder auf den quantitativen Daten?

Die sich aus der Kombination dieser drei Dimensionen ergebenen acht Varianten (2x2x2) werden von Leech & Onwuegbuzie (2009) als Designtypen bezeichnet und anhand von realen Forschungsprojekten näher erläutert.

Während für die Darstellung der Dimension *Ausmaß der Integration* keine verkürzte Schreibweise existiert, hat sich für die beiden anderen Dimensionen *Reihenfolge der Datenerhebung* und *Priorisierung* eine von Janice Morse (1991) verwendete Notation etabliert, wonach Gleichzeitigkeit in der Datenerhebung mit einem Pluszeichen (+) und die Abfolge mit einem Pfeil (→) gekennzeichnet werden. Bedeutungsunterschiede werden in dieser Darstellungsform durch Groß- und Kleinbuchstaben ausgedrückt, wobei übergeordnete Forschungselemente groß (QUAL bzw. QUANT) und untergeordnete klein (qual bzw. quant) geschrieben werden. In einem späteren Aufsatz (Morse 2010, S. 348) weist sie jedoch ausdrücklich darauf hin, dass trotz bestehender Bedeutungsunterschiede die Prinzipien der untergeordneten Methoden zu berücksichtigen sind, und nicht zu einer »data soup« verschmelzen dürfen.

Neben dieser verkürzten Schreibweise wird von verschiedenen Autoren (u.a. Creswell et al. 2003; Morse 2010; Guest 2013) darauf verwiesen, dass eine grafische Darstellung des Forschungsdesigns dem besseren Verständnis dient. Ivankova et al. (2006) haben als Hilfestellung für die praktische Umsetzung dieser Forderung zehn Regeln formuliert. Die sich daraus ergebene grafische Darstellung umfasst zusätzlich zu den verschiedenen Phasen auch die Vorgehensweisen bei der Datenerhebung und Datenauswertung sowie die dabei jeweils entstehenden Produkte[31].

Trotz dieser vielfältigen Bemühungen durch vereinfachte Schreibweisen und grafische Darstellungen für mehr Klarheit und Übersichtlichkeit in Bezug auf das Forschungsdesign zu sorgen, ist es nach wie vor eine Herausforderung, sich einen Überblick über die verschiedenen Designoptionen zu verschaffen (Guest 2013), was insbesondere Einsteigern die Auswahl eines geeigneten Forschungsdesigns erschwert (Leech & Onwuegbuzie 2009). Dies ist wohl auch ein Grund dafür, dass dazu ermutigt wird, sich nicht sklavisch an die vorgeschlagenen Designoptionen zu halten, sondern diese als eine Orientierung zu betrachten, um anhand dieser ein Design zu entwerfen, das zu dem individuellen Forschungsprojekt passt (u.a. Teddlie & Tashakkori 2006; Leech & Onwuegbuzie 2009). Speziell komplexere Forschungsprojekte mit verschiedenen qualitativen und quantitativen Elementen lassen sich mit den bestehenden Designtypen nur

[31] Ein solches Produkt kann beispielsweise ein durch eine Onlinebefragung generierter numerischer Datensatz sein oder ein auf Interviewfragen beruhendes Interviewprotokoll.

unzureichend abbilden. Aus diesem Grund schlägt Guest (2013) vor, nicht das Projekt als Ganzes einem Design zuzuordnen, sondern die einzelnen Bezugspunkte der qualitativen und quantitativen Daten in den Blick zu nehmen und diese umfassend zu beschreiben.

Nachdem nun in das komplexe Thema Forschungsdesign von Mixed Methods Studien eingeführt wurde, bleibt noch die eingangs aufgeworfene Frage nach dem Warum zu klären. Warum lohnt es sich bei der Bearbeitung eines Forschungsprojekts für einen Mixed Methods Ansatz zu entscheiden? Welche Vorteile bietet dieser Ansatz gegenüber monomethodischen Ansätzen und mit welchen Schwierigkeiten ist er verbunden? Diese oder ähnliche Fragen werden sich viele, vielleicht sogar alle gestellt haben, die sich für die Durchführung einer Mixed Methods Studie entschieden haben. Und so ist es nicht verwunderlich, dass es dazu eine Vielzahl an Literatur gibt (u.a. Morse 1991; Creswell 1999; Bryman 2006), die an dieser Stelle nur in Ansätzen ohne Anspruch auf Vollständigkeit wiedergegeben werden kann. Eine in der Literatur häufig rezipierte Systematisierung von Gründen für Mixed Methods Studien ist die Arbeit von Greene et al. (1989), in der auf Grundlage einer Literaturreview von 57 Mixed Methods Evaluationsstudien die folgenden fünf Gründe beschrieben werden[32]:

a) Triangulation: Validierung von Forschungsergebnissen durch Berücksichtigung von sowohl qualitativen als auch quantitativen Daten.

b) Komplementarität: Ergänzung und Vervollständigung von Forschungsergebnissen zur Entwicklung eines möglichst ganzheitlichen Verständnisses durch Berücksichtigung von sowohl qualitativen als auch quantitativen Daten.

c) Entwicklung: Nutzung von qualitativen bzw. quantitativen Forschungsergebnissen zur Entwicklung und Verbesserung einer nachfolgenden quantitativen bzw. qualitativen Studie.

d) Initiation: Aufdeckung von Widersprüchen und daraufhin Neubewertung der Forschungsergebnisse durch Berücksichtigung von sowohl qualitativen als auch quantitativen Daten.

e) Expansion: Ausweitung der Forschungsinhalte in Breite und Reichweite durch Ausnutzung der spezifischen Eignungen von qualitativen und quantitativen Methoden für spezifische Fragestellungen.

[32] Die Beschreibung der fünf Gründe orientiert sich an der Darstellung in Kuckartz (2014, S. 58).

In Bezug auf diese Unterteilung in fünf Gründe kommen sowohl Greene et al. (1989) als auch Bryman (2006) zu dem Ergebnis, dass Komplementarität und Expansion die zahlenmäßig wichtigsten Gründe darstellen. Und auch in einem zweiten Aspekt sind sich diese beiden auf Literaturreviews basierenden Studien einig: in zahlreichen Mixed Methods Studien stimmen die theoretischen Begründungen für die Integration von qualitativen und quantitativen Methoden nicht mit der Umsetzung in der Praxis überein. Für diese feststellbare Diskrepanz hat Bryman (2006) zwei Erklärungsansätze. Demnach könnte dies zum einen ein Indiz für mangelnde Sorgfalt bei der Konzipierung der jeweiligen Studie sein, zum anderen aber auch für die Unvorhersagbarkeit der Ergebnisse von Mixed Methods Studien sprechen, infolgedessen eine Anpassung der Forschungsstrategie notwendig wird.

Neben dieser von Bryman (2006) thematisierten Unvorhersagbarkeit und der dadurch erforderlichen Flexibilität im Umgang mit den erhobenen Daten kann die Durchführung einer Mixed Methods Studie mit weiteren Schwierigkeiten verbunden sein. Dazu gehören laut Johnson & Onwuegbuzie (2004) zum einen der im Vergleich zu monomethodischer Studien höhere Bedarf an zeitlichen, finanziellen und häufig auch personellen Ressourcen, wobei dieser insbesondere dann an Relevanz gewinnt, wenn die studiendurchführende Person nicht über die notwendigen Kompetenzen verfügt, um sowohl den qualitativen als auch den quantitativen Teil der Studie zu betreuen. Hingewiesen wird darüber hinaus auch auf die Schwierigkeit, die unterschiedlichen methodischen Teilaspekte tatsächlich aufeinander zu beziehen und nicht unverbunden aneinanderzureihen (Kuckartz 2014). Dieser zuletzt genannte Punkt wurde von Bryman (2007) zum Anlass genommen, sich tiefergehend mit den Schwierigkeiten zu beschäftigen, die sich bei der Integration von qualitativen und quantitativen Daten auf der Ebene der Ergebnispräsentation ergeben können. Auf Grundlage von zwanzig Interviews mit Sozialwissenschaftlern und Sozialwissenschaftlerinnen aus Großbritannien, die allesamt Erfahrungen in der Durchführung von Mixed Methods Forschungsprojekten gesammelt haben, wurden im Rahmen dieser Studie von Bryman (2007) acht verschiedene Problemfelder identifiziert, die sich in drei Oberkategorien zusammenfassen lassen. Demnach sind es zum einen methodeninhärente Eigenschaften, wie die Struktur eines Forschungsprojekts oder unterschiedliche zeitliche Verläufe der qualitativen und quantitativen Teilprojekte, die einer Integration im Wege stehen. Darüber hinaus wird der größere institutionelle Rahmen von Mixed Methods Forschungsprojekten als Hinderungsgrund angesehen, womit speziell unterschiedliche Erwartungshaltungen der Leserschaft und Restriktionen aufgrund von Publikationsstandards bzw. methodischer Ausrichtungen gemeint sind. Und drittens können Persönlichkeitsmerkmale des Forschers oder der Forscherin, wie z.B. Fähigkeiten und Vorlieben, dazu führen, dass Forschungsergebnisse unverbunden bleiben. Zu diesen verschiedenen Problemfeldern kommt nach Ansicht von Bryman (2007, S. 19) erschwerend hinzu, dass es keine oder kaum Mixed Methods Studien gibt, die als »best practice« Beispiele Orientierung bei der Umsetzung eines Mixed Methods Forschungsprojektes geben könnten.

Neben diesen vor allem praktischen Schwierigkeiten bieten Mixed Methods Studien eine Reihe von insbesondere inhaltlichen Vorteilen, die abhängig vom gewählten Forschungsdesign, also der jeweiligen Anordnung von qualitativen und quantitativen Forschungselementen, variieren, wobei stets das Ziel verfolgt wird, durch die Kombination von qualitativen und quantitativen Forschungselementen die Schwächen der jeweiligen Methode durch die Stärken der jeweils anderen Methode zu kompensieren (Johnson & Onwuegbuzie 2004), was durch folgendes Zitat von Bryman (2007, S. 8) sehr treffend zum Ausdruck gebracht wird: »The key issue is whether in a mixed methods project, the end product is more than the sum of the individual quantitative and qualitative parts.«. Wie dies praktisch zu erreichen ist, wird bei Morgan (2014) ausführlich anhand von vier konkreten Forschungsdesigns (»Preliminary Qualitative Input«; »Preliminary Quantitative Input«; »Follow-up Qualitative Extension«; »Follow-up Quantitative Extension«) dargestellt. So können in einem Preliminary Qualitative Input Design vorangestellte qualitative Interviews einen explorativen Einblick in ein bislang wenig beforschtes Themengebiet geben und eine nachfolgende quantitative Befragung sowohl inhaltlich als auch sprachlich vorbereiten, indem z.B. relevante Themenfelder identifiziert und Begrifflichkeiten getestet werden. Außerdem können durch vorangestellte qualitative Interviews Kontakt und ein gewisses Maß an Vertrauen zu späteren Befragungsteilnehmern und -teilnehmerinnen aufgebaut werden, was speziell bei kleinen und verdeckt agierenden Untersuchungspopulationen von Bedeutung ist, da Interviewpartner und -partnerinnen eine Gatekeeper-Funktion zu weiteren potentiellen Befragungsteilnehmern und -teilnehmerinnen einnehmen. Im Fall eines Preliminary Quantitative Input Designs, wenn qualitative Interviews einer vorangestellten quantitativen Befragung folgen, ergeben sich ebenfalls Vorteile für das Sampling. So kann auf Grundlage der quantitativ erhobenen Daten eine zielgerichtete Auswahl passender Interviewpartner und -partnerinnen oder Beobachtungsorte vorgenommen werden, um beispielsweise systematische Vergleiche durchführen zu können oder entsprechend des theoretischen Samplings aus der Grounded Theory Theorien zu entwickeln. Wie bereits aus den Bezeichnungen der beiden bislang vorgestellten Designs ersichtlich wird, dienen die vorangestellten qualitativen bzw. quantitativen Forschungselemente der Vorbereitungen der nachfolgenden Studien, wohingegen mit den nun folgenden zwei Forschungsdesigns jeweils eine Erweiterung der Forschungsergebnisse angestrebt wird. So bietet ein Follow-up Qualitative Extension Design die Möglichkeit, tiefergehende Informationen zu den durch eine quantitative Befragung generierten Daten zu bekommen, was bei Morgan (2014, S. 154) frech formuliert lautet: »if you want to know [...] why survey respondents said what they did, then why don't you ask them?«. Dabei ist jedoch zwischen explorativer, investigativer und illustrativer Zielsetzung der nachfolgenden qualitativen Datenerhebung zu unterscheiden. Während es bei einer nachfolgenden Exploration um ein allgemeines Interesse am Zustandekommen der quantitativen Ergebnisse geht, werden bei einer Investigation ganz gezielt Ergebnisse der quantitativen Befragung näher beleuchtet, häufig um zu verstehen, warum für hypothetische Zusammenhänge keine empirisch belastbaren Daten vorliegen. Werden im Anschluss an eine quantitative Befragung qualitative Interviews zur Illustration geführt, so sollen damit die quantitativen Ergebnisse kontextualisiert werden, also tiefergehende und detaillierte Informationen in Bezug auf die quantitativen Ergebnisse geliefert werden. Schließlich können in einem Follow-up Quantitative Extension Design durch eine nachfolgende quantitative Befragung überprüft werden, inwieweit die aus qualitativen Interviews gewonnenen Erkenntnisse eine weitergefasste Gültigkeit besitzen und ob induktiv aus qualitativen Interviews herausgearbeitete Hypothesen sich im Rahmen einer nachfolgenden quantitativen Befragung bewähren.

3.2 Datenerhebung

Um den Zielen dieser Forschungsarbeit gerecht zu werden, nämlich auf der einen Seite das Containern in Deutschland explorativ zu untersuchen und auf der anderen Seite es anhand theoriegeleiteter Einflussfaktoren aus der sozialen Bewegungsforschung als unkonventionelle Protestform gegen die Lebensmittelverschwendung zu »erklären«, war der Einsatz von qualitativen und quantitativen Forschungsmethoden notwendig. Und so beruht diese Studie auf einem Methodenmix aus qualitativen Interviews sowie quantitativen Onlinebefragungen von Aktivisten und Aktivistinnen und der Allgemeinbevölkerung. Wie in Abbildung 1 zu sehen ist, erstreckte sich der Zeitraum der Datenerhebung über mehr als ein Jahr. Zunächst wurden im Zeitraum von Oktober 2014 bis Februar 2015 zwanzig qualitative Interviews mit aktiven Mülltauchern und Mülltaucherinnen aus der Schweiz geführt. Diese Interviews wurden als Pretest für die Haupterhebung in Deutschland genutzt, also um insbesondere den Leitfaden zu testen und weiterzuentwickeln.[33] Parallel dazu fanden von Dezember 2014 bis März 2015 zehn ebenfalls leitfadengestützte Experteninterviews[34] mit Vertretern aus Politik, Lebensmittelhandel, Wissenschaft, Medien und Verbänden statt (für detaillierte Informationen siehe Tabelle A1 im Anhang), die dazu dienten einen besseren Einblick in die Thematik zu bekommen und angelesene Informationen mit der Meinung der Experten abzugleichen. Dadurch wurden insbesondere die Vielschichtigkeit des Themas und die Perspektivabhängigkeit deutlich. Zum Einstieg wurde den Experten und Expertinnen ein Fallbespiel vorgelesen, ähnlich der Situationsbeschreibung der Vignetten-Experimente (siehe Beispiel in Abschnitt 3.4.), und um eine Beurteilung der Sachlage gebeten. Mit Hilfe dieses sogenannten Stimulus sollte eine gemeinsame Gesprächsgrundlage geschaffen und die Interviewten zu einer ersten spontanen Reaktion animieren werden.

Abbildung 1: Zeitlicher Verlauf der Datenerhebung.

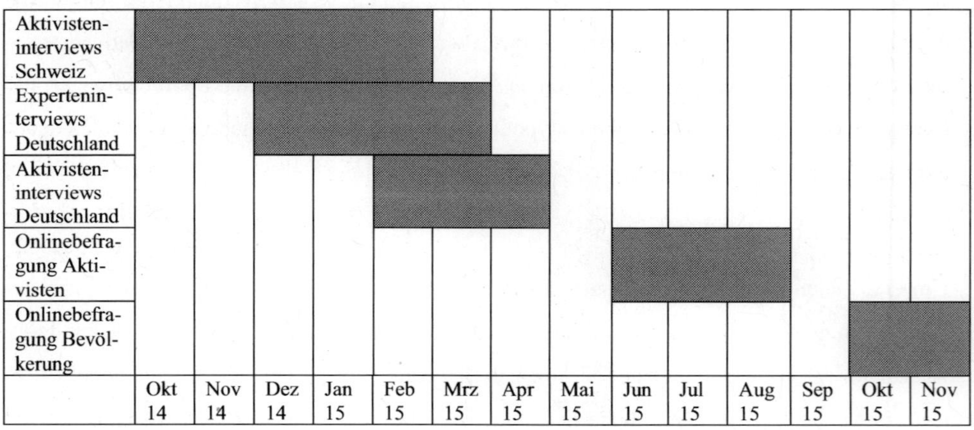

Für die Haupterhebung der qualitativen Daten wurden im Frühjahr 2015 20 leitfadengestützte[35] Interviews mit aktiven Mülltauchern und Mülltaucherinnen in Deutschland geführt. Die Informationen aus diesen Interviews wurden ergänzt durch die Angaben aus Kurzfragebögen[36], die im Anschluss an das Interview an die Gesprächspartner und -partnerinnen ausgegeben wurden.

---

[33] Der Interviewleitfaden wurde im Verlauf der Interviews mehrfach modifiziert, weshalb dieser nicht im Anhang aufgeführt wird.

[34] Der Interviewleitfaden wurde auf das jeweilige Experteninterview angepasst, weshalb dieser nicht im Anhang aufgeführt wird.

[35] Der verwendete Interviewleitfaden befindet sich in Tabelle A2 im Anhang.

[36] Der verwendete Kurzfragebogen befindet sich in Abbildung A1 im Anhang.

Aufbauend auf den Ergebnissen dieser qualitativen Interviews wurde dann eine etwa 15-minütige Onlinebefragung entwickelt, an der im Sommer 2015 über zweihundert Personen mit Container-Erfahrung teilgenommen haben. Wie der Begriff Container-Erfahrung bereits andeutet, konnten auch nicht mehr aktive Mülltaucher und Mülltaucherinnen an der Befragung teilnehmen, wobei der Anteil dieser Gruppierung mit weniger als 20 Prozent nicht übermäßig groß ist. Bei der Rekrutierung der Interviewpartner und -partnerinnen und den Teilnehmenden der Onlinebefragung wurde wie in anderen Studien auch (siehe z.B. Rombach & Bitsch 2015 oder Vinegar et al. 2016) die Schneeball-Sampling-Methode verwendet. Ausgehend von privaten Kontakten wurden zunächst mit den Interviewpartnern und -partnerinnen Termine für ein persönliches Gespräch ausgemacht. Die Gespräche, die allesamt mit einem Tonbandgerät aufgezeichnet wurden, fanden je nach Wunsch des Interviewpartners bzw. der Interviewpartnerin in der privaten Wohnung/WG statt oder an öffentlichen Orten wie z.B. in der Uni oder im Café. Dieser Personenkreis der Interviewpartner und -partnerinnen wurde dann im Rahmen der Onlinebefragung erneut per Email angeschrieben, mit der Bitte selbst an der Befragung teilzunehmen und den Link an andere Aktive aus ihrem Umfeld weiterzuleiten. Außerdem wurde die Einladung samt Link über verschiedene soziale Netzwerke (z.B. Facebook) gestreut, um auf diesem Weg weitere Personen zu erreichen. Es handelt sich zweifelsohne um ein willkürliches, selbstselektives Befragtensample. Jedoch deuten sowohl die geographische Verteilung der befragten Aktivisten und Aktivistinnen (siehe Abbildung 2) als auch die Konsistenz der Antworten[37] auf eine gute Datenqualität hin.

[37] So korreliert z.B. die Häufigkeit des Containerns positiv mit dem Anteil des monatlichen Lebensmittelbedarfs, der durch das Containern gedeckt wird.

Abbildung 2: Räumliche Verteilung der Aktivisten und Aktivistinnen, qualitative Interviews und quantitative Befragung.

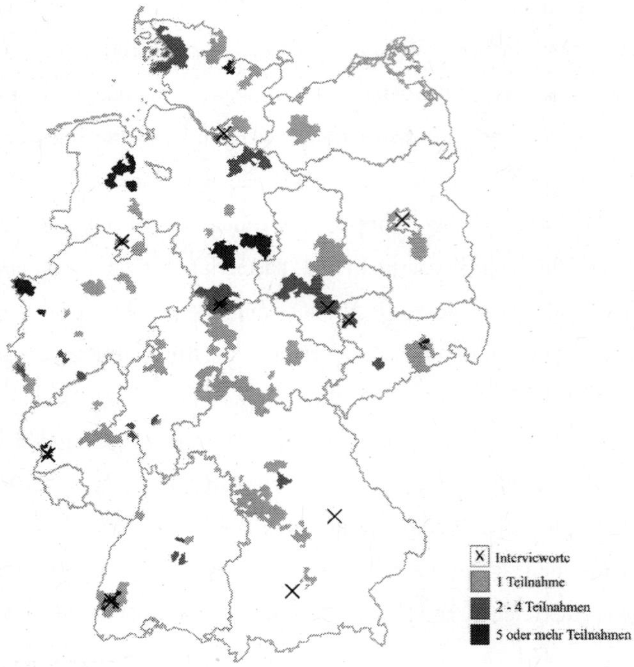

Anmerkungen: Die Kreuze markieren die Orte, an denen die qualitativen Interviews stattgefunden haben; die grau gekennzeichneten Flächen markieren die auf drei Stellen gerundeten Postleizahlengebiete der Wohnorte der Teilnehmenden an der Onlinebefragung.

Schließlich bestand im Rahmen einer deutschlandweiten (siehe Abbildung 3) allgemeinen Bevölkerungsbefragung mit 1819 Teilnehmenden, die in Kooperation mit einem Befragungsinstitut im Oktober und November 2015 durchgeführt wurde, die Möglichkeit ein Vignetten-Experiment (auch Factorial Survey Experiment genannt, siehe Auspurg & Hinz 2015) zur Akzeptanz des Containerns zu implementieren, welches auch schon bei der Onlinebefragung der Aktivisten und Aktivistinnen zum Einsatz gekommen ist. Durch diese Replikation des Vignetten-Experiments besteht die Möglichkeit die Meinung der beiden Gruppen zu vergleichen.

Abbildung 3: Räumliche Verteilung der Teilnehmenden an der Onlinebefragung der Bevölkerung.

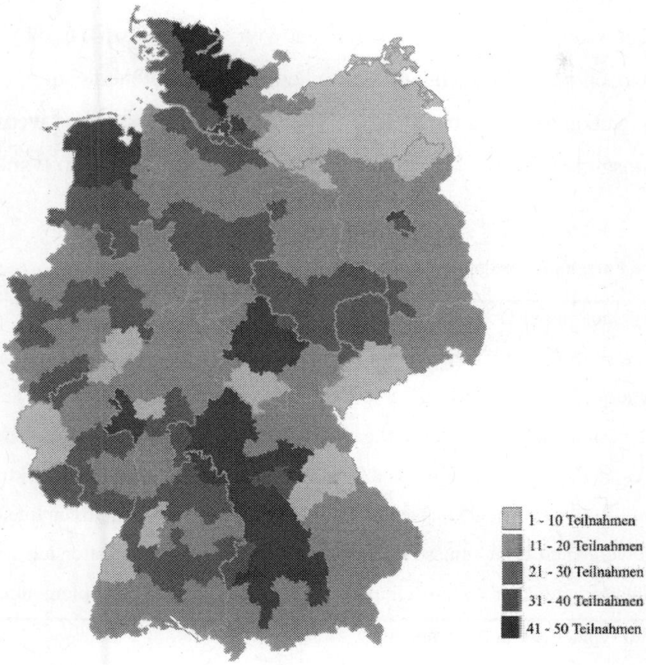

Anmerkung: Die grau gekennzeichneten Flächen markieren die auf zwei Stellen gerundeten Postleizahlengebiete der Wohnorte der Teilnehmenden an der Onlinebefragung.

Nachdem nun der Prozess der Datenerhebung chronologisch beschrieben wurde, soll im Folgenden das diesem Forschungsprojekt zum Containern in Deutschland zugrundeliegende Forschungsdesign vorgestellt und auf spezifische Eigenschaften eingegangen werden, um damit die theoretischen Ausführungen zu Mixed Methods mit der konkreten Datenerhebung dieses Forschungsprojekts zusammenzuführen.

Die Empfehlung von Guest (2013) aufgreifend, nicht das gesamte Forschungsprojekt einem Design zuzuordnen, und gleichzeitig den Appell von u.a. Teddlie & Tashakkori (2006) oder Leech & Onwuegbuzie (2009) zum eigenständigen Designentwerfen berücksichtigend habe ich mich dazu entschlossen, themenbezogenen Designs zu entwerfen. Dafür wurde für jedes der in den Abschnitten 4.1. bis 4.8. dargestellten Ergebnisse ein eigenständiges und auf die jeweilige Zielsetzung angepasstes Forschungsdesign konzipiert (siehe Tabelle 2), wobei sich die einzelnen Designs insbesondere in der themenfeldabhängigen Gewichtung zwischen den in Deutschland durchgeführten qualitativen Aktivisteninterviews einerseits und der Onlinebefragung der Aktivisten und Aktivistinnen andererseits unterscheiden. In Anbetracht der Vielzahl an Themen und dabei jeweils berücksichtigten Datenquellen habe ich mich gegen eine grafische Darstellung der themenbezogenen Designs entschieden und stattdessen die von Morse (1991) eingeführte Notation verwendet, wobei ich hierbei den Vorschlag von Morgan (2014) berücksichtigt habe, sodass sich Pluszeichen und Pfeil nicht auf die Reihenfolge der Datenerhebung, sondern auf die Reihenfolge der Nutzung der Daten beziehen. Zum besseren Verständnis werden die themenbezogenen Designs um eine kurze inhaltliche Erläuterung in Anlehnung an Ivankova et al. (2006) ergänzt.

Tabelle 2: Themenbezogene Forschungsdesigns.

Themenfeld:	Einstieg in das Containern
Design:	$qual^{CH} \rightarrow QUAL^{DE} + quant^{Akt}$
Erläuterung:	Die qualitativen Interviews mit Aktivisten und Aktivistinnen in der Schweiz (N=20) dienten zur thematischen Vorbereitung des Forschungsfelds und zum Testen des Interviewleitfadens für die qualitativen Interviews mit Aktivisten und Aktivistinnen in Deutschland (N=20). Die aus den qualitativen Interviews gewonnenen Erkenntnisse wurden durch die quantitativen Daten aus der Onlinebefragung der Aktivisten und Aktivistinnen (N=208) komplementiert.
Themenfeld:	Ein typischer Containerabend
Design:	$qual^{CH} \rightarrow QUAL^{DE} \rightarrow quant^{Akt}$
Erläuterung:	Die qualitativen Interviews mit Aktivisten und Aktivistinnen in der Schweiz (N=20) dienten zur thematischen Vorbereitung des Forschungsfelds und zum Testen des Interviewleitfadens für die qualitativen Interviews mit Aktivisten und Aktivistinnen in Deutschland (N=20). Anhand der quantitativen Daten aus der Onlinebefragung der Aktivisten und Aktivistinnen (N=208) wurde überprüft, inwieweit einige aus den qualitativen Interviews herausgearbeiteten Elemente eines typischen Containerabends eine weitergefasste Gültigkeit besitzen.

Fortsetzung von Tabelle 2

Themenfeld:	Motive des Containerns
Design:	$qual^{CH} + qual^{Exp} \rightarrow QUAL^{DE} \rightarrow quant^{Akt}$
Erläuterung:	Durch die qualitativen Interviews mit Aktivisten und Aktivistinnen in der Schweiz (N=20) und den qualitativen Experteninterviews (N=10) wurde ein Einblick in die Bandbreite an Motiven gewonnen. Dieser ermöglichte es, die Leitfrage zu Motiven für die qualitativen Interviews mit Aktivisten und Aktivistinnen in Deutschland (N=20) zu testen. Anhand der quantitativen Daten aus der Onlinebefragung der Aktivisten und Aktivistinnen (N=208) wurde überprüft, inwieweit einige aus den qualitativen Interviews herausgearbeiteten Motive eine weitergefasste Gültigkeit besitzen.
Themenfeld:	Illegalität des Containerns
Design:	$qual^{CH} + qual^{Exp} \rightarrow QUAL^{DE} \rightarrow quant^{Akt}$
Erläuterung:	Durch die qualitativen Interviews mit Aktivisten und Aktivistinnen in der Schweiz (N=20) und den qualitativen Experteninterviews (N=10) wurde ein Einblick in die Bandbreite an Meinungen zur Illegalität des Containerns gewonnen und ermöglichte es die Leitfrage zur Illegalität für die qualitativen Interviews mit Aktivisten und Aktivistinnen in Deutschland (N=20) zu testen. Anhand der quantitativen Daten aus der Onlinebefragung der Aktivisten und Aktivistinnen (N=208) wurde überprüft, inwieweit einige aus den qualitativen Interviews herausgearbeiteten Einstellungen zur Illegalität des Containerns eine weitergefasste Gültigkeit besitzen.
Themenfeld:	Vergemeinschaftung an der Mülltonne
Design:	$qual^{CH} \rightarrow QUAL^{DE} \rightarrow quant^{Akt}$
Erläuterung:	Durch die qualitativen Interviews mit Aktivisten und Aktivistinnen in der Schweiz (N=20) auf die Bedeutung des Gemeinschaftsaspekts beim Containern aufmerksam geworden, wurde das Themenfeld explizit im Rahmen der qualitativen Interviews mit Aktivisten und Aktivistinnen in Deutschland (N=20) untersucht. Anhand der quantitativen Daten aus der Onlinebefragung der Aktivisten und Aktivistinnen (N=208) wurde überprüft, inwieweit einige aus den qualitativen Interviews herausgearbeiteten Aspekte zur Vergemeinschaftung eine weitergefasste Gültigkeit besitzen.

Fortsetzung von Tabelle 2

Themenfeld:	Häufigkeit des Containerns
Design:	$qual^{CH}$ + $qual^{DE}$ → $QUANT^{Akt}$
Erläuterung:	Aus den qualitativen Interviews mit Aktivisten und Aktivistinnen in der Schweiz (N=20) und Deutschland (N=20) wurde die Varianz bzgl. der Häufigkeit des Containerns deutlich, woraufhin es als zentrale zu erklärende Variable in die Konstruktion der Onlinebefragung aufgenommen wurde. Aus der Literatur zum Containern abgeleitete containerspezifische Einflussfaktoren auf die Häufigkeit wurden argumentativ und mit Hilfe der quantitativen Daten aus der Onlinebefragung der Aktivisten und Aktivistinnen (N=208) untersucht.
Themenfeld:	Aktivitätsmaße
Design:	$qual^{Exp}$ → $qual^{DE}$ → $QUANT^{Akt}$
Erläuterung:	Der Grundgedanke das Containern als soziale Bewegung zu betrachten wurde aus der Literatur übernommen und im Rahmen der Experteninterviews (N=10) getestet. Daraufhin erfolgte eine Anpassung des Leitfadens für die qualitativen Interviews mit den Aktivisten und Aktivistinnen in Deutschland (N=20). Die Ergebnisse der Interviews zeigten, dass das Containern durchaus als soziale Bewegung verstanden wird, worauf im Rahmen der Onlinebefragung der Aktivisten und Aktivistinnen (N=208) die theoretischen Konzepte aus der sozialen Bewegungsliteratur auf das Containern angewandt wurden.
Themenfeld:	Vignetten-Experimente
Design:	$qual^{Exp}$ → $QUANT^{Akt}$ + $quant^{Bev}$
Erläuterung:	Der Wortlaut der Vignette wurde im Rahmen der qualitativen Experteninterviews (N=10) getestet und daraufhin für den Einsatz in der Onlinebefragung der Aktivisten und Aktivistinnen (N=208) modifiziert. Das Vignetten-Experiments wurde im Rahmen der Bevölkerungsbefragung (N=1819) wiederholt, um eine komplementäre Perspektive auf den geschilderten Sachverhalt zu bekommen.

Erläuterung:
$qual^{CH}$ = Aktivisteninterviews in der Schweiz; $qual^{Exp}$ = Experteninterviews; $qual^{DE}$/$QUAL^{DE}$ = Aktivisteninterviews in Deutschland; $quant^{Akt}$/$QUANT^{Akt}$ = Onlinebefragung Aktivisten und Aktivistinnen; $quant^{Bev}$ = Onlinebefragung Bevölkerung

Wie aus dieser Darstellung der themenbezogenen Forschungsdesigns ersichtlich wird, besitzen alle Designs das Format eines Preliminary Qualitative Input Designs, beginnen also mit qualitativen Interviews. Dies ist damit zu begründen, dass es sich beim Containern in Deutschland um ein bislang wenig beforschtes Themenfeld handelt, was eine Explorationsphase notwendig werden ließ, wofür insbesondere die Aktivisteninterviews in der Schweiz und die Experteninterviews genutzt wurden. Darüber hinaus galt es mittels der vorangestellten qualitativen Interviews die jeweils übergeordneten Forschungselemente vorzubereiten, indem beispielsweise Leitfragen getestet und theoretische Überlegungen diskutiert wurden. Wie bereits von Morgan (2014) beschrieben, erwies sich der über die vorangestellten qualitativen Interviews aufgebaute Kontakt als hilfreich bei der Rekrutierung von Aktivisten und Aktivistinnen für sowohl die qualitativen Interviews als auch die quantitative Onlinebefragung. Neben dieser Einheitlichkeit am Beginn der themenbezogenen Forschungsdesigns gibt es eine zweite auf viele Designs zutreffende Gemeinsamkeit, und zwar die Erweiterung der übergeordneten Ergebnisse durch eine nachfolgende quantitative Befragung. Ziel dieser nachfolgenden Befragung war in den meisten Fällen eine Ergänzung und Vervollständigung der Forschungsergebnisse, wobei insbesondere überprüft werden sollte, inwieweit die Ergebnisse der übergeordneten Forschungselemente eine weitergefasste Gültigkeit besitzen. Angesichts dieser soeben beschriebenen Eigenschaften der themenbezogenen Forschungsdesigns lässt sich anknüpfend an die Systematisierung von Gründen nach Greene et al. (1989) festhalten, dass Komplementarität und Entwicklung die vorherrschenden Motive darstellen, dieses Forschungsprojektes zum Containern in Deutschland als Mixed Methods Studie durchzuführen.

3.3 Datensatzbeschreibung

Sowohl die interviewten als auch die befragten Aktivisten und Aktivistinnen lassen sich soziodemographisch als eine relativ homogene Gruppe charakterisieren (siehe Tabelle 3), was zum Teil auch durch die Art der Rekrutierung ausgehend von persönlichen Kontakten bedingt ist. Auf der anderen Seite wird in anderen Untersuchungen von ganz ähnlichen soziodemographischen Charakteristika berichtet (siehe u.a. Vinegar et al. 2016). Es handelt sich dabei ganz überwiegend um Studierende zwischen zwanzig und dreißig Jahre, die politisch eher links orientiert sind, und aus einem der Mittel- bis Oberschicht zugehörigen Elternhaus stammen. Kinderlos und aktuell wohnhaft in einer Stadt sind viele der Aktivisten und Aktivistinnen Mitglied in Organisationen, die sich für politische, umweltbezogene oder andere gesellschaftliche Belange einsetzen. Die monatlich zur Verfügung stehenden finanziellen Mittel liegen im Durchschnitt bei etwa 700 Euro, sind also vergleichsweise gering, aber aufgrund des Studentenstatus der meisten Befragten und im Hinblick auf die von Noack et al. (2016) berichtete Spanne von 450 bis 1300 Euro durchaus plausibel. Trotz dieses geringen Budgets sind sie mit ihrer finanziellen Lage überwiegend zufrieden.

Tabelle 3: Übersicht zu den soziodemographischen Angaben der Interviewpartner und -partnerinnen und den Teilnehmenden der Onlinebefragungen.

Soziodemographie	**Interviews Aktivisten (N=19)[38]**	**Onlinebefragung Aktivisten (N=208)**	**Onlinebefragung Bevölkerung (N=1819)**
Frau (vs. Mann)	0,42	0,56	0,47
Alter (in Jahren)	25,3	26,5	43,3
Abitur (1= Abitur)	0,89	0,90	0,33
Kind(er) (1= mind. ein Kind)	0,05	0,03	-
Stadt (1= Stadt)	1,0	0,98	0,68
Geld zum Leben pro Monat bzw. Nettoeinkommen pro Monat (in €)	683,9	729,6	1966,3
Finanzielle Lage (1= sehr schlecht bis 4= sehr gut)	3,05	2,89	2,83
Position in Gesellschaft (1= unten bis 10= oben)	-	5,42	5,91
Position der Eltern in Gesellschaft (1= unten bis 10= oben)	6,63	6,20	-
Politisches Interesse (1= überhaupt nicht bis 5= sehr stark)	-	3,66	3,17
Politische Orientierung (1= rechts bis 10= links)	8,16	8,01	6,21
Religiosität (1= überhaupt nicht bis 5= sehr stark)	2,16	1,86	2,20
Mitgliedschaft in einer Organisation (1= Ja)	0,58	0,46	-

Anmerkungen: Da es sich bei den Aktivisten und Aktivistinnen überwiegend um Studierende handelt, die häufig kein regelmäßiges Einkommen erzielen, wurde nach dem monatlich zur Verfügung stehenden Geld zum Leben gefragt. Im Rahmen der Onlinebefragung der Bevölkerung wurde nach dem Nettohaushaltseinkommen gefragt, um es dann durch die Anzahl der im Haushalt lebenden Personen zu dividieren.

Im Vergleich zum Befragtensample der Bevölkerung fallen insbesondere der große Alters-, Bildungs- und Einkommensunterschied sowie die hin zur Mitte verschobene politische Orientierung auf. Das Durchschnittsalter des Bevölkerungssamples beträgt 43,3 Jahre, 33 Prozent haben Abitur, das monatliche Nettoeinkommen beläuft sich im Mittel auf knapp 2000 Euro und die politische Orientierung liegt bei einem Wert von 6,2 auf einer Skala von 1 (rechts) bis 10 (links) und weist damit nur eine geringfügige linke Tendenz auf. In Bezug auf Religiosität und der subjektiven Einschätzung der finanziellen Lage bestehen hingegen nur geringe Unterschiede zwischen dem Aktivisten- und dem Bevölkerungssample.

---

[38] Aufgrund fehlender Angaben in einem Kurzfragebogen beziehen sich die in Tabelle 3 dargestellten soziodemographischen Angaben auf 19 Interviewpartner und -partnerinnen.

3.4 Variablenkonstruktion und Vignetten-Experimente

Im Folgenden werden zunächst kurz die verwendeten Messinstrumente für Aktivismus und die einzelnen Bestimmungsfaktoren vorgestellt. Bei den Aktivitätsmaßen wurden neben der Häufigkeit des Containerns als illegale Form des Aktivismus, auch drei legale Aktivitätsmaße in den Blick genommen, die wie das Containern zu einer Reduktion der Lebensmittelverschwendung beitragen sollen. Durch diese Fokussierung auf legale wie illegale Aktivismusformen ist es möglich, den Einfluss der theoriegeleiteten Bestimmungsfaktoren wie *Wahrgenommene Legitimität von Gewalt* oder *Persönliche Norm* differenzierter zu betrachten. Der Abschnitt zu den Variablen endet mit einer Beschreibung der Vignetten-Experimente, die im Rahmen der Aktivisten- und der Bevölkerungsbefragung durchgeführt wurden.

Konstruktion der Aktivitätsmaße

Da es sich bei den Teilnehmenden der Aktivistenbefragung um Personen mit Container-Erfahrung handelt, konnte nicht die Entscheidung containern zu gehen als abhängige Variable genutzt werden. Stattdessen wurde das Ausmaß des Aktivismus als abhängige Variable verwendet, wobei dies auf vier verschiedene Weisen gemessen wurde:

a) Häufigkeit des Containerns: Es wurde offen abgefragt, wie häufig man derzeit containern geht bzw. zur aktiven Zeit gegangen ist. Die genannten Angaben wurden im Nachhinein kategorisiert und auf einer fünfstufigen Skala mit den Werten 1 (= seltener als einmal im Monat), 2 (= einmal im Monat), 3 (= mehrmals im Monat), 4 (= einmal pro Woche) und 5 (= mehrmals in der Woche) angeordnet. Obwohl es sich bei der fünfstufigen Skala um eine ordinale Skala mit ungleichen Abständen zwischen den Skalenpunkten handelt, was Ordered Logit-Modelle für statistische Auswertungen bedingt, wurde im Rahmen dieser Forschungsarbeit mit der Methode der Ordinary Least Squares (OLS) gerechnet, da weitergehende Analysen gezeigt haben, dass es in Hinblick auf die Effekte der Variablen nur sehr geringe Unterschiede in der Stärke, Richtung und Signifikanz zwischen den Ordered Logit-Modellen und den OLS-Modellen gibt (siehe Tabellen A3 bis A6 im Anhang). Damit sind die zentralen Ergebnisse dieser Studie nicht von der Wahl des statistischen Models abhängig, weshalb ich mich für das einfachere und den meisten eher vertraute Modell der OLS-Regression entschieden habe.

b) Ausgeführte Handlungen in den letzten 12 Monaten: In gestützter Form wurde nach der Ausführung von sieben verschiedenen Handlungen im Zeitraum der letzten 12 Monate gefragt. Zu den abgefragten Handlungen gehörten z.B. das Unterschreiben einer Online-Petition gegen

Lebensmittelverschwendung, die Mitnahme von Speiseresten im Restaurant oder die Teilnahme an einer genehmigten Demonstration. Aus den gegebenen Antworten wurde ein Index mit den Werten von 0 (= keine der abgefragten Handlungen wurde ausgeführt) bis 6 (= sechs Handlungen wurden ausgeführt) gebildet.

c) Aktivitäten gegen Lebensmittelverschwendung: Was tun Sie, abgesehen vom Containern, noch gegen die Lebensmittelverschwendung? Die Antworten zu dieser offen gestellten Frage wurden im Nachhinein in 23 verschiedene Kategorien unterteilt, wobei das Spektrum der genannten Aktivitäten vom Einkauf planen über saisonal & regional einkaufen bis hin zu an Foodsharing teilnehmen oder Lebensmittel teilen reichte. Im Anschluss an die Kategorisierung wurde ein Index entsprechend der Anzahl der genannten Aktivitäten gebildet mit den Werten von 0 (= keine Nennung weiterer Aktivitäten gegen die Lebensmittelverschwendung) bis 4 (Nennung mindestens vier verschiedener Aktivitäten).

d) Mitgliedschaft in einer Organisation: Im Zuge der Erhebung soziodemographischer Angaben wurden die Teilnehmenden gefragt, ob sie Mitglied in einer Organisation sind, die sich für politische, umweltbezogene oder andere gesellschaftliche Belange einsetzt. Aus den gegebenen Antworten wurde dann eine binär kodierte Variable mit 0 für keine Mitgliedschaft und 1 für eine bestehende Mitgliedschaft gebildet.

Die Antwortverteilung zu den vier Aktivitätsmaßen ist Tabelle 4 zu entnehmen. Hieraus lässt sich ablesen, dass die befragten Mülltaucher und Mülltaucherinnen im Durchschnitt zwischen einmal und mehrmals in der Woche containern gehen. Wie der Mittelwert von 2,49 zeigt, wurden im Schnitt zwischen zwei und drei verschiedene abgefragte Handlungen in den letzten zwölf Monaten ausgeführt.

Tabelle 4: Übersicht zu den Aktivitätsmaßen.

Aktivitätsmaße	Mittelwert	SD	Min.	Max.	N
Häufigkeit des Containerns	3,37	1,32	1	5	208
Ausgeführte Handlungen in den letzten 12 Monaten	2,49	1,24	0	6	208
Aktivitäten gegen Lebensmittelverschwendung	1,97	1,14	0	4	208
Mitgliedschaft in einer Organisation	0,46	0,50	0	1	208

Anmerkung: Die Verteilung der Antworten zu den Aktivitätsmaßen *Häufigkeit des Containerns* sowie *Ausgeführte Handlungen in den letzten 12 Monaten* sind den Abbildungen A2 und A3 im Anhang zu entnehmen.

In Bezug auf die ungestützte Abfrage der Aktivitäten gegen Lebensmittelverschwendung ist aus der Antwortverteilung zu erkennen, dass im Durchschnitt etwas weniger als zwei verschiedene Aktivitäten genannt wurden. Von den 208 befragten Mülltauchern und Mülltaucherinnen sind 46 Prozent Mitglied in einer Organisation.

Konstruktion der Skalen

Die in Abschnitt 2 vorgestellten Bestimmungsfaktoren, sich gegen das kollektive Übel der Lebensmittelverschwendung zu engagieren, wurden in der Onlinebefragung so implementiert, dass jeder potentielle Faktor durch ein oder aber mehrere Items repräsentiert wird (siehe Tabelle A7 im Anhang), die im letzten Fall zu Skalen zusammengefasst wurden. Zur Überprüfung der Konsistenz der Skalen, das heißt, inwieweit die verschiedenen Items eine gemeinsame Dimension darstellen, wurden Faktorenanalysen mit Varimax-Rotation durchgeführt. Die Ergebnisse deuten allesamt auf eine Ein-Faktor-Lösung hin, wobei die Eigenwerte zwischen 1,26 (Soziale Norm) und 3,09 (Gewaltindex) liegen. Mittels eines Summenindexes wurden die skalenbildenden Items zusammengefasst, wobei höhere Werte stets für eine stärkere Ausprägung des jeweiligen Anreizes stehen, weshalb einige Items umcodiert werden mussten.

Tabelle 5: Übersicht zu den Skalen der theoriegeleiteten Bestimmungsfaktoren.

Skalen	Mittelwert	SD	Min.	Max.	N
Politischer Einfluss	8,60	1,71	3	12	208
Politische Entfremdung	14,99	2,70	8	20	208
Wahrgenommene Legitimität von Gewalt	10,97	3,65	5	20	208
Soziale Norm	2,15	0,82	0	3	208
Persönliche Norm	0,52	0,50	0	1	208
Identität	1,00	0,79	0	2	208

Wie Tabelle 5 zu entnehmen ist, lassen die Mittelwerte einiger Summenindices Tendenzen erkennen. Dies trifft insbesondere auf den Bestimmungsfaktor *Soziale Norm* zu, der mit einem Mittelwert von 2,15 bei einem Minimum von 0 und einem Maximum von 3 zeigt, dass die Mehrheit der befragten Mülltaucher und Mülltaucherinnen von ihrem sozialen Umfeld positive Sanktionen für das gezeigte Verhalten containern zu gehen erfahren. Eine weitere Tendenz ist in Bezug auf die wahrgenommene Legitimität von Gewalt zu berichten. Dort liegt der Mittelwert bei 10,97 (Minimum 5 und Maximum 20) und deutet damit an, dass für die Mehrheit der Befragten der Einsatz von Gewalt kein legitimes Mittel darstellt.

Vignetten-Experimente

Bei dieser Art des Experiments treffen die Befragten auf Grundlage einer vorgegebenen Situationsbeschreibung ihre Antwortentscheidung, wobei verschiedene Varianten der Situationsbeschreibung (= Vignetten) zum Einsatz kommen, die sich in Bezug auf relevante, von der Fragestellung abgeleitete Situationsmerkmale unterscheiden. Die im Zuge dieser Onlinebefragungen integrierten Vignetten beschreiben allesamt eine dem Gesetz nach illegale

Aktion von drei nicht weiter definierten Personen, wobei jede Vignette aus drei Merkmalen (Ort – Tat – Konsequenz) besteht, die wiederum unterschiedliche Ausprägungen annehmen können: (1) Ort: frei zugänglicher Bereich, über Absperrung klettern; (2) Tat: unverschlossene Container, Schlösser der Container aufbrechen; (3) Konsequenz: den Ort unbemerkt verlassen, vom Wachdienst gestellt werden, von der Polizei gestellt werden. Bei Berücksichtigung aller möglichen Merkmalskombinationen (2x2x3) ergeben sich zwölf verschiedene Vignetten, von denen zur Illustration eine im Original lautet:

»Drei Personen ziehen nachts los um in den Abfallcontainern eines Supermarktes nach weggeworfenen Lebensmitteln zu suchen. Dort angekommen bemerken sie, dass die Container in einem umzäunten Bereich stehen. Sie entschließen sich über die Absperrung zu klettern und gelangen so zu den verschlossenen Containern. Die drei Personen brechen die Schlösser auf, durchsuchen die Container und verstauen ihre Funde in ihren mitgebrachten Rücksäcken. Unbemerkt verlassen sie den umzäunten Bereich wieder.«

Sowohl die befragten Aktivisten und Aktivistinnen als auch die Teilnehmenden an der Bevölkerungsbefragung haben eine solche Vignette bewertet, indem sie zwei an die jeweilige Situationsbeschreibung anschließenden Fragen beantwortet haben. Während die Frage nach dem Grad der Befürwortung für beide Gruppen identisch war, unterschieden sich die Fragen zur Teilnahme zwischen den beiden Vignetten-Experimenten. Die Aktivisten und Aktivistinnen wurden nach der Wahrscheinlichkeit gefragt, selbst an der beschriebenen Situation teilzunehmen, wohingegen die Bevölkerung um eine Einschätzung gebeten wurde, inwieweit man es sich vorstellen könnte, selbst daran teilzunehmen. Diese Umformulierung ist damit zu begründen, dass davon auszugehen ist, dass ein Großteil der befragten Bevölkerung keinerlei Erfahrung mit dem Containern hat und deshalb nicht die Teilnahmewahrscheinlichkeit einschätzen kann, was hingegen bei den befragten Aktivisten und Aktivistinnen der Fall ist, da sie alle über mehr oder weniger Container-Erfahrung verfügen. Die Beantwortung erfolgte jeweils auf einer fünfstufigen Skala entsprechend des Grades der Befürwortung (»sehr stark«, »stark«, »mittel«, »wenig«, »überhaupt nicht«) bzw. der Wahrscheinlichkeit (»sehr wahrscheinlich«, »wahrscheinlich«, »mittel«, »unwahrscheinlich«, »sehr unwahrscheinlich«) oder Vorstellung der Teilnahme (»sehr gut«, »gut«, »mittel«, »schlecht«, »überhaupt nicht«). Um mögliche Antwortverzerrungen durch Reihenfolgeeffekte[39] aufzudecken, wurden die Reihenfolge der Fragen randomisiert, sodass die Hälfte des Befragten zunächst nach dem Grad der Befürwortung und

[39] Eine kompakte Übersicht zum Thema Reihenfolgeeffekte findet sich bei Siminski (2008). Ausführlicher beschrieben werden Reihenfolgeeffekte z.B. von Schwarz et al. (2008).

im Anschluss nach der Wahrscheinlichkeit bzw. Vorstellung der Teilnahme gefragt wurde, während bei der anderen Hälfte die Fragen in umgekehrter Reihenfolge gestellt wurden.

4 Ergebnisse

Die im folgenden dargestellten Ergebnisse zu den acht Perspektiven auf das Containern beruhen zum einen auf der inhaltsanalytischen Auswertung der transkribierten Interviews mit den Aktivisten und Aktivistinnen und zum anderen auf der statistischen Auswertung der Onlinebefragungen der Aktivisten und Aktivistinnen sowie der Bevölkerung. Unter Zuhilfenahme der Software MAXQDA12 wurde im Rahmen der Inhaltsanalyse zunächst der Einstieg in das Containern näher beleuchtet (Abschnitt 4.1.), um weitergehend den Verlauf eines typischen Containerabends nachzuvollziehen (Abschnitt 4.2.), die dem Containern zugrundeliegenden Motive zu analysieren (Abschnitt 4.3.) und die Einstellungen zur Illegalität des Containers darzustellen (Abschnitt 4.4.). Die aus der Inhaltsanalyse der Interviews gewonnenen Erkenntnisse wurden dabei durch Daten aus der Onlinebefragung der Aktivisten und Aktivistinnen ergänzt. Im Abschnitt 4.5. *Vergemeinschaftung an der Mülltonne* wurde diese in den vorangegangenen Abschnitt begonnene Verknüpfung zwischen qualitativen und quantitativen Daten intensiviert, indem aufbauend auf der inhaltsanalytischen Auswertung zum Vergemeinschaftungspotential des Containers mittels multivariater Analysen untersucht wurde, inwiefern soziodemographische und theoriegeleitete Faktoren die Häufigkeit, in Begleitung containern zu gehen, beeinflussen. Für diese, sowie alle weiteren statistischen Analysen, wurde mit der Statistiksoftware STATA 14 gearbeitet. Im sich anschließenden Abschnitt 4.6. *Häufigkeit* wird dargelegt, welche containerspezifischen Faktoren bei der Erklärung der Häufigkeit des Containerns zu berücksichtigen sind. Während hier der Fokus ganz auf dem illegalen Engagement liegt, wird im darauffolgenden Abschnitt 4.7. *Aktivitätsmaße* versucht mittels bi- und multivariater Regressionsanalysen zu erklären, inwiefern soziodemographische Faktoren (Abschnitt 4.7.1.), Motive (Abschnitt 4.7.2.) und theoriegeleitete Bestimmungsfaktoren (Abschnitt 4.7.3.), das Ausmaß von legalem wie illegalem Engagement gegen Lebensmittelverschwendung beeinflussen. Im Rahmen der Vignetten-Experimente der Aktivisten und Aktivistinnen (Abschnitt 4.8.1.) sowie der Bevölkerung (Abschnitt 4.8.2.) wird schließlich nach Einflussfaktoren auf den Grad der Befürwortung des Containerns und die Teilnahmebereitschaft zum Containern gesucht.

4.1 Einstieg in das Containern

Zu Beginn eines jeden Interviews wurden die teilnehmenden Mülltaucher und Mülltaucherinnen nach ihrem Einstig ins Containern gefragt. Die sich auf diese Frage anschließenden Ausführungen lassen verschiedene Zugänge zum Containern erkennen. Die überwiegende Mehrheit der interviewten Mülltaucher und Mülltaucherinnen ist das erste Mal mit einer bekannten Person, wie z.B. Freund bzw. Freundin oder WG-Mitbewohner bzw. -Mitbewohnerin containern gegangen. Das Mitgehen mit einer bekannten und bereits mit den Containerpraktiken vertrauten Person ist für die Neueinsteiger und Neueinsteigerinnen mit verschiedenen Vorteilen verbunden. So werden u.a. Insiderwissen über beispielsweise lohnende Containerstandorte weitergegeben und die Hemmschwelle, selbst aktiv zu werden, gesenkt.

»…aber selbst den ersten Schritt zu machen, das macht man meistens erst, wenn man jemanden hat, der das irgendwie auch schon mal gemacht hat.« (Männlich, Jg. 1988)

Nur wenige Interviewpartner und -partnerinnen haben davon berichtet, den Schritt zum Containern alleine gewagt zu haben.

»Ich habe tatsächlich alleine angefangen und auch so ein bisschen Learning by Doing.« (Männlich, Jg. 1992)

Zu dem vom Interviewpartner erwähnten Learning by Doing gehört neben dem praktischen Vorgehen beim Containern selbst auch das als sehr zeitaufwändig beschriebene Auskundschaften geeigneter Containerstandorte, wobei entscheidend dafür sowohl die Qualität als auch Quantität der zu findenden Lebensmittel sowie die Art der Sicherung sind.

»Ich bin halt zum Beispiel zum [Name einer Supermarktkette] gefahren, habe geschaut, wie er abgesperrt ist oder nicht. Dann habe ich mir so eine Übersicht erstellt, und dann habe ich von Montag bis Samstag, manchmal auch Sonntag immer geschaut, wann die Mülleimer am besten gefüllt sind […] ich habe halt wirklich versucht, den besten Tag da rauszufinden.« (Männlich, Jg. 1991)

Während der begleitete Einstieg in das Containern sich beinahe wie ein roter Faden durch die verschiedenen Interviews nachverfolgen lässt, gestaltet sich die Situation in Bezug auf den Zeitpunkt als deutlich heterogener. Einige der interviewten Aktivisten und Aktivistinnen sind bereits zur Jugendzeit mit dem Containern in Kontakt gekommen und haben auch da schon vereinzelte praktische Erfahrungen mit dem Containern gesammelt. Für andere ist der Einstieg in das Containern mit dem Verlassen des Elternhauses und dem bei vielen sich anschließendem Start ins Studium verknüpft.

»Ich habe zum Containern angefangen, als ich von zu Hause ausgezogen bin, weil da gab es einfach keinen Kühlschrank, der sich immer selbst auffüllt und es war klar, es muss irgendwo Nahrung herkommen.« (Männlich, Jg. 1992)

Während einige bereits mit der Idee ausgezogen sind, nun containern zu gehen, hat bei anderen eine mehr oder weniger lange Gewöhnungszeit stattgefunden, in der man zunächst im Rahmen des WG-Lebens nur containerte Lebensmittel konsumiert hat, ohne selbst containern zu gehen.

»...es quasi so war, dass ich ganz viel Containeressen schon gegessen habe, bevor ich selber überhaupt mitgemacht habe.« (Weiblich, Jg. 1986)

Eine dritte Gruppe ist mit dem Containern während einer Reise oder eines längeren Auslandsaufenthaltes angefangen.

»Also mein Einstieg eigentlich war, als ich im Ausland war. Nach dem Abitur war ich ein Jahr in Australien. Und da lernst du halt auch Leute kennen, die aufgeschlossen solchen Themen sind.« (Männlich, Jg. 1991)

Bei vielen hat sich die erste Containererfahrung intensiv eingeprägt. Die dafür genannten Gründe beziehen sich zum einen auf die der Unerfahrenheit geschuldeten Nervosität und zum anderen auf die nicht erwartete große Menge und gute Qualität der gefundenen Lebensmittel.

»Am Anfang ist es ein ganz bisschen komisch, weil man denkt: "Na ja, was ist, wenn Leute von dem Supermarkt da sind? Wie reagieren die da drauf?" Und man macht sich noch Gedanken da drüber.« (Männlich, Jg. 1992)

»Und da war ich doch sehr, sehr überrascht, wie viel - also nach meinem Ermessen - gutes Essen da drin lag. Ich hatte immer die Vorstellung, da liegen jetzt nur vergammelte Reste drin und man muss da sich durch Berge Schimmel wühlen bis man da irgendwas findet, aber das war quasi oben drauf super Topware, also in Anführungszeichen Topware.« (Männlich, Jg. 1988)

Diese hier skizzierten unterschiedlichen Einstiege in das Containern lassen sich ergänzen durch einige aus der Onlinebefragung der Aktivisten und Aktivistinnen generierten Informationen. So zeigt sich, dass nur ein geringer Anteil von vier Prozent der befragten Mülltaucher und Mülltaucherinnen bereits vor dem Jahr 2010 aktiv containern gegangen ist. Die Mehrheit der Befragten (55 Prozent) gibt an, zwischen den Jahren 2010 und 2013 den Einstieg in das Containern gefunden zu haben und weitere ca. 42 Prozent sind im Jahr 2014 oder später gestartet. Die sich auf den Angaben zum Einstiegszeitpunkt berechenbare Erfahrung beträgt im Durchschnitt über alle befragten Mülltaucher und Mülltaucherinnen etwa 2,5 Jahre, wobei über 95 Prozent zwischen 0 und 5 Jahren containern geht. Das Einstiegsalter, das sich ebenfalls aus dem Einstiegszeitpunkt und dem Geburtsjahr berechnen lässt, beträgt im Durchschnitt 24,3 Jahre, was dafür-spricht, dass viele nicht sofort mit Beginn des Studiums angefangen haben zu containern, sondern erst im Laufe des Studiums.

4.2 Ein typischer Containerabend

Aus den Ausführungen der interviewten Mülltaucher und Mülltaucherinnen zur praktischen Vorgehensweise beim Containern lässt sich eine Beschreibung eines typischen Containerabends anfertigen, wohl wissend, dass dabei Vieles verallgemeinert wird, was nicht auf den jeweiligen Einzelfall zutreffen mag. Dennoch erscheint es mir wichtig, dies den Ergebnissen zu den Motiven, der Illegalität und den Aktivitätsmaßen vorzuschalten, weil dadurch wichtige Hintergrundinformationen zum Containern geliefert werden, die für das weitere Verständnis wichtig sind.

Ein typischer Containerabend beginnt in der Regel mit Geschäftsschluss der Supermärkte. Alleine, zu zweit oder in einer Kleingruppe begibt man sich zum Aufbewahrungsort der Müllcontainer, der entweder frei zugänglich oder durch einen Zaun abgesperrt ist. Im letztgenannten Fall wird dieser überwunden oder anderweitig manipuliert, sodass man Zugang zu den Containern erhält, wobei sehr darauf geachtet wird, keine Spuren zu hinterlassen. Die Zugänglichkeit der Container, insbesondere die Frage, ob die Container verschlossen sind oder nicht, ist neben der Qualität und Quantität der Lebensmittel für viele das entscheidende Kriterium bei der Auswahl der Supermärkte; die Meisten meiden verschlossene Container. Lebensmittelpräferenzen oder sonstige ideelle Motive wie z.B. Boykott bestimmter Supermarktketten spielen dabei eine untergeordnete Rolle. Das eigentliche Containern, also das Durchsuchen und Herausholen von Lebensmitteln aus dem Müllcontainer, stellt sich wie folgt dar: Entsprechend der Feststellung von Heyenbruch (2013) wird unter Zuhilfenahme einer Taschen- oder Stirnlampe und zum Teil mit Handschuhen in den Behältnissen nach noch verzehrbaren Lebensmitteln gesucht, wobei kleinere Mülltonnen außen stehen bleibend inspiziert werden und in die größeren Container hereingestiegen wird, um so auf den Lebensmitteln stehend nach etwas Verwertbarem zu suchen. Zu den am häufigsten gefundenen Lebensmitteln gehören, wie bereits bei Edwards & Mercer (2007) oder Vinegar et al. (2016) beschrieben, Obst, Gemüse und Brot bzw. Backwaren, wobei die Zusammensetzung der Lebensmittel saisonbedingt unterschiedlich ausfällt. Während eine erste Vorsortierung der Lebensmittel noch vor Ort geschieht, wobei erneut sehr darauf geachtet wird, keine Spuren zu hinterlassen, weshalb der Ort, an dem die Container stehen, stets sauber hinterlassen wird, gehört eine genauere Durchsicht zu Hause zum Containern dazu. Bei dieser Gelegenheit erfolgt dann zumeist auch die Aufteilung der Lebensmittel unter den beteiligten Personen, was mitunter auch mit einem gemeinsamen Kochen verbunden wird. Das Kochen mit containerten Lebensmitteln erfordert aufgrund der nicht vollständigen Planbarkeit der zu findenden Lebensmitteln eine gewisse Kreativität. Statt nach Rezept zu kochen, wird das verarbeitet, was im Container gefunden wurde. Containerte Lebensmittel, die selbst nicht zeitnah verwendet werden können und für die es auch keine geeigneten Konservierungsmöglichkeiten wie beispielsweise Einfrieren, Einkochen oder Trocknen gibt, werden möglichst an andere weitergeben. Das soeben beschriebene Vorgehen trägt in erheblichem Umfang zur Deckung des Lebensmittelbedarfs bei.

Der aus den Beschreibungen der interviewten Mülltaucher und Mülltaucherinnen dargestellte typische Containerabend lässt sich mit Daten aus der Onlinebefragung der Aktivisten und Aktivistinnen quantitativ untermauern. So gehen zwei Drittel der Befragten nur nachts im Schutze der Dunkelheit containern. Zusätzlich kleiden sich über 60 Prozent von ihnen möglichst unauffällig, wenn sie containern gehen. Zum Schutz vor Verletzungen tragen etwa ein Drittel der befragten Mülltaucher und Mülltaucherinnen beim Containern immer Handschuhe. Die befragten Mülltaucher und Mülltaucherinnen, die zumindest manchmal in Begleitung containern gehen, werden im Durchschnitt von zwei weiteren Personen begleitet. Damit bestätigt sich das Bild, das sich aus den Interviews ergeben hat, dass vornehmlich in einer Kleingruppe containert wird, wofür Grewe (2017) sowohl praktische Gründe (z.B. gegenseitige Hilfe beim Überwinden eines Zaunes) als auch psychologische Gründe (z.B. subjektiv empfundene größere Sicherheit) anführt. Außerdem haben über 90 Prozent der befragten Mülltaucher und Mülltaucherinnen angegeben, dass sie containerte Lebensmittel, die sie selbst nicht nutzen können, an Freunde oder Bekannte verschenken. Diese Eindeutigkeit ist, genauso wie die Tatsache, dass mit Ausnahme von zwei Befragten, alle an der Onlinebefragung teilnehmenden Mülltaucher und Mülltaucherinnen angegeben haben, dass sie darauf achten, den Ort, an dem die Container stehen, sauber zu hinterlassen, allerdings unter dem Vorbehalt von sozial erwünschtem Antwortverhalten zu betrachten, ohne damit anzuzweifeln, dass sowohl das Verschenken von containerten Lebensmitteln als auch das Aufräumen der Containerstellplätze für die Mehrheit der Mülltaucher und Mülltaucherinnen eine Selbstverständlichkeit darstellt. Im Durchschnitt decken die befragten Mülltaucher und Mülltaucherinnen etwa ein Drittel ihres monatlichen Lebensmittelbedarfs durch das Containern, was sehr gut zu der von Vinegar et al. (2016) berichteten Größenordnung von einem Viertel bis die Hälfte passt. Trotz dieses relativ großen Anteils an Lebensmitteln, die aus dem Container stammen, hat sich nur ein sehr geringer Anteil von etwa fünf Prozent durch containerte Lebensmittel bereits einmal den Magen verdorben. Dies deckt sich wiederum mit den Ergebnissen aus den von Edwards & Mercer (2007) analysierten dreißig Interviews, die ebenfalls von einem sehr geringen Anteil an Mülltauchern und Mülltaucherinnen berichten, die durch den Konsum von Lebensmitteln aus dem Container erkrankt sind. Damit steht dies aber auch entgegen der Befunde von Vinegar et al. (2016), bei denen über die Hälfte der 26 interviewten Mülltaucher und Mülltaucherinnen angegeben haben, durch das Containern einmal krank geworden zu sein bzw. jemanden zu kennen, dem dies einmal widerfahren ist.

4.3 Motive des Containerns

Die Interviews mit den aktiven Mülltauchern und Mülltaucherinnen haben gezeigt, dass die Entscheidung containern zu gehen durch eine Vielzahl an Motiven bestimmt wird und es nicht das eine für alle gültige Leitmotiv gibt. Wenn überhaupt lässt sich das Lebensmittelretten im Sinne eines Engagements gegen Lebensmittelverschwendung als allgemeingültiges Leitmotiv auffassen (vgl. Unrau 2015). Da dies jedoch gleichzeitig eine Handlung darstellt, die alle Befragten miteinander teilen, ist eine eindeutige Zuordnung nicht möglich. Insgesamt konnten elf Hauptmotive identifiziert werden, die im Folgenden vorgestellt und anhand exemplarischer Zitate veranschaulicht werden.

Viele der interviewten Mülltaucher und Mülltaucherinnen sehen im Containern die Möglichkeit ihrer konsumkritischen Einstellung Ausdruck zu verleihen, indem sie statt Lebensmittel zu kaufen, was wiederum neue Nachfrage generieren würde, sich von den Resten der Gesellschaft ernähren.

»Dadurch, dass ich mir die Lebensmittel aus dem Müll hole, keine Lebensmittel einkaufe, sprich, keine neue Nachfrage an Lebensmittel schaffe.« (Männlich, Jg. 1986)

Das Containern als konsumkritische Praxis ist häufig mit einer weitergehenden Gesellschaftskritik verbunden, wobei diese insbesondere auf Antikapitalismus, Antiglobalisierung und einer allgemeinen Kritik an der Wegwerfgesellschaft beruht.

»Ich gehe jetzt containern und wische dem Supermarkt eins aus und ich beteilige mich nicht daran, dass der Kapitalismus weiter voranschreitet.« (Weiblich, Jg. 1986)

»Containern ist für mich einfach auch ein Zeichen gegen diese Wegwerfgesellschaft.« (Weiblich, Jg. 1992)

Dass das Containern mit finanziellen Vorteilen verbunden ist, gehört zwar zu den am häufigsten genannten Gründen, warum man containern geht, jedoch wurde es, wie bei Grewe (2017), überwiegend als ein positiver Nebeneffekt dargestellt, der nicht primär handlungsbestimmend ist. Im Zuge dessen wurde wiederholt darauf hingewiesen, dass das gesparte Geld vor allem dazu verwendet wird, sich hochwertige Lebensmittel beispielsweise in Bioqualität leisten zu können.

»Andererseits sind das auch so egoistische Gründe, ich spare sehr viel Geld dabei. Das ist auch sehr schön.« (Weiblich, Jg. 1988)

»Dadurch, dass ich Obst und Gemüse nur containere eigentlich, kaufe ich mir halt alles andere dann in Bio-Qualität und finanziell ist das dann halt auch machbar.« (Weiblich, Jg. 1991)

Neben finanziellen Vorteilen profitieren die Aktiven vom Containern durch eine größere zur Verfügung stehenden Lebensmittelvielfalt. So bietet es ihnen beispielsweise die Möglichkeit Lebensmittel zu konsumieren, die sie (zum Teil aus ethischen Gründen) sonst nicht essen würden. Dies trifft auch auf Mülltaucher und Mülltaucherinnen zu, die sich ansonsten vegetarisch oder vegan ernähren, jedoch beim Containern eine Ausnahme von ihren lebensmittelbezogenen Überzeugungen machen und Fleisch bzw. tierische Produkte konsumieren, wenn diese aus dem Container stammen.

»Zum einen ist es so, dass ich zum Beispiel bestimmte Sachen gar nicht kaufen würde und durch das Containern trotzdem die Möglichkeit habe, die zu essen. Bananen zum Beispiel würde ich einfach eigentlich überhaupt nicht mehr kaufen, weil ich es mit meinem Gewissen nicht vereinbaren kann. Wenn ich es aber containere, da habe ich kein schlechtes Gewissen, weil es sowieso weggeworfen werden würde. Also kann ich es auch essen.« (Weiblich, Jg. 1986)

»Wenn es halt geht, koche ich meistens vegetarisch oder vegan. Aber wenn ich die ganzen Wurstpackungen sehe, die im Müll landen, seitdem esse ich auch viel mehr Fleisch.« (Männlich, Jg. 1992)

Auf die in den Containern sichtbar werdende Lebensmittelverschwendung, sowohl in Hinblick auf Qualität und Quantität, aufmerksam zu machen und die Bevölkerung für diese Problematik zu sensibilisieren stellt, wie auch schon von Noack et al. (2016) gezeigt, ein weiteres Hauptmotiv der Interviewten dar. Dies geschieht sowohl durch Erzählungen im Freundes- und Familienkreis als auch durch Weitergabe von bzw. gemeinsamem Kochen mit containerten Lebensmitteln. Auch sind viele gerne dazu bereit, Interessierte zum Containern mitzunehmen, um ihnen einen Einblick in die Container zu ermöglichen.

»Es geht auch ein Stück weit ums Wachrütteln, weil wie viele Leute sind sich darüber im Klaren, was in den Tonnen landet.« (Weiblich, Jg. 1991)

Wie schon von Heyenbruch (2013) berichtet, spielt der verschwenderische Umgang mit Ressourcen eine entscheidende Rolle bei der Entscheidung containern zu gehen. Betont werden dabei nicht nur natürliche Ressourcen wie Boden, Luft und Wasser, sondern auch menschliche Faktoren wie Arbeitszeit und körperliche Anstrengungen.

»Ich will mir vor allen Dingen auch keine Lebensmittel kaufen, wo ich weiß, dass die, selbst die Bio-Lebensmittel enorme Einflüsse auf die Umwelt haben, oft in sehr prekären Verhältnissen produziert werden.« (Männlich, Jg. 1986)

Schließlich bietet das Containern für die Aktiven die Möglichkeit sich mit Gleichgesinnten zu treffen und aus dem Alltagsleben ein Stück weit auszubrechen, indem man allein oder gemeinsam ein Abenteuer erlebt.

»Es macht ja auch in einer großen Gruppe mehr Spaß, als wenn man es alleine macht.« (Weiblich, Jg. 1994)

»Es ist wie ein kleines Überraschungsei, weißt du, halt in einer Scheißverpackung. Aber du machst halt auf, und denkst so: "Wow, geil, eine rote Paprika, die glänzt. Nehme ich mit." Ja, natürlich macht Containern Spaß.« (Männlich, Jg. 1991)

»...diese Herausforderung, dieses Abenteuerliche, dieses quasi vegane Jagen, so nenne ich das.« (Männlich, Jg. 1988)

Damit stellt das Containern, wie mehrfach in der Literatur beschrieben (u.a. Fernandez et al. 2011; Foden 2012; Nguyen et al. 2014) eine Art Freizeitbeschäftigung oder soziales Event dar, welches im Gegensatz zu den vorhergenannten Motiven gar nicht unmittelbar mit dem Thema Lebensmittelverschwendung verbunden ist.

Insgesamt bewegen sich die Motive der interviewten Mülltaucher und Mülltaucherinnen im Spannungsfeld zwischen Egoismus und Altruismus,[40] wobei stets Motive beider Pole in dem Interviewmaterial zu finden sind. So gibt es unter den interviewten Mülltauchern und Mülltaucherinnen niemanden, der bzw. die allein aus egoistischen Gründen, wie z.B. finanziellen Vorteilen oder Abenteuerlust, containert geht. Auf der anderen Seite wird die Entscheidung containern zu gehen auch niemals allein durch altruistische Motive, wie Ressourcenschutz oder Bewusstseinsbildung, bestimmt. Vielmehr ist aus den Aussagen der Interviewpartner und -partnerinnen zu erkennen, dass stets eine Kombination von sowohl altruistischen als auch egoistischen Motiven vorliegt, wobei natürlich nicht alle Motive gleichgewichtet sind, sondern es schon zu Priorisierungen innerhalb der Motive kommt, was sich auch bei Grewe (2017) zeigt, indem sie schreibt:

»Martin [Name eines Interviewpartners] hebt vorrangig den finanziellen Vorteil hervor, erst im zweiten Schritt fühle er sich gut, weil er etwas Nachhaltiges tue.« (ebd., S. 219)

Einige der aus den qualitativen Interviews herausgearbeiteten Motive (siehe Tabelle 6) wurden im Rahmen der Onlinebefragung quantitativ überprüft. Dazu wurde den Teilnehmenden eine Liste von Motiven präsentiert, von der sie maximal drei auswählen konnten. Gleichzeitig erfolgte eine Gewichtung der ausgewählten Motive, indem man zwischen dem erst-, zweit- und drittwichtigsten Motiv differenzieren musste, sodass bei der Variablenkonstruktion den erst genannten Motiven der Wert 3, zweit genannten Motiven der Wert 2 und drittgenannten Motiven der Wert 1 zugewiesen wurde.

Im Ergebnis zeigt sich, dass für die Befragten das Lebensmittel retten das mit Abstand wichtigste Motiv darstellt, gefolgt vom Ressourcen schonen und dem Geld sparen. Die Motive *Nervenkitzel* und *Freunde treffen* gehören hingegen für die meisten der befragten Mülltaucher und Mülltaucherinnen nicht zu den drei bedeutsamsten Motiven.

---

[40] Im Bewusstsein dessen, dass es sich bei Altruismus und Egoismus um zwei hochkomplexe und in den unterschiedlichen wissenschaftlichen Disziplinen kontrovers diskutierte Phänomene handelt (siehe u.a. Piliavin & Charng 1990), erscheint es notwendig zwei kurze auf den Gedanken von Batson (1991; 2011) aufbauende Arbeitsdefinitionen zu geben: (1) Egoismus: Ich-Bezogenheit; das eigenen Handeln zielt direkt auf die Steigerung oder den Erhalt des persönlichen Wohlbefindens. (2) Altruismus: das mit Opportunitätskosten verbundene eigene Handeln ist ausgerichtet auf die Steigerung oder den Erhalt des Wohlergehens eines individuellen oder kollektiven menschlichen wie nicht-menschlichen Gegenübers.

Tabelle 6: Übersicht zu den Motiven der befragten Mülltaucher und Mülltaucherinnen.

Motive gewichtet	Mittelwert	SD	Min.	Max.	N
Lebensmittel retten	1,94	1,94	0	3	208
Ressourcen schonen	1,16	1,16	0	3	208
Geld sparen	0,81	1,04	0	3	208
Kapitalismuskritik	0,68	0,98	0	3	208
Bewusstsein schaffen	0,58	0,91	0	3	208
Aus Wirtschaftskreis ausbrechen	0,50	0,92	0	3	208
Spaß	0,18	0,58	0	3	208
Nervenkitzel	0,07	0,38	0	3	208
Freunde treffen	0,05	0,29	0	3	208

Schaut man sich noch etwas genauer die Verteilung der Antworten zu den einzelnen Motiven an (siehe Abbildung A4 im Anhang), lassen sich zwei aus den qualitativen Interviews gewonnenen Erkenntnisse untermauern. Zum einen wird deutlich, dass das Retten von Lebensmitteln mit großem Abstand am häufigsten als wichtigster Grund containern zu gehen genannt wurde, was die eingangs des Abschnitts formulierte These des Lebensmittelrettens als Leitmotiv unterstützt. Der zweite interessante Aspekt, der aus Abbildung A4 im Anhang deutlich wird, ist, dass das Motiv *Geld sparen* von den meisten Befragten als drittwichtigster Grund ausgewählt wurde. Der mit dem Containern verbundene finanzielle Vorteil lässt sich damit, wie weiter oben beschrieben, als bedeutsamen, aber dennoch nur positiven Nebeneffekt des Containerns verstehen.

Ergänzend zu diesen deskriptiven Ergebnissen wurde der Einfluss verschiedener soziodemographischer Faktoren auf die abgefragten Motive bivariat untersucht. Wie aus Tabelle 7 hervorgeht, konnte für alle der soziodemographischen Faktoren mit Ausnahme der Faktoren *Großstadt* und *Geld zum Leben* ein signifikanter Einfluss auf ein oder mehrere der abgefragten Motive nachgewiesen werden. So zeigt sich beispielsweise, dass Frauen häufiger das Lebensmittel retten, Bewusstsein schaffen und Freunde treffen als einen von drei Gründen, containern zu gehen, angeben haben. Für die männlichen Befragungsteilnehmer sind andere Motive bedeutsamer, wie beispielsweise das Geld sparen, der mit dem Containern verbundene Spaß und der dabei erlebbare Nervenkitzel. Während für das Geschlecht ein statistisch signifikanter Zusammenhang zu vergleichsweise vielen Motiven besteht, sind für die meisten der übrigen soziodemographischen Faktoren deutlich weniger statistisch signifikante Effekte zu berichten. So wirkt sich das Alter der Befragten nur negativ auf das Motiv *Freunde treffen* und der Bildungsabschluss Abitur positiv auf die Motive *Nervenkitzel* und *Freunde treffen* aus. Des Weiteren zeigen sich statistisch signifikante negative Zusammenhänge zwischen dem Motiv des Geldsparens und der subjektiven Einschätzung der finanziellen Lage sowie der Positionierung innerhalb der Gesellschaft. Dies bedeutet im Umkehrschluss, dass für Mülltaucher und Mülltaucherinnen, die mit ihrer finanziellen Lage eher unzufrieden sind und sich selbst auf einer unteren gesellschaftlichen Position verorten, vor allem deshalb containern gehen, weil sie dadurch Geld sparen können. Befragte, die sich hingegen weiter oben in der Gesellschaft positionieren, sehen im Lebensmittel retten eher den Grund für ihr Engagement als Mülltaucher bzw. Mülltaucherin. Interessante Effekte sind auch in Bezug auf die politikbezogenen soziodemographischen Faktoren zu berichten. Ein starkes Politikinteresse ist positiv korreliert mit den Motiven des Ressourcenschonens und der Kapitalismuskritik und wirkt sich negativ auf das Motiv des Geldsparens aus. Von der Tendenz sehr ähnlich fallen die Befunde zu der politischen Orientierung aus. Wer eine stark linksorientierte politische Gesinnung hat, für den sind die Motive *Kapitalismuskritik* und *Aus dem Wirtschaftskreis ausbrechen* handlungsbestimmend, wohingegen das Lebensmittel retten, Geld sparen und Bewusstsein schaffen weniger bedeutsam sind. Schließlich ist noch der auf dem 10 Prozent Niveau signifikante Effekt der Religiosität auf das Motiv des Lebensmittelrettens zu erwähnen.

Die soeben berichteten signifikanten Zusammenhänge zwischen den soziodemographischen Faktoren und den Motiven des Containerns wurden mittels multivariater Regressionsanalysen überprüft (siehe Tabelle A8 im Anhang). Dabei stellte sich heraus, dass die überwiegende Mehrheit der Modelle als Gesamtmodell betrachtet nicht signifikant ist (Prob > F > 0,1), was vermutlich an einer Überspezifizierung der Modelle liegt, sprich zu viele erklärende Variablen im Gesamtmodell enthalten sind. Aufgrund dieser Tatsache sollen an dieser Stelle nur die signifikanten Zusammenhänge erwähnt werden, die aus einem Gesamtmodell stammen, das ebenfalls signifikant ist.

Dazu gehört zum einen das Modell mit dem Motiv des Geldsparens als abhängige Variable. Hierbei bestätigen sich die bereits bivariat feststellbaren signifikant negativen Effekte des Geschlechts, der subjektiven Einschätzung der finanziellen Lage und des allgemeinen Politikinteresses, wohingegen die negativen Effekte der gesellschaftlichen Positionierung und der politischen Orientierung nicht mehr existent sind. Diese Befunde lassen den Schluss zu, dass vor allem männliche Befragungsteilnehmer, mit der finanziellen Situation unzufriedene Aktivisten und Aktivistinnen und solche mit geringem Politikinteresse aus dem Motiv des Geldsparens heraus containern gehen.

Tabelle 7: Ergebnisse bivariater OLS-Regressionen zum Einfluss soziodemographischer Faktoren auf die Motive des Containerns.

	Lebensmittel retten	Ressourcen schonen	Geld sparen	Kapitalismuskritik	Bewusstsein schaffen	Aus Wirtschaftskreis ausbrechen	Spaß	Nervenkitzel	Freunde treffen
Geschlecht (1= Frau)	0,325^{+} (1,94)	0,0202 (0,12)	-0,336* (-2,27)	-0,0319 (-0,23)	0,411*** (3,45)	-0,165 (-1,26)	-0,160^{+} (-1,89)	-0,124* (-2,21)	0,0667^{+} (1,82)
Alter (in Jahren)	-0,00790 (-0,58)	-0,00915 (-0,75)	0,0214 (1,73)	-0,00761 (-0,94)	-0,00362 (-0,39)	0,00589 (0,54)	0,00165 (0,20)	-0,00260 (-0,92)	-0,00209* (-2,04)
Abitur	-0,0112 (-0,04)	0,0759 (0,26)	-0,103 (-0,39)	-0,0405 (-0,20)	-0,0469 (-0,20)	-0,0318 (-0,15)	-0,00866 (-0,07)	0,0802** (2,83)	0,0535* (2,38)
Großstadt	0,0276 (0,16)	-0,0265 (-0,16)	-0,163 (-1,12)	0,219 (1,60)	-0,00448 (-0,04)	-0,0689 (-0,54)	-0,0616 (-0,77)	0,00429 (0,08)	0,00933 (0,23)
Subjektive finanzielle Lage	0,163 (1,61)	0,148 (1,46)	-0,429*** (-4,93)	-0,00323 (-0,04)	0,0100 (0,12)	0,0268 (0,31)	0,0490 (1,23)	-0,0106 (-0,77)	0,0404 (1,47)
Geld zum Leben in €/100	-0,00892 (-0,44)	-0,0265 (-1,58)	-0,0132 (-0,65)	-0,00364 (-0,20)	0,0218 (1,36)	0,0130 (0,75)	0,00364 (0,47)	0,00898 (1,25)	0,00214 (0,61)
Politisches Interesse	-0,0935 (-1,06)	0,211** (2,64)	-0,248** (-3,14)	0,187** (2,94)	-0,0713 (-1,13)	0,0884 (1,22)	-0,00015 (-0,00)	-0,0267 (-0,83)	-0,0251 (-0,90)
Position in der Gesellschaft	0,102* (2,17)	-0,0224 (-0,48)	-0,102** (-2,16)	-0,0126 (-0,32)	0,0517 (1,41)	-0,0458 (-1,18)	0,0112 (0,50)	0,00745 (0,72)	0,00444 (0,31)
Politische Orientierung (1=rechts bis 10=links)	-0,158** (-2,69)	0,102 (1,55)	-0,107^{+} (-1,86)	0,185*** (3,97)	-0,0698* (-2,37)	0,117** (2,87)	-0,00145 (-0,06)	-0,00849 (-0,79)	-0,0162 (-0,91)
Religiosität	0,153^{+} (1,89)	-0,00038 (-0,01)	-0,0626 (-1,00)	-0,0988 (-1,60)	0,0653 (1,14)	-0,0526 (-1,03)	-0,0221 (-0,67)	-0,0234 (-1,59)	0,0378 (1,34)
N	208	208	208	208	208	208	208	208	208

Anmerkungen: $^{+}$ p<0,1, * p<0,05, ** p<0,01, *** p<0,001; Berichtet werden die Koeffizienten bivariater Regressionen mit den dazugehörigen t-Werten in Klammern. Alle Regressionen beruhen auf robusten Standardfehlern nach dem Huber-White-Verfahren.

Das zweite signifikante Gesamtmodell, dessen Ergebnisse hier zu besprechen sind, ist das Modell *Kapitalismuskritik*, bei dem wie im bivariaten Fall ein signifikant positiver Zusammenhang zwischen einer linksgerichteten politischen Orientierung und der Nennung des Motivs *Kapitalismuskritik* festzustellen ist. Darüber hinaus konnten in diesem Modell keine weiteren statistisch signifikanten Einflussfaktoren nachgewiesen werden, also auch nicht der positive Effekt des allgemeinen Politikinteresses aus der bivariaten Regression. Damit lässt sich in Bezug auf das Motiv durch das Containern Kapitalismuskritik auszudrücken resümieren, dass dieses Motiv insbesondere für Mülltaucher und Mülltaucherinnen mit einer stark linken politischen Einstellung von Bedeutung ist. Das dritte und letzte statistisch signifikante Gesamtmodell zeigt sich beim Motiv durch das Containern Bewusstsein in der Bevölkerung zu schaffen. Die hier gefundenen signifikanten Effekte entsprechen exakt den auch schon bivariat beschriebenen Zusammenhängen zwischen dem Geschlecht bzw. der politischen Orientierung und dem Motiv *Bewusstsein schaffen*, weshalb sich diesbezüglich konstatieren lässt, dass Frauen häufiger aus diesem Grund heraus containern gehen, wohingegen Aktivisten und Aktivistinnen mit einer linken politischen Orientierung dies weniger als ein handlungsbestimmendes Hauptmotiv ansehen.

Die Ergebnisse aus den qualitativen Interviews mit und der Onlinebefragung von Mülltauchern und Mülltaucherinnen zu den Motiven des Containerns haben gezeigt, dass die Entscheidung containern zu gehen durch eine Vielzahl von Motiven bestimmt wird, zu denen sowohl politische als finanzielle, freizeitbezogene, soziale und umweltbezogene Motive gehören. Dabei kommt es, wie bereits von Carolsfeld & Erikson (2013) festgestellt, zur Überlagerung von Motiven, sodass mit dem Containern gleichzeitig altruistische wie auch egoistische Motive verbunden sein können. Von besonderer Bedeutung, im Sinne eines Leitmotivs, ist für viele Aktivisten und Aktivistinnen das Motiv des Lebensmittelrettens, wohingegen finanzielle Vorteile als wichtig, aber letzten Endes als positiver Nebeneffekt wahrgenommen wird. Dies zeigt sich sowohl in dem ausgewerteten Interviewmaterial als auch in den Daten der Onlinebefragung. Anhand der Daten aus der Onlinebefragung konnte des Weiteren der Einfluss soziodemographischer Faktoren auf die Auswahl und Bedeutung von Motiven durch Regressionsanalysen überprüft werden. Hierbei wurde deutlich, dass es in Bezug auf die Bedeutung der einzelnen Motive geschlechtsspezifische Unterschiede gibt, darüber hinaus aber auch politikbezogene und finanzielle Faktoren von Bedeutung sind. Manche der bivariat und zum Teil auch multivariat aufgezeigten Zusammenhänge zwischen den soziodemographischen Faktoren und den einzelnen Motiven mögen trivial erscheinen. So ist es beispielsweise nicht überraschend, dass Personen, die mit ihrer finanziellen Lage unzufrieden sind, eher aus dem Motiv heraus containern gehen, dadurch Geld zu sparen. Dies gilt auch für den Zusammenhang zwischen einer linksgerichteten politischen Orientierung und dem Motiv *Kapitalismuskritik.* Deshalb sind diese Zusammenhänge nicht nur inhaltlich zu bewerten, sondern auch vom Standpunkt der Qualität der Daten zu betrachten, die wie anhand der vielleicht als trivial zu bezeichnenden Ergebnisse deutlich wird, sehr konsistent erscheint.

4.4 Illegalität des Containerns

Neben den Motiven wurden auch die Einstellungen der interviewten Mülltaucher und Mülltaucherinnen zur Illegalität des Containerns analysiert. Diesbezüglich konnte festgestellt werden, dass von den meisten die Gesetzeslage in Bezug auf weggeworfene Lebensmittel als unsinnig erachtet wird, sodass man sich nicht daran gebunden fühlt.

»Also normalerweise bin ich jemand, der wirklich sich an Gesetze hält und irgendwie nichts Verbotenes macht […]. Beim Containern mache ich da einfach nur eine totale Ausnahme, weil ich es da wirklich, wirklich nicht einsehe.« (Weiblich, Jg. 1986)

Diese Auffassung rührt u.a. daher, dass die Illegalität des Containerns zum einen in der Praxis nicht spürbar ist und zum anderen, dass durch das Containern in den Augen der Aktiven niemandem geschadet wird. Die Tatsache, dass beim Containern noch verzehrbare Lebensmittel gerettet werden, legitimiert das Containern. Die moralisch gute Tat rechtfertigt die Gesetzesübertretung, was so auch in vielen Berichterstattungen der Medien vermittelt wird.

»Also ich nehme es nicht als illegal wahr, weil man nicht daran gehindert wird. Also es gibt keinen Zaun, und es gibt kein Schloss, was man knackt.« (Weiblich, Jg. 1994)

»Ich breche zwar das Gesetz, aber schade dabei niemandem.« (Männlich, Jg. 1988)

»Ich würde sagen, es ist mir total wurscht, ob es legal ist oder nicht, weil, keine Ahnung, das sind Lebensmittel, die sind noch gut, die liegen im Müll, das ist Schwachsinn, die zu vernichten.« (Männlich, Jg. 1992)

Des Weiteren wird das Containern von vielen als rechtliche Grauzone aufgefasst, da bislang kein entsprechendes Gerichtsurteil vorliegt, aus dem hervorgeht, dass es sich beim Containern um Diebstahl handelt.

»Es gibt meines Wissens kein Urteil, was sich wirklich mit der Sache auseinandergesetzt hat, was besagt, dass Containern Diebstahl sei. Erst mal ist ja alles legal, was nicht verboten ist.« (Männlich, Jg. 1986)

Schließlich stellt die Illegalität des Containerns nicht nur eine Beschränkung dar, sondern bietet auch einen zusätzlichen Anreiz. Wie bereits bei der Vorstellung der Motive erwähnt, ist das Containern in den Augen mancher eine Art Freizeitaktivität oder Abenteuer, weshalb die Illegalität einen zusätzlichen Nervenkitzel bereitet.

»Und dann haben wir das gemacht und waren voll aufgeregt und war so voll, ja, wir machen jetzt was Illegales.« (Weiblich, Jg. 1992)

Den Fokus noch etwas genauer auf die Praxis des Containerns gelegt, zeigt sich, dass die überwiegende Mehrheit der interviewten Aktivisten und Aktivistinnen es als legitim erachtet, im Zuge des Containerns auch in umzäunte Bereiche einzudringen, womit der Großteil auch schon praktische Erfahrung gemacht hat. Mutwillige Sachbeschädigung im Allgemeinen und Schlösserknacken im Speziellen wird hingegen von der überwiegenden Mehrheit der Interviewpartner und -partnerinnen abgelehnt. Wenn jedoch im Zuge des Containerns unbeabsichtigt etwas kaputtgeht, wird das in Kauf genommen.

»Wenn jetzt ein Zaun davorsteht, ändert das für mich eigentlich nichts, solange man darüber kommt, solange ich nichts kaputt mache dabei, klettere ich einfach drüber.« (Männlich, Jg. 1988)

»Also Schlösser knacken würde ich nicht, weil ich nichts kaputt machen möchte.« (Weiblich, Jg. 1992)

»Wenn du über einen Stacheldrahtzaun gehst und ihn dabei runter drückst, dann geht er kaputt, ja. Aber nicht gewollt, also das wäre dann eher ein Nebeneffekt gewesen, der halt dann mal passiert.« (Männlich, Jg. 1988)

Im Zuge der Interviews wurde auch die die Frage thematisiert, ob das Containern legalisiert werden sollte. Interessanterweise finden sich unter den Interviewpartnern sowohl Befürworter als auch Gegner, wobei von beiden Seiten eine praktische Umsetzung als sehr unrealistisch erachtet wird.

»Also eigentlich könnte man es auch mehr legalisieren. Spricht jetzt nichts gegen.« (Weiblich, Jg. 1994)

»Handlungsbedarf ja, aber ehrlich gesagt, weniger, dass man jetzt irgendwie das Gesetz ändern müsste und legal Containern sollte.« (Weiblich, Jg. 1986)

»Also ich kann mir nicht vorstellen, dass es legalisiert wird.« (Weiblich, Jg. 1992)

Die aus den Interviews mit den Mülltauchern und Mülltaucherinnen gewonnenen Erkenntnisse bzgl. der Einstellungen zur Illegalität lassen sich durch die Antworten der Befragungsteilnehmer und -teilnehmerinnen der Onlinebefragung plausibilisieren. Nach Auffassung von über 50 Prozent der Befragten stellt das Containern eindeutig keine Straftat dar. Für weitere ca. 40 Prozent ist das Containern in einem gesetzlichen Graubereich zu verorten, sodass es auf die Begleitumstände ankommt, ob das Containern als illegal zu bewerten ist oder nicht. Nur etwa sieben Prozent sehen das Containern eindeutig als eine Straftat an. Dieses Ergebnis erscheint umso bemerkenswerter, da knapp 80 Prozent der Befragten angegeben haben, sich über die rechtlichen Konsequenzen des Containerns, die, wie in Exkurs II ausführlich erläutert, eindeutig als Straftat zu bewerten sind, informiert zu haben. Diese Diskrepanz zwischen dem Einholen von Informationen zur Rechtslage und der Bewertung derselben deutet in meinen Augen darauf hin, dass für die Frage, ob das Containern eine Straftat darstellt oder nicht, die Gesetzeslage nicht alleinig ausschlaggebend ist, sondern andere Aspekte, wie z.B. moralische Überzeugungen, bedeutsamer sind. Ein weiterer Aspekt, der sich in hohem Maße mit den Aussagen der Mehrzahl der Interviewpartner und -partnerinnen deckt, ist die zum Ausdruck gebrachte Hemmschwelle der mutwilligen Sachbeschädigung. So haben beispielswiese etwa 82 Prozent der befragten Aktivisten und Aktivistinnen gesagt, dass sie keine Container aufbrechen würden. Trotz dieser Zurückhaltung berichten knapp 15 Prozent der an der Onlinebefragung teilnehmenden Mülltaucher und Mülltaucherinnen, dass sie bereits einmal beim Containern in Kontakt mit der Polizei gekommen sind.

Zusammenfassend haben die qualitativen Interviews mit und die Onlinebefragung von den Aktivisten und Aktivistinnen gezeigt, dass man zwar um die Illegalität des Containerns weiß und sich zum Teil sogar explizit mit den juristischen Konsequenzen auseinandergesetzt hat, doch dieses Wissen nur bedingt handlungsbestimmend ist. Wichtiger als die Einhaltung der Gesetzestexte sind für die meisten der aktiven Mülltaucher und Mülltaucherinnen ethisch-moralische Überzeugungen, weshalb z.B. mutwillige Sachbeschädigung ein Tabubruch darstellt, der mehrheitlich nicht akzeptiert wird. Ein zweiter Aspekt, der neben den ethisch-moralischen Überzeugungen dafür verantwortlich ist, dass das Containern als legal oder gesetzliche Grauzone aufgefasst wird, beruht auf der praktischen Alltagserfahrung der Aktivisten und Aktivistinnen. Viele Supermärkte dulden das Containern und dort, wo dies nicht der Fall ist, werden statt Anzeige zu erstatten eher die Sicherheitsvorkehrungen erhöht, um das Containern zu erschweren bzw. unmöglich zu machen. Dies hat zur Folge, dass das Containern in aller Regel nicht strafrechtlich verfolgt wird, weshalb die Legalisierung des Containerns in den Augen der Aktiven auch nicht oberste Priorität hat.

4.5 Vergemeinschaftung an der Mülltonne

Anders als die übrigen sieben Perspektiven, die allesamt bei der konzeptionellen Planung des Forschungsprojekts berücksichtigt wurden, ist die soziale Funktion des Containerns in seiner Vielschichtigkeit und Bedeutung erst im Verlauf der qualitativen Interviews mit Aktivisten und Aktivistinnen in der Schweiz in den Blickpunkt geraten. Dass die durch und im Containern erfahrbare Gemeinschaft oder wie es bei Vinegar et al. (2016, S. 249) heißt »sense of community« weit über das Freundetreffen und den Gruppenspaß hinausgeht, stellte die große Überraschung des Forschungsprojekts zum Containern dar. Ganz gleich aus welchen Motiven heraus man containern geht, sei es aus politischen oder finanziellen Gründen, um etwas gegen die Ressourcenverschwendung zu unternehmen oder ein Abenteuer zu erleben, die gemeinsame Suche nach Lebensmitteln in Supermarkt-Containern lässt neue soziale Beziehungen und ein Wir-Gefühl entstehen.

»Wenn wir beim Containern sind und wir treffen jemanden, man kommt sofort ins Gespräch, man ist sofort, also ich fühle mich sofort diesen Leuten nahe, weil wir einfach ein gemeinsames Interesse haben.« (Weiblich, Jg. 1991)

»Eigentlich kennen wir uns gar nicht und eigentlich macht es jeder für sich, aber trotzdem machen wir es irgendwie gerade zusammen und tauschen uns aus und gucken, dass niemand dem anderen was wegnimmt. Also mir ist es auf jeden Fall wichtig.« (Weiblich, Jg. 1986)

Diese Vergemeinschaftung äußert sich u.a. darin, dass beim Containern auf potentiell nachfolgende Mülltaucher und Mülltaucherinnen Rücksicht genommen wird, indem nicht mehr Lebensmittel mitgenommen werden, als selbst verbraucht werden können oder, wie von Carolsfeld & Erikson (2013) beschrieben, zum Teil bereits Lebensmittel parat gelegt werden, um damit anderen den Aufwand beim Containern zu verringern. Außerdem stellt das Teilen von Lebensmitteln auch mit Fremden, wie von Black (2007) oder Vinegar et al. (2016) festgestellt, eine weit verbreitete Praxis dar.

»Und man legt quasi oben auf der Tonne was drauf, wenn man weiß, da kommen eben noch Leute später nach. […] Also vielleicht ist das ist so eine kleine Gemeinschaft, so ohne dass man wirklich miteinander redet. Das mag ich eigentlich ganz gerne vom Gefühl her.« (Männlich, Jg. 1992)

»Gleichzeitig ist es häufig aber auch überhaupt nicht Konkurrenzmäßig. […] Dann steht man am Container, dann kommt noch jemand dazu und dann ist es eher so: ›hey, hier sind noch Paprika, wir brauchen nicht so viele Paprika, hättest du gerne noch welche?‹ oder: ›ich habe hier gerade noch einen Salatkopf gefunden, möchtest du den vielleicht haben?‹.« (Weiblich, Jg. 1986)

Mit fortschreitender Dauer und Regelmäßigkeit, die man an ein und demselben Ort containern geht, begegnet man immer wieder denselben Personen, sodass sich Beziehungen verfestigen und zum Teil Freundschaften entstehen können. Der Ort, an dem die Container stehen, wird damit zum Treffpunkt, an dem man ohne vorherige Vereinbarungen mit Bekannten oder Freunden zusammenkommt.

»Es ist mehr so, dass ich dann beim Containern Leute immer wieder treffe und ich mit denen mittlerweile auch schon befreundet bin und die dann auch bei anderen Veranstaltungen irgendwo anders in der Stadt treffe.« (Männlich, Jg. 1988)

»Meistens muss ich mich darum auch mit meinen Kommilitonen gar nicht verabreden, sondern treffe dann zufällig einen oder zwei. Das ist auch ganz schön, das ist so ein kleiner Treffpunkt zufällig dann.« (Männlich, Jg. 1992)

Schließlich zeigt sich die Vergemeinschaftung durch das Containern auch darin, dass es häufig in eine abendfüllende Gruppenaktivität eingebettet ist, bei der man sich bereits vorher bei einer Person oder in einer WG trifft, dann gemeinsam containern geht und im Anschluss noch beisammensitzt, um Erlebnisse auszutauschen, containerte Lebensmittel aufzuteilen oder gemeinsam zu kochen.

»Meistens ist es so, dass noch irgendwelche Leute hierherkommen und wir mit denen zusammen losgehen.« (Weiblich, Jg. 1994)

»Wenn wir eine größere Gruppe waren, also mehrere Leute, die dann auch wieder von hier aus so noch nach Hause gehen, dann packen wir es hier erst mal aus und verteilen es hier noch mal unter den Leuten.« (Weiblich, Jg. 1994)

»Teilweise gehen wir dann zu einem nach Hause, kochen zusammen dann was davon.« (Weiblich, Jg. 1990)

Wie bereits aus mehreren Zitaten deutlich geworden ist, nimmt das Teilen von containerten Lebensmitteln eine zentrale Rolle im Vergemeinschaftungsprozess ein. Es werden nicht nur am Container selbst Lebensmittel unter den Aktiven geteilt, sondern man berücksichtig auch die Interessen nachfolgender Mülltaucher und Mülltaucherinnen. Darüber hinaus profitieren zum Teil auch unbeteiligte Dritte, wie WG-Mitbewohner bzw. -bewohnerinnen, Freunde bis hin zu Eltern, von den containerten Lebensmitteln.

»Je nachdem, wie viel es halt ist und was es so ist, werden die Sachen, die ich containert habe, verteilt. Weil ich eigentlich, selbst wenn ich alleine containere, nie nur für mich containere. Also dann immer gucke, was bleibt in der WG, was gebe ich an alle anderen WGs weiter.« (Weiblich, Jg. 1986)

»Und wenn wir von irgendwas ganz, ganz viel zu viel haben, dann verteilen wir an Freunde oder zum Teil über Foodsharing.« (Weiblich, Jg. 1994)

Einige der aus den Interviews herausgearbeiteten Aspekte zur Vergemeinschaftung durch das Containern wurden bei der Erstellung des Onlinefragebogens berücksichtigt. Im Mittelpunkt stand dabei einmal die Frage, welche Faktoren die Entscheidung alleine oder in Begleitung containern zu gehen beeinflussen. Dafür wurde in gestützter Form nach der Häufigkeit gefragt, die man alleine containern geht. Als mögliche Antwortkategorien waren »immer«, »regelmäßig, »manchmal«, »selten«, »nie« vorgegeben. Für die sich anschließenden Analysen wurden die Antwortkategorien so codiert, sodass »immer« der Wert 1 und »nie« der Wert 5 zugewiesen wurde. Außerdem sollte überprüft werden, ob die zentrale Bedeutung des Teilens sowohl von Lebensmitteln als auch von Informationen ebenfalls quantitativ feststellbar ist. Die dafür in der Onlinebefragung aufgenommenen Statements, die dichotom mit »trifft zu«, »trifft nicht zu« beantwortet werden konnten, lauteten: »Wenn ich mehr Lebensmittel im Container finde, als ich selbst nutzen kann, verschenke ich diese an Freunde und Bekannte.« und »Ich helfe gerne Neulingen bei der Suche nach lohnenden Zielen.«.

Den Blick zunächst auf die Frage gerichtet, ob man eher alleine oder in Begleitung containern geht, zeigt sich, dass nur ein sehr geringer Anteil von unter 7 Prozent der befragten Mülltaucher und Mülltaucherinnen immer alleine containern geht. Zumindest regelmäßig oder manchmal alleine unterwegs sind knapp 27 bzw. 20 Prozent. Ebenfalls ca. 20 Prozent der Befragten gaben an, selten alleine zu containern und fast 30 Prozent gehen immer in Begleitung containern.

Darüber hinaus haben tiefergehende Analysen ergeben, dass die Entscheidung, ob man eher alleine oder in Begleitung containern geht, von verschiedenen soziodemographischen Faktoren beeinflusst wird. Wie aus Modell 1 in Tabelle 8 deutlich wird, haben sowohl das Geschlecht als auch das Alter einen signifikanten Effekt auf die Regelmäßigkeit, die man in Begleitung containern geht. Frauen gehen signifikant häufiger in Begleitung containern als Männer. Das Alter hat einen negativen Einfluss auf die Häufigkeit in Begleitung containern zu gehen. Das bedeutet, dass ältere Aktivisten und Aktivistinnen eher alleine containern gehen.

Tabelle 8: Ergebnisse multivariater OLS-Regressionen zum Einfluss soziodemographischer und theoriegeleiteter Bestimmungsfaktoren auf das Containern in Begleitung.

	Modell 1	Modell 2	Modell 3	Modell 4	Modell 5	Modell 6	Modell 7	Modell 8
Geschlecht	0,473**	0,496**	0,473**	0,375*	0,462*	0,491**	0,474**	0,400*
(1= Frau)	(2,63)	(2,69)	(2,62)	(2,06)	(2,55)	(2,76)	(2,78)	(2,17)
Alter	-0,0580***	-0,0569***	-0,0579***	-0,0635***	-0,0589***	-0,0526***	-0,0473***	-0,0488***
(in Jahren)	(-4,59)	(-4,46)	(-4,59)	(-4,71)	(-4,61)	(-4,04)	(-3,59)	(-3,45)
Abitur	0,372	0,387	0,372	0,404	0,378	0,424	0,393	0,441
	(1,19)	(1,21)	(1,18)	(1,25)	(1,19)	(1,31)	(1,27)	(1,34)
Großstadt	-0,0254	-0,0317	-0,0249	-0,0094	-0,0303	-0,0392	-0,110	-0,0874
	(-0,15)	(-0,18)	(-0,14)	(-0,05)	(-0,17)	(-0,23)	(-0,68)	(-0,54)
Subjektive	-0,370**	-0,367**	-0,369**	-0,360**	-0,372**	-0,373**	-0,378**	-0,357**
finanzielle Lage	(-2,90)	(-2,87)	(-2,83)	(-2,85)	(-2,91)	(-2,96)	(-3,24)	(-3,00)
Geld zum	0,0494+	0,0503+	0,0493+	0,0498+	0,0495+	0,0493+	0,0483*	0,0477*
Leben in €/100	(1,86)	(1,90)	(1,86)	(1,91)	(1,88)	(1,92)	(2,02)	(2,03)
Politisches	0,0494	0,0507	0,0492	0,0854	0,0478	0,0764	0,0420	0,0911
Interesse	(0,46)	(0,47)	(0,46)	(0,83)	(0,44)	(0,72)	(0,41)	(0,93)
Position in der	0,0474	0,0487	0,0476	0,0402	0,0492	0,0531	0,0470	0,0447
Gesellschaft	(0,81)	(0,83)	(0,81)	(0,68)	(0,84)	(0,93)	(0,86)	(0,82)
Politische	-0,101	-0,103	-0,102	-0,0370	-0,0937	-0,0934	-0,0898	-0,0408
Orientierung (1= rechts bis 10= links)	(-1,32)	(-1,34)	(-1,29)	(-0,45)	(-1,18)	(-1,24)	(-1,30)	(-0,51)
Religiosität	0,112	0,117	0,112	0,0853	0,118	0,121	0,0955	0,0766
	(1,34)	(1,40)	(1,34)	(1,02)	(1,42)	(1,49)	(1,24)	(1,00)
Politischer		-0,0304						0,00867
Einfluss		(-0,57)						(0,16)
Politische			0,00172					0,0215
Entfremdung			(0,05)					(0,64)
Wahrgenommene				-0,0628*				-0,0597*
Legitimität von Gewalt				(-2,24)				(-2,02)
Soziale Norm					-0,0494			0,0387
					(-0,45)			(0,37)
Persönliche						-0,347+		-0,214
Norm						(-1,96)		(-1,22)
Identität							-0,546***	-0,520***
							(-5,40)	(-5,00)
Konstante	5,188***	5,373***	5,165***	5,451***	5,251***	4,973***	5,468***	5,174***
	(5,89)	(5,84)	(5,19)	(6,16)	(5,84)	(5,62)	(6,58)	(5,42)
Adj. R^2	0,1181	0,1151	0,1136	0,1346	0,1145	0,1306	0,2202	0,2249
N	208	208	208	208	208	208	208	208

Anmerkungen: + p<0,1, * p<0,05, ** p<0,01, *** p<0,001; Berichtet werden die Koeffizienten multivariater Regressionen mit den dazugehörigen t-Werten in Klammern. Alle Regressionen beruhen auf robusten Standardfehlern nach dem Huber-White-Verfahren. Die abhängige Variable ist definiert als Häufigkeit des Containerns in Begleitung und wurde gestützt anhand von fünf Antwortkategorien (1 = immer alleine; 2 = regelmäßig alleine; 3 = manchmal alleine; 4 selten alleine; 5 nie alleine) abgefragt.

In Bezug auf die beiden finanzbezogenen Variablen sind unterschiedliche Effekte zu beobachten. Während das monatlich zur Verfügung stehende Budget einen auf dem 10 Prozent Niveau signifikant positiven Effekt auf die Häufigkeit in Begleitung containern zu gehen hat, zeigt sich bei der subjektiven Einschätzung der finanziellen Lage ein entgegengesetzter Effekt, der sich so deuten lässt, dass Personen, die mit ihrer finanziellen Lage eher zufrieden sind, seltener in Begleitung containern gehen. Politische Faktoren, wie die politische Orientierung oder allgemeines politisches Interesse haben keinen signifikanten Einfluss auf die Entscheidung, ob man eher in Begleitung containern geht oder nicht.

In den nachfolgenden Modellen 2 bis 7 werden unter Konstanthaltung der soziodemographischen Faktoren der Einfluss der theoriegeleiteten Bestimmungsfaktoren auf die Häufigkeit in Begleitung containern zu gehen, näher beleuchtet. Hierbei zeigt sich, dass Personen, für die das Containern Teil der eigenen Identität ist, seltener in Begleitung containern gehen (siehe statistisch signifikant negativer Effekt in Modell 7). Dies trifft auch auf Personen zu, die eine höhere wahrgenommene Legitimität von Gewalt aufweisen (Modell 4) und sich moralisch verpflichtet fühlen, etwas gegen die Lebensmittelverschwendung zu unternehmen (Modell 6), wobei der letztgenannte Effekt der persönlichen Norm nur auf dem 10 Prozent Niveau signifikant ist.

Aus dem abschließenden Modell 8, in dem alle soziodemographischen Faktoren wie auch theoriegeleiteten Bestimmungsfaktoren enthalten sind, wird deutlich, dass alle aus den vorherigen Modellen berichteten signifikanten Effekte bestehen bleiben, mit Ausnahme des Effekts der persönlichen Norm. Wir haben es also mit sehr stabilen Effekten zu tun, sodass sich folgende Erkenntnisse formulieren lassen: Frauen und Personen mit einem größeren monatlichen Budget gehen häufiger in Begleitung containern, wohingegen ältere Aktivisten und Aktivistinnen, sowie solche, die mit ihrer finanziellen Lage eher zufrieden sind, vermehrt alleine containern gehen. Dies trifft auch auf Personen zu, die den Einsatz von Gewalt unter bestimmten Voraussetzungen als legitim erachten und für die das Containern Teil ihrer Identität ist.

Die im Rahmen der Regressionsanalysen herausgearbeiteten Einflussfaktoren auf die Häufigkeit des begleiteten Containerns erscheinen in meinen Augen durchaus plausibel. So lässt sich die Tatsache, dass Frauen eher häufiger in Begleitung containern gehen, einmal durch ein größeres Sicherheitsbedürfnis interpretieren oder aber durch eine größere Bedeutung des Geselligkeitsaspekts. Auch die statistisch signifikanten Effekte der Identität und der persönlichen Norm, wenn dieser auch im Gesamtmodell seine Signifikanz verliert, sind nachvollziehbar. Personen, für die das Containern einen großen Stellenwert im Leben einnimmt, sprich für die es Teil der eigenen Identität ist und die eine moralische Verpflichtung empfinden sich zu engagieren (Persönliche Norm), gehen eher alleine containern, weil sie über ein hohes Maß an intrinsischer Motivation verfügen, sodass die Frage nach Begleitung zweitrangig wird.

In Bezug auf die quantitative Überprüfung der aus dem Interviewmaterial herausgearbeiteten Bedeutung des Teilens beim Containern ist festzuhalten, dass die überwiegende Mehrheit der befragten Mülltaucher und Mülltaucherinnen angegeben haben, Lebensmittel, die sie selbst nicht nutzen können, an Freunde und Bekannte zu verschenken (93 Prozent) und Neulingen gerne bei der Suche nach lohnenden Zielen zu helfen (85 Prozent). Diese Eindeutigkeit der Antworten ist bemerkenswert und gleichzeitig überraschend. Auf der einen Seite wird der aus den Interviews gewonnene Eindruck von der Bedeutung des Teilens durch die Ergebnisse der Onlinebefragung voll und ganz unterstützt. Auf der anderen Seite ist bei einer derartig schiefen Antwortverteilung eine gewisse Skepsis geboten, da sozial erwünschtes Antwortverhalten zu Verzerrungen geführt haben könnte.

Aus den Daten der Interviews und der Onlinebefragung wurde deutlich, dass eine Vergemeinschaftung unter den Mülltauchern und Mülltaucherinnen stattfindet, die eine wichtige Rolle sowohl für das praktische Vorgehen beim Containern als auch für das Selbstverständnis der Aktivisten und Aktivistinnen spielt. Das Teilen von Lebensmitteln wie auch Informationen stellt für viele eine Selbstverständlichkeit dar, wobei dadurch nicht nur die Menge an geretteten Lebensmitteln gesteigert, sondern auch die emotionale Verbundenheit untereinander zum Ausdruck gebracht werden soll. Das Containern ist für die meisten eine Gruppenaktivität, wobei insbesondere Frauen in Begleitung containern gehen. Mülltaucher und Mülltaucherinnen, die hingegen eher alleine containern, sind in der Regel älter, zufriedener mit ihrer finanziellen Situation, haben eine größere wahrgenommene Legitimität von Gewalt und definieren sich stärker über das Containern.

4.6 Häufigkeit des Containerns

Die an der Onlinebefragung teilnehmenden Aktivisten und Aktivistinnen verfügen alle über eine gewisse Containererfahrung. Aus diesem Grund wurde für die Durchführung quantitativer Analysen nicht die Entscheidung containern zu gehen als abhängige Variable genutzt, sondern das Ausmaß gemessen als Häufigkeit. Daher ist die Häufigkeit, mit der die Mülltaucher und Mülltaucherinnen containern gehen, die zentrale abhängige Variable in meinen Analysen, weshalb in diesem Abschnitt zunächst auf einige quasi containerspezifische Einflussfaktoren eingegangen werden soll, bevor dann in den nachfolgenden Abschnitten der Einfluss soziodemographischer, motivationaler und theoriegeleiteter Faktoren auf die Häufigkeit im Vergleich zu drei anderen Aktivitätsmaßen dargestellt wird.

Den Blick aber zunächst auf die Ergebnisse der Onlinebefragung der Aktivisten und Aktivistinnen gerichtet, ist eine überraschend große Varianz bzgl. der Häufigkeit des Containerns zu erkennen (siehe Abbildung A2 im Anhang). Die Mehrheit der Befragten geht mehrmals in der Woche bis täglich containern. Der Anteil an Mülltauchern und Mülltaucherinnen, der einmal pro Woche oder mehrmals im Monat containern geht, liegt bei jeweils knapp unter 20 Prozent. Rund 10 Prozent der Befragten geht nur einmal im Monat oder seltener containern.

Zu den erwähnten containerspezifischen Einflussfaktoren, die sich auf die Häufigkeit des Containerns auswirken können, gehört einmal das zur Verfügung stehende Zeitbudget. Wer z.B. voll berufstätig ist oder morgens früh aufstehen muss, hat weniger Zeit zu containern (u.a. Edlmayr 2009; Gross 2009). Darüber hinaus sollte die Häufigkeit, mit der man containern geht, durch die Einbindung in eine Gruppe von Mülltauchern und Mülltaucherinnen beeinflusst werden. Wenn man sich in der Gruppe gegenseitig zum Containern motiviert, sollte man häufiger containern gehen (Grewe 2017). Eine dritte Einflussgröße auf die Häufigkeit des Containerns könnte der Grad der Etablierung in den Alltag darstellen. Wer routinemäßig beim Vorbeigehen in die Container der Supermärkte schaut, geht häufiger containern, als jene, die das Containern im Voraus planen und im Sinne einer Vorratshaltung containern gehen. Vinegar et al. (2016) nutzen für diese zwei Formen des Containerns die Begriffe »mission« und »run« und weisen darauf hin, dass bei den sogenannten »missions«, also dem geplanten Containern, die Menge an containerten Lebensmitteln in der Regel größer ist als bei den eher spontan stattfindenden »runs«. Schließlich wird die Häufigkeit auch durch die Jahreszeit beeinflusst. Warme Temperaturen im Sommer machen häufigeres Containern notwendig (Vinegar et al. 2016).

Nicht alle der soeben beschriebenen containerspezifischen Einflussfaktoren lassen sich mit den erhobenen Daten empirisch überprüfen, sodass zum Teil nur theoretisch argumentiert werden kann. So wurden beispielsweise keine Daten über die zeitlichen Ressourcen der teilnehmenden Aktivisten und Aktivistinnen erhoben. Da es sich jedoch überwiegend um Studierende handelt (ca. 80 Prozent der Teilnehmenden sind aktuell an einer Hochschule immatrikuliert), ist zu vermuten, dass sie über größere zeitliche Flexibilität verfügen als andere Arbeitnehmer und Arbeitnehmerinnen. Zwischen dieser Gruppe und der Gruppe der Nicht-Studierenden ist aus den Daten der Onlinebefragung allerdings kein Unterschied in der Häufigkeit feststellbar, da beide im Durchschnitt zwischen einmal in der Woche und mehrmals in der Woche containern gehen, weshalb zeitliche Ressourcen keinen verzerrenden Einfluss auf die Ergebnisse haben sollten. Ebenfalls nicht verzerrend auf die angegebene Häufigkeit zu containern sollten sich die jahreszeitlich bedingten Schwankungen auswirken, da die Befragung nur in den Sommermonaten Juni bis August stattfand und damit für alle Teilnehmenden die annähernd gleichen Rahmenbedingungen bestanden haben.

Die von Grewe (2017) vorgebrachte Hypothese, dass Mülltaucher und Mülltaucherinnen, die sich in einem Netzwerk befinden und häufig zusammen containern gehen, auch insgesamt häufiger containern, lässt sich mit Hilfe der Daten aus der Onlinebefragung überprüfen. Die dafür durchgeführten bi- und multivariaten Regressionen (siehe Tabelle A9 im Anhang) deuten jedoch auf einen umgekehrten Sachverhalt hin. Wie der über alle Modelle hinweg statistisch signifikant negative Effekt der Begleitung auf die Häufigkeit zeigt, gehen Personen, die häufiger in Begleitung containern gehen, tendenziell seltener containern. Erklärungsansätze dafür könnten einmal der Organisationsaufwand sein, der zweifellos anfällt, will man sich zu einer bestimmten Uhrzeit an einem bestimmten Ort treffen, um gemeinsam containern zu gehen. Dabei ist jedoch zu berücksichtigen, dass sowohl die Größe als auch die Zusammensetzung der Gruppe Einfluss auf das Ausmaß des Organisationsaufwandes hat. Plant man in einer großen Gruppe mit vielen sich gegenseitig unbekannten Personen containern zu gehen, erfordert dies einen größeren Organisationsaufwand, als wenn man, wie es aus dem Interviewmaterial deutlich wurde, in einer fest etablierten Kleingruppe loszieht. Darüber hinaus wäre aber auch denkbar, den festgestellten negativen Effekt der Begleitung auf die Häufigkeit mit einer geringeren intrinsischen Motivation in Verbindung zu bringen. Wer häufig in Begleitung containern geht, braucht vielleicht die Gruppe, um sich zu motivieren, loszuziehen, wohingegen Mülltaucher und Mülltaucherinnen, die über ein hohes Maß an intrinsischer Motivation verfügen, auch alleine containern. Unterstützt werden diese Überlegungen einmal durch den in Zusammenhang mit der Vergemeinschaftung beschriebenen statistisch signifikant negativen Effekt der Identität auf die Häufigkeit in Begleitung containern zu gehen (siehe Tabelle 8 in Abschnitt 4.5.), sowie durch die bestehende negative Korrelation von -0,36 zwischen diesen beiden Variablen. Es zeigt sich also, dass Mülltaucher und Mülltaucherinnen, die das Containern als Teil ihres Selbstbildes betrachten und dementsprechend stark intrinsisch motiviert sind zu containern, insgesamt häufiger containern gehen, dafür aber seltener in Begleitung. Umgekehrt formuliert bedeutet das aber auch, dass für Aktive, die im Containern keinen Identitätsbezug sehen, die Gruppe als extrinsische Motivation fugiert, weshalb man häufiger in Begleitung containern geht, dafür aber insgesamt eher seltener.

Die Integration des Containerns in den Alltag der befragten Mülltaucher und Mülltaucherinnen wurde in der Onlinebefragung nicht explizit untersucht, sodass dazu keine umfassenden Aussagen getroffen werden können. Überprüfen lässt sich jedoch der von Vinegar et al. (2016) formulierte Zusammenhang zwischen der Häufigkeit des Containerns und der Menge an containerten Lebensmitteln. Demnach gehen Mülltaucher und Mülltaucherinnen, die das Containern als »mission« betreiben, seltener containern, nehmen dafür aber eine größere Menge an Lebensmitteln mit, wohingegen das Containern als »run« mit häufigem containern kleinerer Mengen an Lebensmitteln verbunden ist. Über einen längeren Zeitraum von beispielsweise einem Monat betrachtet sollte bei diesen beiden Formen des Containerns, zwischen denen es natürlich graduelle Abstufungen gibt, in etwa die gleiche Menge an Lebensmitteln containert worden sein. Wie aus Abbildung 4 jedoch deutlich wird, nimmt der durch das Containern gedeckte Anteil des monatlichen Lebensmittelbedarfs mit der Häufigkeit des Containerns zu. Wer also häufig containern geht, deckt damit auch einen deutlich größeren Anteil des monatlichen Lebensmittelbedarfs ab als diejenigen, die eher seltener containern gehen. Dies deutet in meinen Augen darauf hin, dass die Häufigkeit des Containerns, zumindest im Rahmen dieser Studie, ein Gradmesser für die Intensität des Aktivismus darstellt und weniger mit der Integration in den Alltag der Aktivisten und Aktivistinnen in Verbindung zu bringen ist.

Abbildung 4: Anteil des monatlichen Lebensmittelbedarfs, der durch das Containern gedeckt wird, in Abhängigkeit der Häufigkeit des Containerns

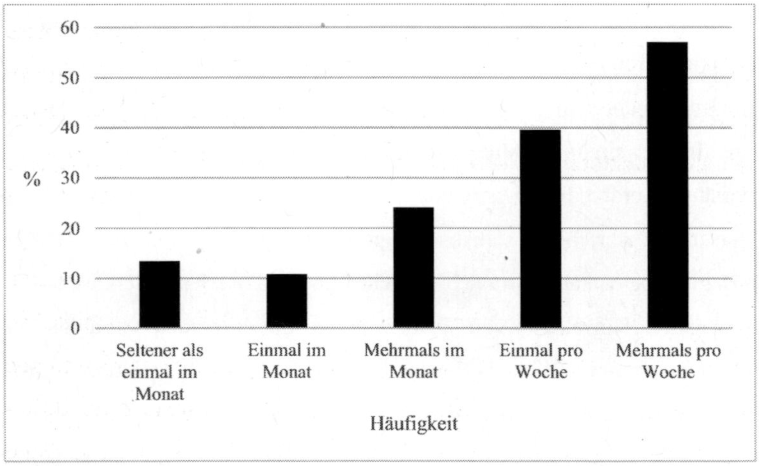

In diesem Abschnitt wurde die zentrale Bedeutung der Häufigkeit des Containerns als abhängige Variable herausgestellt, indem nach containerspezifischen Einflussfaktoren auf den Grad der Häufigkeit gesucht wurde. Dabei hat sich gezeigt, dass im Rahmen dieser Studie weder das zeitliche Budget der Mülltaucher und Mülltaucherinnen noch jahreszeitlich bedingte Schwankungen verzerrend auf die Häufigkeit des Containerns eingewirkt haben. Des Weiteren wurde anhand bi- und multivariater Analysen festgestellt, dass Aktivisten und Aktivistinnen, die häufig in Begleitung containern gehen, insgesamt seltener containern als solche, die eher alleine losziehen. Diese den Überlegungen von Grewe (2017) entgegengesetzten Erkenntnisse wurden mit dem unterschiedlichen Einfluss intrinsischer wie extrinsischer Motivation begründet. Schließlich wurde die Integration des Containerns in den Alltag der befragten Mülltaucher und Mülltaucherinnen nähergehend untersucht. Hierbei wurde deutlich, dass häufiges Containern einhergeht mit einem höheren Anteil durch das Containern gedeckten Lebensmittelbedarfs, was dafürspricht, dass die Häufigkeit des Containerns Ausdruck von der Intensität des Aktivismus ist und nicht allein auf Alltagsroutinen zurückzuführen ist.

4.7 Aktivitätsmaße

In Ergänzung und zur Kontrastierung werden im folgenden Abschnitt die Häufigkeit des Containerns als illegale Handlung mit drei weiteren legalen Aktivitätsmaße analysiert. Bei diesen legalen Aktivitätsmaßen handelt es sich zum einen um die gestützte Abfrage über die Ausführung verschiedener Handlungen in den letzten 12 Monaten, zum anderen um die offen abgefragten Handlungen gegen die Lebensmittelverschwendung sowie drittens die Mitgliedschaft in einer Organisation, die sich für politische, umweltbezogene oder andere gesellschaftliche Belange einsetzt. Es folgt zunächst die Darstellung der Ergebnisse zum Einfluss soziodemographischer Faktoren (Abschnitt 4.7.1.) auf die vier verschiedenen Aktivitätsmaße. Im Anschluss werden einige der aus den qualitativen Interviews herausgearbeiteten Motive in Beziehung zu den Aktivitätsmaßen gesetzt (Abschnitt 4.7.2.) und der Zusammenhang zwischen allgemeinen theoriegeleiteten Bestimmungsfaktoren und den Aktivitätsmaßen analysiert (Abschnitt 4.7.3.).

4.7.1 Soziodemographie

In Tabelle 9 werden die Ergebnisse bivariater Regressionen zwischen den vier Aktivitätsmaßen und den von den befragten Aktivisten und Aktivistinnen angegebenen soziodemographischen Faktoren dargestellt. Was dabei auf den ersten Blick auffällt, sind die vergleichsweise wenigen statistisch signifikanten Effekte soziodemographischer Faktoren auf die verschiedenen Aktivitätsmaße. So ist weder für das Bildungsniveau der Aktivisten und Aktivistinnen noch für deren Wohnort oder die ihnen zum Leben zur Verfügung stehenden finanziellen Mittel ein statistisch signifikanter Einfluss auf die vier Aktivitätsmaße feststellbar. Für die übrigen soziodemographischen Faktoren sind zwar statistisch signifikante Effekte auf die verschiedenen Aktivitätsmaße zu berichten, allerdings gibt es keinen Faktor, der für alle vier Aktivitätsmaße bedeutsam ist.

Tabelle 9: Bivariate Zusammenhänge zwischen den vier Aktivitätsmaßen und den soziodemographischen Angaben der befragten Aktivisten und Aktivistinnen.

Soziodemographie	Häufigkeit des Containerns	Handlungen in den letzten 12 Monaten	Aktivitäten gegen Lebensmittel-verschwendung	Mitgliedschaft in einer Organisation
Geschlecht (1= Frau)	-0,300 (-1,63)	0,323⁺ (1,87)	0,290⁺ (1,81)	-0,392 (-1,39)
Alter (in Jahren)	0,033** (2,92)	-0,001 (-0,06)	-0,013 (-1,13)	-0,002 (-0,07)
Abitur	-0,282 (-1,00)	-0,032 (-0,10)	0,016 (0,05)	-0,087 (-0,19)
Großstadt	-0,084 (-0,46)	-0,030 (-0,17)	-0,230 (-1,43)	0,005 (0,02)
Subjektive finanzielle Lage	0,051 (0,46)	0,019 (0,20)	0,144 (1,36)	0,375* (2,01)
Geld zum Leben in €/100	0,025 (1,38)	0,011 (0,53)	-0,011 (-0,62)	0,019 (0.57)
Politisches Interesse	0,016 (0,17)	0,439*** (4,81)	0,124 (1,46)	0,632*** (3,56)
Position in der Gesellschaft	-0,096⁺ (-1,91)	0,035 (0,70)	0,082⁺ (1,87)	0,098 (1,18)
Politische Orientierung (1=rechts bis 10=links)	0,031 (0,49)	0,157* (2,44)	0,101 (1,65)	0,349** (2,92)
Religiosität	0,040 (0,47)	0,160* (1,98)	0,044 (0,55)	0,076 (0,59)
N	208	208	208	208

Anmerkungen: ⁺ p<0,1, * p<0,05, ** p<0,01, *** p<0,001; Berichtet werden die Koeffizienten bivariater linearer Regressionen mit den dazugehörigen t-Werten in Klammern. Da es sich bei der Mitgliedschaft in einer Organisation um eine binäre Variable handelt, wurden in diesem Fall bivariate binäre Logit-Modelle (z-Werte in Klammern) gerechnet. Alle Regressionen beruhen auf robusten Standardfehlern nach dem Huber-White-Verfahren.

So beeinflusst beispielsweise das Geschlecht nur die Aktivitätsmaße *Handlungen in den letzten 12 Monaten* und *Aktivitäten gegen Lebensmittelverschwendung*, und das auch nur auf einem Signifikanzniveau von 10 Prozent. Dennoch lässt sich diesbezüglich festhalten, dass Frauen tendenziell an mehr der abgefragten Handlungen in den letzten 12 Monaten teilgenommen haben und darüber hinaus eine größere Anzahl an verschiedenen Handlungen gegen Lebensmittelverschwendung abseits des Containerns genannt haben. Ganz ähnlich stellt sich die Situation in Bezug auf das Alter der Befragten und die subjektive Einschätzung ihrer finanziellen Situation dar. Auch hier konnte jeweils nur zu einem der drei Aktivitätsmaße ein statistisch signifikanter Effekt festgestellt werden. Die Häufigkeit des Containerns wird positiv durch das Alter beeinflusst, was andeutet, dass die Mülltaucher und Mülltaucherinnen mit zunehmenden Alter häufiger containern gehen. Die subjektive Einschätzung der finanziellen Situation wirkt sich positiv auf die Mitgliedschaft in einer Organisation aus, sodass man sagen kann, dass Aktivisten und Aktivistinnen, die mit ihrer finanziellen Situation zufrieden sind, eher Mitglied in einer Organisation sind.

Weitere statistisch signifikante Effekte konnten für das politische Interesse und die politische Orientierung festgestellt werden. Beide Faktoren stehen in einem positiven Zusammenhang mit der Anzahl der in den letzten 12 Monaten ausgeführten Handlungen und der Mitgliedschaft in einer Organisation, wobei in beiden Fällen die Effektstärke in Bezug auf die Mitgliedschaft in einer Organisation größer ist als auf die ausgeführten Handlungen. Dies bedeutet, dass mit zunehmenden politischen Interesse und einer linksgerichteten politischen Orientierung mehr Handlungen ausgeführt wurden und man eher Mitglied in einer Organisation ist. Interessante Effekte, wenn auch nur auf dem 10 Prozent Niveau statistisch signifikant, sind für den Faktor *Position in der Gesellschaft* zu berichtet. Auf der einen Seite zeigt sich, je weiter oben sich die befragten Aktivisten und Aktivistinnen in der Gesellschaft positioniert haben, desto seltener gehen sie containern. Dies bedeutet im Umkehrschluss, dass vor allem die Personen häufig containern gehen, die sich selbst am unteren Rand der Gesellschaft sehen. Der zweite Effekt des Faktors *Position in der Gesellschaft* bezieht sich auf die Anzahl genannter Aktivitäten gegen Lebensmittelverschwendung. Hier haben Aktivisten und Aktivistinnen, die sich weiter oben in der Gesellschaft sehen, mehr Aktivitäten erwähnt Des Weiteren wird das Aktivitätsmaß *Handlungen in den letzten 12 Monaten* von der Religiosität statistisch signifikant positiv beeinflusst. Demzufolge haben religiöse Personen in den letzten zwölf Monaten mehr der abgefragten Handlungen ausgeführt.

Zur Überprüfung, inwieweit die bivariat vorgefundenen statistisch signifikanten Effekte auch unter Kontrolle der übrigen soziodemographischen Faktoren bestand haben, wurde für jedes Aktivitätsmaß eine multivariate Regression mit allen soziodemographischen Faktoren als unabhängige Variablen gerechnet. Die Ergebnisse, grafisch dargestellt in Abbildung 5, zeigen nur geringe Veränderungen in Bezug auf die signifikanten Effekte. Frauen haben weiterhin statistisch signifikant an mehr der abgefragten Handlungen in den letzten 12 Monaten teilgenommen und eine größere Anzahl an Aktivitäten gegen Lebensmittelverschwendung genannt, wobei dieser Effekt nur auf dem 10 Prozent Niveau signifikant ist und deshalb nicht eindeutig aus der Abbildung 5 abzulesen ist. Auch der bereits bivariat feststellbare signifikant positive Effekt des Alters auf die Häufigkeit des Containerns wird durch die multivariate Regression bestätigt. Es scheint also so, dass ältere Mülltaucher und Mülltaucherinnen tendenziell häufiger containern gehen. Dabei ist allerdings zu berücksichtigen, dass die Altersunterschiede der befragten Aktivisten und Aktivistinnen sehr gering sind (ca. 90 Prozent der Befragten waren zum Zeitpunkt der Befragung zwischen 20 und 35 Jahre alt). Weitere Effekte, die einer multivariaten Überprüfung standhalten, sind für den soziodemographischen Faktor *Politisches Interesse* feststellbar. Wie schon im bivariaten Fall angedeutet haben politisch interessierte Aktivisten und Aktivistinnen an mehr Handlungen in den letzten 12 Monaten teilgenommen und sind darüber hinaus auch häufiger Mitglied in einer Organisation. Dies gilt auch für die politische Orientierung, für die sowohl bi- als auch multivariat ein statistisch signifikant positiver Effekt auf die Mitgliedschaft in einer Organisation besteht. Dadurch wird deutlich, dass Aktivisten und Aktivistinnen mit einer linksgerichteten politischen Orientierung vermehrt sich einer Organisation anschließen, um dort den politischen Überzeugungen Ausdruck zu verleihen. Nicht mehr nachweisbar im multivariaten Fall ist hingegen der bivariat feststellbare signifikante Effekt der politischen Orientierung auf die Anzahl der ausgeführten Handlungen in den letzten 12 Monaten. Den bereits bivariat beschriebenen statistisch signifikanten negativen Zusammenhang zwischen der Position in der Gesellschaft und der Häufigkeit, mit der die befragten Aktivisten und Aktivistinnen containern gehen, zeigt sich auch im multivariaten Fall unter Kontrolle der anderen soziodemographischen Faktoren. Dies kann als Beleg dafür gesehen werden, dass häufiges Containern mit Personen in Verbindung zu bringen ist, die sich selbst den unteren Gesellschaftsschichten zuordnen, wobei hier die Frage der Kausalität zu stellen ist, denn es wäre ebenso denkbar, dass häufiges Containern dazu führt, dass man sich unten in der Gesellschaft positioniert. Wie bei der politischen Orientierung ist auch für die Position in der Gesellschaft ein bivariater Effekt in der multivariaten Analyse nicht mehr existent. Die Anzahl der genannten Aktivitäten gegen Lebensmittelverschwendung wird folglich nicht statistisch signifikant von der Position innerhalb der Gesellschaft beeinflusst. Bislang unerwähnt geblieben sind zwei auf dem 10 Prozent Niveau statistisch signifikante Effekte. Es handelt sich dabei um die positiven Effekte der subjektiven finanziellen Lage auf die Mitgliedschaft in einer Organisation bzw. der Religiosität auf die Anzahl der Aktivitäten, an denen man in den letzten 12 Monaten teilgenommen hat. Diese Effekte, die jeweils im bivariaten Fall noch auf dem 5 Prozent Niveau lagen, sind schwer zu interpretieren. Warum sollten religiöse Aktivisten und Aktivistinnen an einer größeren Anzahl der abgefragten Aktivitäten teilgenommen haben? Warum sollte man bei größerer Zufriedenheit mit der finanziellen Lage eher Mitglied in einer Organisation sein? Ganz ähnliche Schwierigkeiten bestehen in Bezug auf zwei soziodemographische Faktoren, für die im multivariaten Fall signifikante Effekte auf dem 10 Prozent Niveau ausgewiesen werden, die bivariat nicht bestanden haben. Weder der positive Effekt der subjektiven finanziellen Lage auf die Häufigkeit des Containerns noch der negative Effekt des Wohnortes Großstadt auf die Anzahl der genannten Aktivitäten gegen Lebensmittelverschwendung lassen sich schlüssig erklären. Da diese beiden Effekte jedoch erst in Kombination mit den übrigen soziodemographischen Faktoren signifikant werden, ist zu vermuten, dass es sich dabei um statistische Artefakte handelt und damit die Aussagekraft dieser Effekte begrenzt ist.

Abbildung 5: Multivariate Zusammenhänge zwischen den vier Aktivitätsmaßen und den soziodemographischen Angaben der befragten Aktivisten und Aktivistinnen.

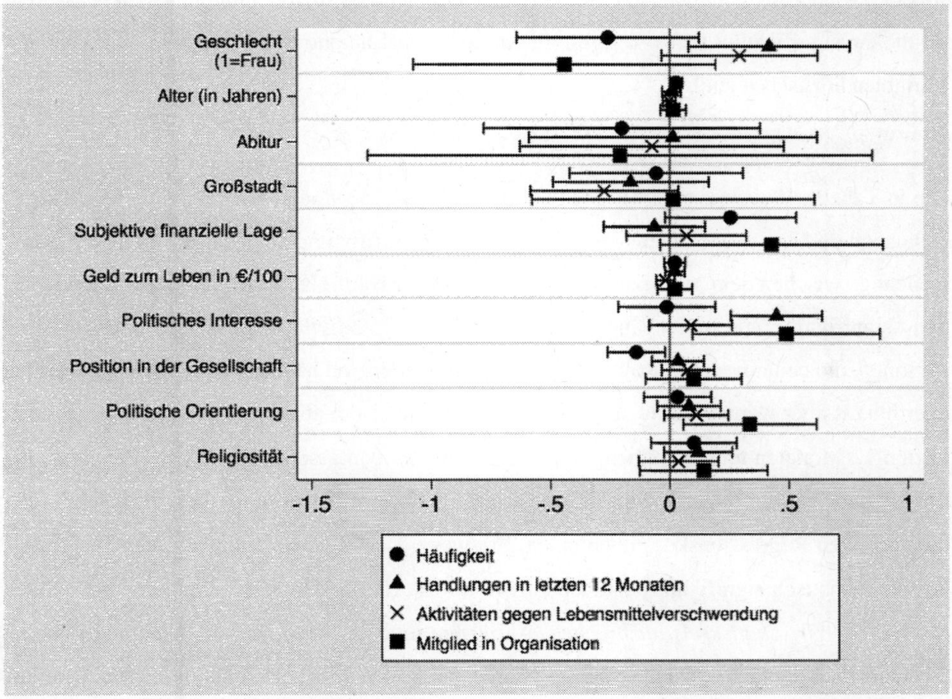

Anmerkungen: Berichtet werden unstandardisierte Koeffizienten sowie 95%-Konfidenzintervalle von linearen Regressionsmodellen bzw. im Falle *Mitglied in Organisation* eines binär logistischen Modells zu den vier Aktivitätsmaßen. Alle Schätzungen beruhen auf robusten Standardfehlern nach dem Huber-White-Verfahren. Die linearen Modelle haben die folgenden Eigenschaften: Häufigkeit: N = 208; F(10, 197) = 1,94; Prob > F = 0,0414; Adj. R^2 = 0,0233; Handlungen in letzten 12 Monaten: N = 208; F(10, 197) = 4,42; Prob > F = 0,0000; Adj. R^2 = 0,1270; Aktivitäten gegen Lebensmittelverschwendung: N = 208; F(10, 197) = 1,88; Prob > F = 0,0504; Adj. R^2 = 0,0285. Das logistische Modell hat folgende Eigenschaften: N = 208; Pseudo-R^2 = 0,1059. Die der Abbildung zugrundeliegende Regressionstabelle ist der Tabelle A10 im Anhang zu entnehmen.

Die Ergebnisse der bi- und multivariaten Analysen zu dem Einfluss soziodemographischer Faktoren auf die vier Aktivitätsmaße haben gezeigt, dass kein Faktor einen signifikanten Effekt auf alle vier Aktivitätsmaße besitzt. So beeinflusst das Alter z.B. nur die Häufigkeit containern zu gehen und die Religiosität nur die Anzahl ausgeführter Handlungen in den letzten 12 Monaten. Für andere soziodemographische Faktoren wie das Geschlecht oder das politische Interesse wurden signifikante Effekte zu zwei der vier Aktivitätsmaße festgestellt. Weitere Auffälligkeiten in den Ergebnissen stellen zum einen die wenigen Effekte dar, für die sowohl bi- als auch multivariat ein signifikanter Einfluss auf die Aktivitätsmaße nachgewiesen werden konnte, was dafürspricht, dass soziodemographische Faktoren für die Erklärung des Ausmaßes des Aktivismus von geringer Bedeutung sind und es folglich andere Bestimmungsfaktoren mit einem größeren Erklärungspotential geben muss. Zum anderen sind zwischen den bi- und multivariaten Regressionen relativ geringe Veränderungen bei den signifikanten Effekten zu verzeichnen, was sich wiederum dahingehend deuten lässt, dass diejenigen soziodemographischen Faktoren, für die ein signifikanter Effekt festgestellt wurde, als stabile und damit bedeutsame erklärende Variablen anzusehen sind.

4.7.2 Motive

Die in Tabelle 10 dargestellten Ergebnisse bivariater Regressionen zwischen den vier Aktivitätsmaßen und den gewichteten Motiven zeigen einen positiv und höchst signifikanten Zusammenhang zwischen dem Motiv des Geldsparens und der Häufigkeit des Containerns, sowie negativ signifikante Zusammenhänge zu den anderen drei Aktivitätsmaßen. Das bedeutet, dass Personen, die containern um damit Geld zu sparen, tendenziell häufiger containern gehen, darüber hinaus aber weniger aktiv sind, also z.B. an weniger der abgefragten Handlungen in den letzten 12 Monaten teilgenommen haben. Eher seltener containern dagegen die Personen, für die das Lebensmittelretten und das Bewusstseinschaffen ein Hauptmotiv darstellt. Dies zeigen die negativen Regressionskoeffizienten an. Ein weiteres Motiv, das einen auf dem 10 Prozent Niveau statistisch signifikant positiven Effekt auf die Häufigkeit des Containerns hat, ist das Motiv *Aus Wirtschaftskreis ausbrechen*. Aktivisten und Aktivistinnen, die containern gehen, um damit aus dem Wirtschaftskreis auszubrechen, gehen häufiger containern, was insofern plausibel erscheint, da dieser Personenkreis vermutlich verstärkt auf Lebensmitteln aus dem Container angewiesen ist, da bei strikter Auslegung ein Einkauf im Supermarkt dem Motiv *Aus Wirtschaftskreis ausbrechen* widersprechen würde. Zu erwähnen sind darüber hinaus die positiven und statistisch signifikanten Zusammenhänge zwischen dem Motiv des Ressourcenschonens und den Aktivitätsmaßen *Handlungen in den letzten 12 Monaten*, *Aktivitäten gegen Lebensmittelverschwendung* und *Mitgliedschaft in einer Organisation* bzw. zwischen dem Motiv des Lebensmittelrettens und dem Aktivitätsmaß *Handlungen in den letzten 12 Monaten*. Das heißt, dass Personen, die containern gehen, um damit Ressourcen zu schonen oder Lebensmittel zu retten, sich auch häufiger in anderen Bereichen engagieren (z.B. als Mitglied in einer Organisation). Das Gegenteil, also weniger Engagement abseits des Containerns, trifft auf die Personen zu, die auch deshalb containern gehen, weil man dabei einen positiven Nervenkitzel erleben oder Freunde treffen kann. Schließlich deuten die Ergebnisse der bivariaten Regressionen noch auf einen signifikant negativen Zusammenhang zwischen dem Motiv des Bewusstseinsschaffens und der Mitgliedschaft in einer Organisation hin. Dieser Effekt erscheint kontraintuitiv, da das Aufmerksam machen auf ein Problem zu den Kernaufgaben vieler Organisationen gehört. Daher ist zu vermuten, dass es sich bei diesem Effekt um ein statistisches Artefakt handelt, dass bei multivariater Überprüfung keinen Bestand hat.

Tabelle 10: Bivariate Zusammenhänge zwischen den vier Aktivitätsmaßen und den Motiven zum Containern.

Motive (gewichtet)	**Häufigkeit des Containerns**	**Handlungen in den letzten 12 Monaten**	**Aktivitäten gegen Lebensmittel-verschwendung**	**Mitgliedschaft in einer Organisation**
Lebensmittel retten	-0,153* (-2,02)	0,137* (2,00)	-0,005 -(0,07)	-0,020 (-0,17)
Ressourcen schonen	-0,078 (-0,95)	0,179** (2,61)	0,154* (2,36)	0,335* (2,74)
Geld sparen	0,314*** (3,82)	-0,343*** (-4,47)	-0,220** (-2,92)	-0,362** (-2,58)
Kapitalismuskritik	0,002 (0.03)	0,156 (1,71)	0,104 (1,27)	0,174 (1,21)
Bewusstsein schaffen	-0,286** (-3,26)	0,120 (1,34)	0,018 (0,20)	-0,367* (-2,28)
Aus Wirtschaftskreis ausbrechen	0,192+ (1,91)	-0,115 (-1,29)	0,043 (0,51)	0,091 (0,60)
Spaß	0,204 (1,41)	-0,215 (-1,24)	-0,039 (-0,25)	0,038 (0,15)
Nervenkitzel	0,019 (0,07)	-0,588** (-3,06)	-0,412* (-2,20)	-0,125 (-0,31)
Freunde treffen	-0,094 (-0,50)	-0,454* (-2,58)	-0,266* (-2,07)	-0,133 (-0,28)
N	208	208	208	208

Anmerkungen: + p<0,1, * p<0,05, ** p<0,01, *** p<0,001; Berichtet werden die Koeffizienten bivariater linearer Regressionen mit den dazugehörigen t-Werten in Klammern. Da es sich bei der Mitgliedschaft in einer Organisation um eine binäre Variable handelt, wurden in diesem Fall bivariate binäre Logit-Modelle (z-Werte in Klammern) gerechnet. Alle Regressionen beruhen auf robusten Standardfehlern nach dem Huber-White-Verfahren.

Zur Überprüfung, inwieweit die bivariat festgestellten statistisch signifikanten Zusammenhänge zwischen den Motiven und den vier Aktivitätsmaßen auch unter Kontrolle der übrigen Motive Bestand haben, wurden multivariate Regressionen durchgeführt, dessen Ergebnisse in Abbildung 6 dargestellt sind. Deutlich zu erkennen ist, dass die Mehrheit der bivariat vorhandenen statistisch signifikanten Effekte im multivariaten Fall nicht mehr existieren. Dies trifft auf alle Effekte der Aktivitätsmaße *Häufigkeit* und *Mitgliedschaft in einer Organisation* zu. So lässt sich beispielsweise nicht statistisch absichern, dass Aktivisten und Aktivistinnen, die aus finanziellen Gründen heraus containern, häufiger containern gehen.

Abbildung 6: Multivariate Zusammenhänge zwischen den vier Aktivitätsmaßen und den Motiven zum Containern.

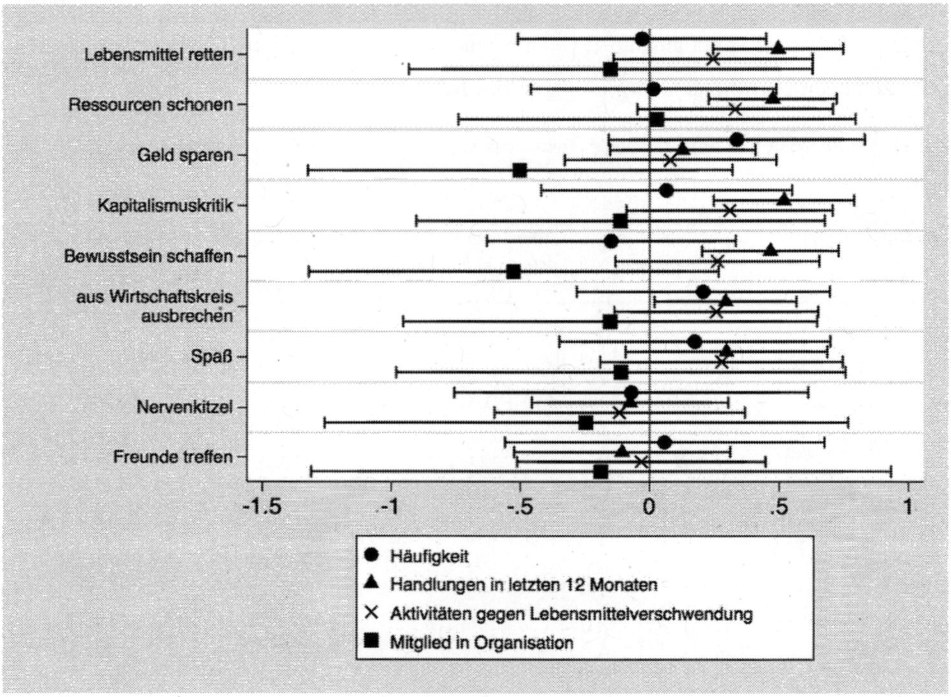

Anmerkungen: Berichtet werden unstandardisierte Koeffizienten sowie 95%-Konfidenzintervalle von linearen Regressionsmodellen bzw. im Falle *Mitglied in Organisation* eines binär logistischen Modells zu den vier Aktivitätsmaßen. Alle Schätzungen beruhen auf robusten Standardfehlern nach dem Huber-White-Verfahren. Die linearen Modelle haben die folgenden Eigenschaften: Häufigkeit: N = 208; F(9, 198) = 3,71; Prob > F = 0,0003; Adj. R^2 = 0,0734; Handlungen in letzten 12 Monaten: N = 208; F(9, 198) = 6,71; Prob > F = 0,0000; Adj. R^2 = 0,1408; Aktivitäten gegen Lebensmittelverschwendung: N = 208; F(9, 198) = 2,45; Prob > F = 0,0116; Adj. R^2 = 0,0322. Das logistische Modell hat folgende Eigenschaften: N = 208; Pseudo-R^2 = 0,0577. Die der Abbildung zugrundeliegende Regressionstabelle ist der Tabelle A11 im Anhang zu entnehmen.

Ebenso nicht verifizieren lässt sich der positive Zusammenhang zwischen dem Motiv des Ressourcenschonens und der Mitgliedschaft in einer Organisation. Einzig in Verbindung mit den Aktivitätsmaßen *Handlungen in den letzten 12 Monaten* und *Aktivitäten gegen Lebensmittelverschwendung* bestehen auch im multivariaten Fall signifikante Zusammenhänge, wenn auch im Fall der *Aktivitäten gegen Lebensmittelverschwendung* nur auf einem Signifikanzniveau von 10 Prozent. In Zusammenhang mit dem Aktivitätsmaß *Handlungen in den letzten 12 Monaten* ist auffällig, dass von den fünf statistisch signifikant positiven Effekten (Lebensmittel retten,

Ressourcen schonen, Kapitalismuskritik, Bewusstsein schaffen, aus Wirtschaftskreis ausbrechen) im multivariaten Fall nur für die Motive *Lebensmittel retten* und *Ressourcen schonen* ein entsprechender Effekt im bivariaten Fall feststellbar ist. Das bedeutet also, dass die drei anderen statistisch signifikanten Effekte erst in Verbindung mit den anderen Motiven entstehen und daher die Aussagekraft limitiert ist.

Die Ergebnisse der bi- und multivariaten Analysen zu dem Einfluss der Motive auf die vier Aktivitätsmaße beinhalten nach meiner Lesart folgende zwei Erkenntnisse: Zum einen erscheinen viele der bivariat feststellbaren signifikanten Effekte plausibel. So ist es z.B. nachvollziehbar, dass Personen, für die das Geldsparen ein wichtiges Motiv darstellt, häufiger containern gehen, aber darüber hinaus in anderen Bereichen weniger aktiv sind. Für diesen Personenkreis, der neben dem Containern noch weitergehend engagiert ist, sind andere Motive bedeutsamer, wie z.B. das Ressourcen schonen. Dass nur so wenige der Motive mit signifikantem Effekt im bivariaten Fall auch multivariat bestehen, ist die zweite wichtige Erkenntnis dieser Analysen. Dies kann als Beleg dafür gesehen werden, wie eng die einzelnen Motive miteinander verbunden sind, was durch die Erkenntnisse aus den qualitativen Interviews unterstützt wird. Demnach gibt es weder ein dominantes Leitmotiv noch lassen sich die aktiven Mülltaucher und Mülltaucherinnen eindeutig einem der beiden Pole Egoismus und Altruismus zuordnen. Vielmehr wird ihr Aktivismus durch eine Vielzahl verschiedener Motive bestimmt, die sich zum Teil auch gegenseitig widersprechen, was sehr schön durch folgendes Zitat aus einem Interview mit einem Schweizer Mülltaucher deutlich wird:

»... wenn man containern geht und man findet einen vollen Container, auf die eine Art freut man sich: Ah man hat viel Essen. Es hat viele coole Dinge, die man mitnehmen kann. Auf die andere Seite denkt man: Ja nein, schon wieder wurde so viel weggeworfen. Also es ist immer ein Zwiespalt.« (Männlich, Jg. 1993)

4.7.3 Bestimmungsfaktoren

Auch mit den Skalen der Bestimmungsfaktoren wurden bivariate Regressionen mit den vier Aktivitätsmaßen gerechnet (siehe Tabelle 11). Hierbei zeigt sich, dass Personen, für die das Containern Teil ihrer Identität ist, häufiger containern gehen. Dies trifft auch auf Personen zu, die eine höhere wahrgenommene Legitimität von Gewalt besitzen. Außerdem bestehen positive und statistisch signifikante Zusammenhänge zwischen den zwei Aktivitätsmaßen *Handlungen in den letzten 12 Monaten* sowie *Aktivitäten gegen Lebensmittelverschwendung* und den Bestimmungsfaktoren *Politischer Einfluss* bzw. *Persönliche Norm*. Das bedeutet, dass Personen, die aus subjektiver Perspektive einen größeren politischen Einfluss besitzen und sich moralisch verpflichtet fühlen, etwas gegen die Lebensmittelverschwendung zu unternehmen, an mehr der abgefragten Handlungen in den letzten 12 Monaten teilgenommen und eine größere Anzahl an Aktivitäten gegen Lebensmittelverschwendung genannt haben.

Tabelle 11: Bivariate Zusammenhänge zwischen den vier Aktivitätsmaßen und den Skalen der Bestimmungsfaktoren.

Skalen	Häufigkeit des Containerns	Handlungen in den letzten 12 Monaten	Aktivitäten gegen Lebensmittel-verschwendung	Mitgliedschaft in einer Organisation
Politischer Einfluss	-0,028 (-0,51)	0,165*** (3,55)	0,155*** (3,41)	0,053 (0,65)
Politische Entfremdung	0,020 (0,60)	0,042 (1,30)	0,036 (1,23)	-0,003 (-0,06)
Wahrgenommene Legitimität von Gewalt	0,060* (2,55)	0,030 (1,23)	0,016 (0,69)	0,089* (2,25)
Soziale Norm	0,076 (0,67)	0,104 (0,93)	0,022 (0,22)	0,258 (1,50)
Persönliche Norm	0,030 (0,16)	0,723*** (4,39)	0,436** (2,78)	0,681* (2,40)
Identität	0,500*** (4,41)	0,219^{+} (1,96)	0,125 (1,23)	0,318^{+} (1,75)
N	208	208	208	208

Anmerkungen: $^{+}$ p<0,1, * p<0,05, ** p<0,01, *** p<0,001; Berichtet werden die Koeffizienten bivariater linearer Regressionen mit den dazugehörigen t-Werten in Klammern. Da es sich bei der Mitgliedschaft in einer Organisation um eine binäre Variable handelt, wurden in diesem Fall bivariate binäre Logit-Modelle (z-Werte in Klammern) gerechnet. Alle Regressionen beruhen auf robusten Standardfehlern nach dem Huber-White-Verfahren.

Schließlich sind von drei statistisch signifikant positiven Effekten auf die Mitgliedschaft in einer Organisation zu berichten. Demnach sind Aktivisten und Aktivistinnen, die Gewalt als legitimes Mittel erachten, sich moralisch verpflichtet fühlen, etwas gegen die Lebensmittelverschwendung zu unternehmen oder das Containern als Teil ihrer Identität betrachten, häufiger Mitglied in einer Organisation. Dieser letztgenannte Effekt ist genau wie der bislang nicht erwähnte statistisch signifikant positive Effekt der Identität auf das Aktivitätsmaß *Handlungen in den letzten 12 Monaten* allerdings nur auf dem 10 Prozent Niveau signifikant.

Nicht alle der soeben berichteten bivariaten Effekte bleiben auch unter Kontrolle der übrigen Bestimmungsfaktoren bestehen. Die in Abbildung 7 dargestellten Ergebnisse von multivariaten Regressionen zeigen, dass der statistisch signifikante Effekt der persönlichen Norm auf das Aktivitätsmaß *Aktivitäten gegen Lebensmittelverschwendung* nicht mehr existiert.

Abbildung 7: Multivariate Zusammenhänge zwischen den vier Aktivitätsmaßen und den Skalen der Bestimmungsfaktoren.

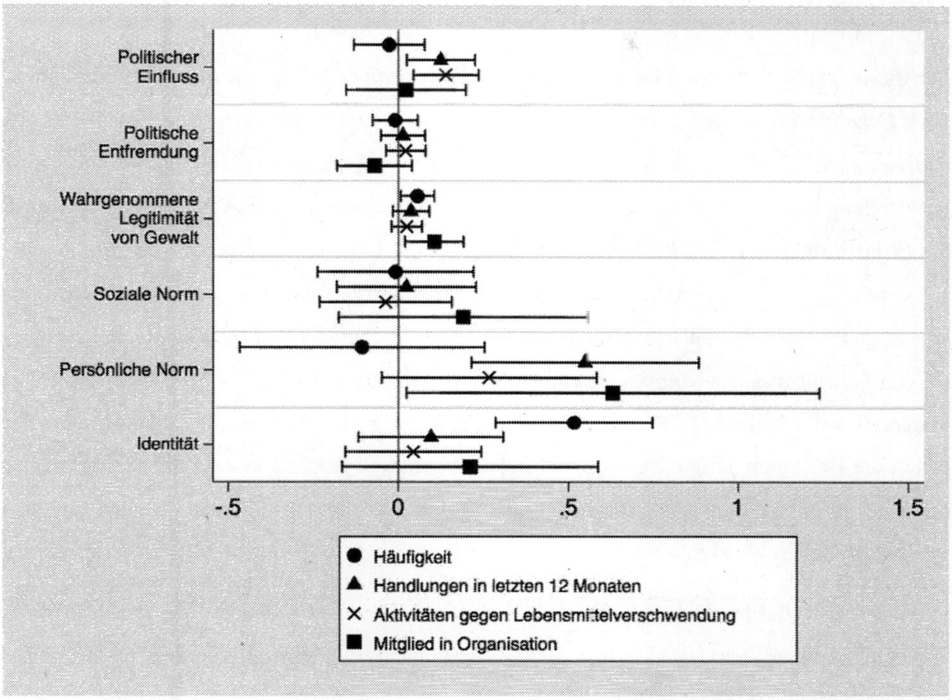

Anmerkungen: Berichtet werden unstandardisierte Koeffizienten sowie 95%-Konfidenzintervalle von linearen Regressionsmodellen bzw. im Falle *Mitglied in Organisation* eines binär logistischen Modells zu den vier Aktivitätsmaßen. Alle Schätzungen beruhen auf robusten Standardfehlern nach dem Huber-White-Verfahren. Die linearen Modelle haben die folgenden Eigenschaften: Häufigkeit: N = 208; F(6, 201) = 5,08; Prob > F = 0,0001; Adj. R^2 = 0,0903; Handlungen in letzten 12 Monaten: N = 208; F(6, 201) = 4,88; Prob > F = 0,0001; Adj. R^2 = 0,1007; Aktivitäten gegen Lebensmittelverschwendung: N = 208; F(6, 201) = 2,90; Prob > F = 0,0099; Adj. R^2 = 0,0541. Das logistische Modell hat folgende Eigenschaften: N = 208; Pseudo-R^2 = 0,0536. Die der Abbildung zugrundeliegende Regressionstabelle ist der Tabelle A12 im Anhang zu entnehmen.

Ebenfalls insignifikant geworden sind die bivariat auf dem 10 Prozent Niveau signifikanten Zusammenhänge zwischen der Identität und den Handlungen in den letzten 12 Monaten bzw. der Mitgliedschaft in einer Organisation. Dem gegenüber stehen stabile Zusammenhänge zwischen der Identität einer Person und der Häufigkeit des Containerns sowie zwischen der wahrgenommenen Legitimität von Gewalt und der Häufigkeit. Ein konstanter Zusammenhang ist ebenfalls zwischen den Aktivitätsmaßen *Handlungen in den letzten 12 Monaten* bzw. *Aktivitäten gegen Lebensmittelverschwendung* und dem politischen Einfluss festzustellen. Das heißt, dass Personen, die ihrem Engagement einen hohen politischen Einfluss beimessen, abseits des Containerns insgesamt aktiver in ihrem Engagement gegen Lebensmittelverschwendung sind, also in den letzten 12 Monaten eine größere Anzahl der abgefragten Handlungen ausgeführt und mehr Aktivitäten gegen Lebensmittelverschwendung genannt haben. Dies trifft auch auf

Personen zu, die sich moralisch verpflichtet fühlen, etwas gegen die Lebensmittelverschwendung zu unternehmen (Persönliche Norm), allerdings nur, wenn man als Bezugspunkt die Handlungen in den letzten 12 Monaten nimmt.

Für die persönliche Norm wird darüber hinaus ein positiver Effekt auf die Mitgliedschaft in einer Organisation ausgewiesen. Dieser Effekt lässt sich so interpretieren, dass Aktivisten und Aktivistinnen, bei denen die persönliche Norm zum Engagement gegen die Lebensmittelverschwendung stark ausgeprägt ist, sich vermehrt Organisationen anschließen, weil sie innerhalb dieses institutionellen Rahmens evtl. der Meinung sind, effektiver gegen die Lebensmittelverschwendung angehen zu können. Schließlich deutet das Ergebnis der Regression auf einen positiven und statistisch signifikanten Zusammenhang zwischen der wahrgenommenen Legitimität von Gewalt und der Mitgliedschaft in einer Organisation hin, der sich so auch schon im bivariaten Fall gezeigt hat. Dieser Effekt ist jedoch schwer zu deuten, da die Organisationen, in denen die Befragten Mitglied sind, nicht bekannt sind und deshalb keine Informationen über die Ausrichtung oder die Radikalität der Organisationen vorliegen, die bei der Einordnung dieses Effekts helfen könnten.

Die Ergebnisse der bi- und multivariaten Analysen zu dem Einfluss der allgemeinen Bestimmungsfaktoren auf die vier Aktivitätsmaße weisen eine Vielzahl signifikanter Effekte auf, die sich im Rahmen der theoretischen Überlegungen plausibilisieren lassen. So erscheint es nachvollziehbar, dass Personen, für die das Containern Teil der Identität ist und die Gewalt in gewissem Maße als legitim erachten, häufiger containern. Gleiches gilt für Personen, die es als ihre moralische Verpflichtung ansehen, etwas gegen die Lebensmittelverschwendung zu tun (Persönliche Norm), oder durch ihr Engagement versuchen, politische Entscheidungen zu beeinflussen. Sie, so zeigen es die positiven und signifikanten Effekte zu den verschiedenen Aktivitätsmaßen außer der Häufigkeit, engagieren sich abseits des Containerns auch verstärkt in anderen Bereichen.

4.8 Vignetten-Experimente

Im Rahmen der Vignetten-Experimente sowohl in der Befragung der Aktivisten und Aktivistinnen als auch der Bevölkerung haben die Teilnehmenden eine Situationsbeschreibung zum Containern bewertet. Im Ergebnis zeigt sich (siehe Abbildung 8), dass ungeachtet der jeweiligen Situationsmerkmale die befragten Aktivisten und Aktivistinnen mehrheitlich die beschriebenen Aktionen stark oder sehr stark befürworten (über 65 Prozent). Dies gilt auch für die Bevölkerung (45 Prozent), wenn auch erwartungsgemäß in geringerem Ausmaß. Weitere ca. 15 Prozent der Aktivisten und Aktivistinnen zeigen eine mittlere Befürwortung und knapp

20 Prozent befürworten diese Aktionen wenig und überhaupt nicht. Die entsprechenden Werte in der Bevölkerung liegen bei ca. 30 Prozent für die mittlere Kategorie und weniger als 25 Prozent der Bevölkerung haben mit wenig und überhaupt nicht geantwortet.

Abbildung 8: Ergebnisse der Vignetten-Experimente zur Befürwortung.

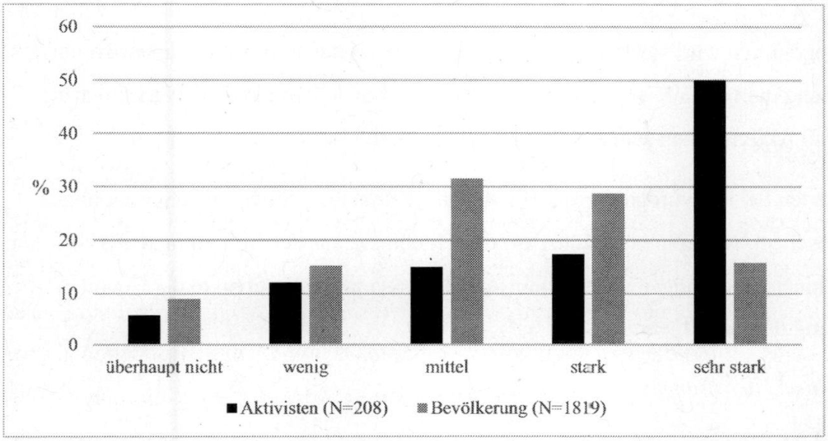

Abbildung 9: Ergebnisse der Vignetten-Experimente zur Teilnahme.

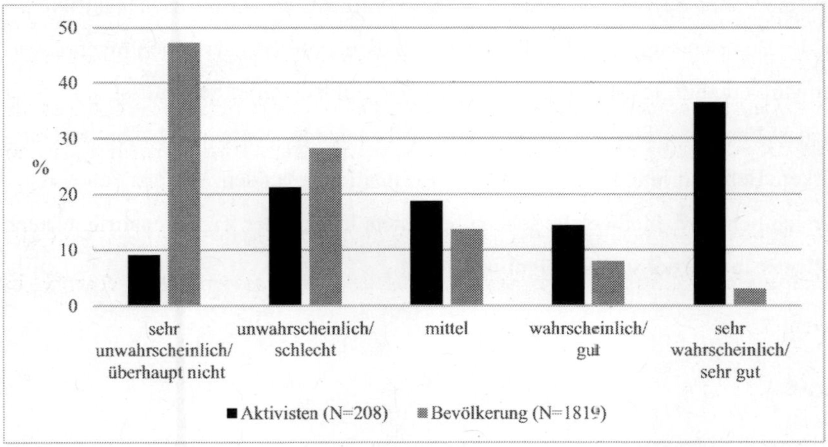

Während die Ergebnisse in Bezug auf die Befürwortung nur relativ geringe Unterschiede zwischen Aktivisten bzw. Aktivistinnen und der Bevölkerung aufweisen, divergieren die Meinungen zwischen den beiden Gruppen in Bezug auf die eigene Teilnahme deutlicher. Wenig überraschend können sich ca. 75 Prozent der befragten Bevölkerung überhaupt nicht oder schlecht vorstellen, an den beschriebenen Aktionen selbst teilzunehmen (siehe helle Balken in Abbildung 9); etwa 13 Prozent von ihnen wählen die Mittelkategorie und ca. 11 Prozent können sich sehr gut bzw. gut vorstellen, aktiv teilzunehmen. Bei den befragten Aktivisten und Aktivistinnen geben über 50 Prozent an, dass sie eine eigene Teilnahme als wahrscheinlich oder sehr wahrscheinlich einschätzen. Weitere ca. 20 Prozent stufen die Wahrscheinlichkeit als mittel ein und etwas mehr als 30 Prozent von ihnen würde unter den beschriebenen Umständen nur unwahrscheinlich oder sehr unwahrscheinlich teilnehmen.

Zusammengenommen wird sichtbar, dass sowohl die Aktivisten und Aktivistinnen als auch die Bevölkerung die in den Vignetten beschriebenen Aktionen befürworten, jedoch nur die Aktivisten und Aktivistinnen selbst daran teilnehmen würden.

In einem zweiten Schritt wurden die verschiedenen Attribute der Situationsbeschreibungen genauer angeschaut, wobei hier zunächst auf die Ergebnisse aus der Befragung der Aktivisten und Aktivistinnen eingegangen wird und im Anschluss dann die Ergebnisse der Bevölkerungsbefragung dargestellt werden.

4.8.1 Aktivisten und Aktivistinnen

Aus Modell 1 in Tabelle 12 wird deutlich, dass die Tatsache, dass die Container in einem abgeschlossenen Bereich stehen oder mit einem Schloss gesichert sind, einen statistisch negativen Effekt auf das Ausmaß an Befürwortung hat. Im Gegensatz dazu führt die Frage, ob man durch einen Sicherheitsbeamten oder von der Polizei entdeckt wird, zu keiner statistisch signifikanten Veränderung der Befürwortung. Im Modell 1 zeigt sich darüber hinaus, dass die Fragenreihenfolge das Antwortverhalten in Bezug auf den Grad der Befürwortung beeinflusst, und zwar dahingehend, dass Personen, die zunächst die Frage zur Teilnahme beantwortet haben, anschließend eine stärkere Befürwortung für die beschriebene Situation bekunden. Wie aus Tabelle A13 im Anhang ersichtlich wird, bleiben alle soeben berichtete Effekte der Vignettenattribute auch unter Kontrolle der Interaktionseffekte signifikant.

Tabelle 12: Ergebnisse multivariater OLS-Regressionen zum Grad der Befürwortung im Vignetten-Experiment der Onlinebefragung von Aktivisten und Aktivistinnen.

	Modell 1	Modell 2	Modell 3	Modell 4	Modell 5	Modell 6	Modell 7	Modell 8	Modell 9
Umzäunt	-0,661***	-0,706***	-0,696***	-0,725***	-0,669***	-0,711***	-0,728***	-0,709***	-0,699***
	(-4,40)	(-4,74)	(-4,77)	(-4,89)	(-4,60)	(-4,81)	(-4,98)	(-4,79)	(-4,94)
Verschlossen	-1,567***	-1,535***	-1,524***	-1,499***	-1,529***	-1,524***	-1,550***	-1,543***	-1,491***
	(-10,59)	(-10,37)	(-10,18)	(-10,05)	(-10,6[illegible])	(-10,34)	(-10,48)	(-10,38)	(-10,19)
Wachdienst	-0,107	-0,0943	-0,0994	-0,0737	-0,0991	-0,101	-0,0929	-0,0810	-0,0893
	(-0,58)	(-0,52)	(-0,55)	(-0,41)	(-0,57)	(-0,56)	(-0,52)	(-0,44)	(-0,51)
Polizei	0,234	0,230	0,239	0,269	0,237	0,222	0,216	0,237	0,269
	(1,38)	(1,40)	(1,46)	(1,64)	(1,44)	(1,36)	(1,30)	(1,45)	(1,61)
Reihenfolge (1= erst Teilnahme)	0,593***	0,548***	0,548***	0,549***	0,541***	0,545***	0,586***	0,552***	0,582***
	(3,91)	(3,72)	(3,72)	(3,75)	(3,68)	(3,73)	(3,85)	(3,73)	(3,85)
Geschlecht (1= Frau)		-0,0365	-0,0153	-0,0252	0,0761	-0,0195	-0,0511	-0,0372	0,108
		(-0,24)	(-0,10)	(-0,17)	(0,50)	(-0,13)	(-0,34)	(-0,25)	(0,69)
Alter (in Jahren)		-0,00889	-0,00782	-0,00705	-0,00271	-0,00714	-0,0130	-0,0107	-0,00377
		(-0,56)	(-0,47)	(-0,48)	(-0,18)	(-0,47)	(-0,81)	(-0,68)	(-0,26)
Abitur		0,369	0,381	0,370	0,328	0,361	0,331	0,368	0,312
		(1,20)	(1,23)	(1,23)	(1,06)	(1,16)	(1,06)	(1,21)	(0,99)
Großstadt		-0,000948	-0,00565	0,0248	-0,0205	0,00801	0,00946	0,0126	0,0167
		(-0,01)	(-0,04)	(0,18)	(-0,15)	(0,06)	(0,07)	(0,09)	(0,12)
Subjektive finanzielle Lage		0,123	0,125	0,156	0,113	0,126	0,124	0,123	0,149
		(1,19)	(1,22)	(1,56)	(1,12)	(1,23)	(1,21)	(1,21)	(1,51)
Geld zum Leben in €/100		0,0199	0,0209	0,0180	0,0197	0,0197	0,0200	0,0200	0,0200
		(1,23)	(1,25)	(1,16)	(1,25)	(1,22)	(1,21)	(1,24)	(1,25)
Politisches Interesse		0,140^{+}	0,142^{+}	0,132	0,100	0,143^{+}	0,122	0,141^{+}	0,0863
		(1,69)	(1,70)	(1,60)	(1,21)	(1,73)	(1,48)	(1,71)	(1,08)
Position in der Gesellschaft		-0,0644	-0,0625	-0,0520	-0,0566	-0,0671	-0,0683	-0,0644	-0,0505
		(-1,40)	(-1,36)	(-1,13)	(-1,23)	(-1,48)	(-1,51)	(-1,40)	(-1,13)
Politische Orientierung (1=rechts bis 10=links)		0,142*	0,140*	0,110^{+}	0,0691	0,130*	0,135*	0,139*	0,0358
		(2,32)	(2,30)	(1,68)	(1,07)	(2,05)	(2,19)	(2,28)	(0,54)
Religiosität		0,0268	0,0318	0,0464	0,0565	0,0165	0,0198	0,0296	0,0640
		(0,42)	(0,50)	(0,71)	(0,89)	(0,25)	(0,31)	(0,47)	(0,98)
Politischer Einfluss			-0,0266						-0,0521
			(-0,60)						(-1,17)
Politische Entfremdung				0,0671*					0,0511^{+}
				(2,27)					(1,76)
Wahrgenommene Legitimität von Gewalt					0,0701**				0,0603*
					(3,02)				(2,59)
Soziale Norm						0,0827			0,0610
						(0,87)			(0,66)
Persönliche Norm							0,245		0,245
							(1,63)		(1,65)
Identität								0,0876	0,0450
								(0,94)	(0,47)
Konstante	4,478***	2,581**	2,721**	1,582	2,272**	2,466**	2,754**	2,540**	1,896*
	(31,08)	(3,19)	(3,18)	(1,77)	(2,90)	(3,04)	(3,34)	(3,20)	(2,03)
Adj, R^2	0,4219	0,4496	0,4477	0,4622	0,4716	0,4491	0,4545	0,4493	0,4791
N	208	208	208	208	208	208	208	208	208

Anmerkungen: $^{+}$ p<0,1, * p<0,05, ** p<0,01, *** p<0,001; Berichtet werden die Koeffizienten linearer Regressionen mit den dazugehörigen t-Werten in Klammern. Alle Regressionen beruhen auf robusten Standardfehlern nach dem Huber-White-Verfahren.

Im folgenden Modell 2 werden verschiedene soziodemographische Faktoren in das Grundmodell 1 integriert. Das Ergebnis zeigt, dass soziodemographische Faktoren, wie Geschlecht, Alter, Bildung oder Einkommen, keinen statistisch signifikanten Effekt auf das Ausmaß der Befürwortung haben. Einzig eine linksgerichtete politische Orientierung und ein allgemeines Politikinteresse weisen einen statistisch signifikant positiven Effekt auf die Befürwortung auf, wobei der Effekt des allgemeinen Politikinteresses nur auf dem 10 Prozent Niveau signifikant ist. In den Modellen 3 bis 8 wird unter Konstanthaltung der Vignettenparameter und der soziodemographischen Variablen der Einfluss der theoriegeleiteten Bestimmungsfaktoren auf den Grad der Befürwortung untersucht. Hierbei wird deutlich, dass der Grad sowohl der politischen Entfremdung (Modell 4) als auch der wahrgenommenen Legitimität von Gewalt (Modell 5) einen statistisch signifikant positiven Effekt auf die Befürwortung der beschriebenen Situation haben, sodass sich zusammenfassen lässt, dass mit zunehmendem Grad an politischer Entfremdung und wahrgenommener Legitimität von Gewalt die beschriebene Situation stärker befürwortet wird.

Um die Ergebnisse der Modelle 1 bis 8 zu überprüfen, werden in Modell 9 alle Attribute des Vignetten-Experiments sowie alle übrigen unabhängigen Variablen berücksichtigt. Hierbei zeigt sich, dass die gefundenen Effekte der Vignetten-Attribute konstant bleiben, also sowohl ein umzäunter Bereich als auch ein abgeschlossener Container weiterhin den Grad der Befürwortung negativ beeinflusst. Von den übrigen Faktoren mit signifikanten Effekten in den vorangegangenen Modellen haben in Modell 9 nur die politische Entfremdung und die wahrgenommene Legitimität von Gewalt weiterhin einen positiven Einfluss auf den Grad der Befürwortung. Das heißt also, dass die soziodemographischen Faktoren *Politisches Interesse* und *Politische Orientierung* unter Kontrolle aller anderen Faktoren keinen signifikanten Einfluss auf das Ausmaß der Befürwortung besitzen.

Die in Tabelle 13 dargestellten Ergebnisse zur Teilnahmewahrscheinlichkeit an der im Vignetten-Experiment beschriebenen Situation weisen deutliche Parallelen zu den soeben besprochenen Ergebnissen bzgl. der Befürwortung auf. Auch hier haben die Vignetten-Attribute *Umzäunter Bereich* und *Verschlossene Container* einen statistisch signifikanten negativen Effekt auf die Teilnahmewahrscheinlichkeit, wohingegen weiterhin weder der Wachdienst noch die Polizei die Teilnahmewahrscheinlichkeit signifikant beeinflussen (siehe Modell 1). Dies bleibt auch so, wenn zur Kontrolle die Interaktionseffekte der Vignettenattribute in das Modell aufgenommen werden (siehe Tabelle A13 im Anhang).

Tabelle 13: Ergebnisse multivariater OLS-Regressionen zur Teilnahmewahrscheinlichkeit im Vignetten-Experiment der Onlinebefragung von Aktivisten und Aktivistinnen.

	Modell 1	Modell 2	Modell 3	Modell 4	Modell 5	Modell 6	Modell 7	Modell 8	Modell 9
Umzäunt	-0,574*** (-3,89)	-0,626*** (-4,58)	-0,603*** (-4,47)	-0,640*** (-4,68)	-0,591*** (-4,39)	-0,628*** (-4,57)	-0,630*** (-4,62)	-0,626*** (-4,56)	-0,592*** (-4,38)
Verschlossen	-1,644*** (-11,07)	-1,633*** (-11,41)	-1,607*** (-11,23)	-1,607*** (-11,11)	-1,627*** (-11,66)	-1,630*** (-11,41)	-1,636*** (-11,36)	-1,633*** (-11,46)	-1,579*** (-11,13)
Wachdienst	-0,212 (-1,23)	-0,220 (-1,31)	-0,232 (-1,39)	-0,205 (-1,21)	-0,224 (-1,38)	-0,222 (-1,32)	-0,219 (-1,30)	-0,219 (-1,28)	-0,228 (-1,38)
Polizei	-0,176 (-0,99)	-0,195 (-1,17)	-0,172 (-1,03)	-0,167 (-1,00)	-0,188 (-1,15)	-0,197 (-1,17)	-0,197 (-1,18)	-0,195 (-1,16)	-0,150 (-0,91)
Reihenfolge (1= erst Teilnahme)	-0,270^{+} (-1,80)	-0,348* (-2,47)	-0,347* (-2,49)	-0,347* (-2,49)	-0,355* (-2,51)	-0,349* (-2,48)	-0,342* (-2,35)	-0,348* (-2,46)	-0,340* (-2,32)
Geschlecht (1= Frau)		-0,0140 (-0,10)	0,0376 (0,25)	-0,00595 (-0,04)	0,0914 (0,63)	-0,00874 (-0,06)	-0,0165 (-0,11)	-0,0140 (-0,10)	0,141 (0,94)
Alter (in Jahren)		-0,0122 (-0,89)	-0,00960 (-0,65)	-0,0109 (-0,84)	-0,00643 (-0,49)	-0,0117 (-0,86)	-0,0129 (-0,92)	-0,0123 (-0,88)	-0,00397 (-0,29)
Abitur		0,163 (0,75)	0,190 (0,87)	0,163 (0,76)	0,124 (0,58)	0,160 (0,74)	0,156 (0,73)	0,163 (0,75)	0,144 (0,66)
Großstadt		0,0243 (0,17)	0,0128 (0,09)	0,0427 (0,30)	0,00601 (0,04)	0,0270 (0,19)	0,0261 (0,19)	0,0248 (0,17)	0,0162 (0,11)
Subjektive finanzielle Lage		0,105 (1,07)	0,110 (1,13)	0,129 (1,35)	0,0958 (0,98)	0,106 (1,08)	0,105 (1,07)	0,105 (1,07)	0,124 (1,29)
Geld zum Leben in €/100		0,0147 (0,94)	0,0170 (1,08)	0,0133 (0,85)	0,0145 (0,92)	0,0146 (0,93)	0,0147 (0,93)	0,0147 (0,93)	0,0158 (0,99)
Politisches Interesse		0,0851 (1,02)	0,0887 (1,07)	0,0792 (0,96)	0,0477 (0,57)	0,0859 (1,03)	0,0819 (0,97)	0,0852 (1,02)	0,0456 (0,54)
Position in der Gesellschaft		-0,0925^{+} (-1,93)	-0,0879^{+} (-1,82)	-0,0836^{+} (-1,77)	-0,0852^{+} (-1,78)	-0,0933^{+} (-1,95)	-0,0932^{+} (-1,93)	-0,0925^{+} (-1,93)	-0,0764 (-1,58)
Politische Orientierung (1=rechts bis 10=links)		0,211*** (3,43)	0,209*** (3,42)	0,188** (2,85)	0,144* (2,25)	0,208** (3,23)	0,210*** (3,39)	0,211*** (3,42)	0,125^{+} (1,85)
Religiosität		-0,00575 (-0,10)	0,00654 (0,11)	0,00823 (0,13)	0,0221 (0,37)	-0,00892 (-0,15)	-0,00698 (-0,12)	-0,00565 (-0,09)	0,0369 (0,60)
Politischer Einfluss			-0,0645 (-1,48)						-0,0698 (-1,61)
Politische Entfremdung				0,0478^{+} (1,78)					0,0384 (1,42)
Wahrgenommene Legitimität von Gewalt					0,0656** (2,68)				0,0573* (2,20)
Soziale Norm						0,0254 (0,30)			0,0277 (0,32)
Persönliche Norm							0,0429 (0,30)		0,0869 (0,61)
Identität								0,00307 (0,03)	-0,00776 (-0,08)
Konstante	4,975*** (42,11)	3,310*** (4,49)	3,651*** (4,78)	2,598** (3,10)	3,021*** (4,02)	3,275*** (4,36)	3,341*** (4,49)	3,309*** (4,47)	2,880** (3,31)
Adj, R^2	0,4431	0,4942	0,4975	0,4995	0,5137	0,4917	0,4918	0,4915	0,5118
N	208	208	208	208	208	208	208	208	208

Anmerkungen: $^{+}$ $p<0,1$, * $p<0,05$, ** $p<0,01$, *** $p<0,001$; Berichtet werden die Koeffizienten linearer Regressionen mit den dazugehörigen t-Werten in Klammern. Alle Regressionen beruhen auf robusten Standardfehlern nach dem Huber-White-Verfahren.

Der im Modell 1 ebenfalls erkennbare, auf dem 10 Prozent Niveau statistisch signifikante Reihenfolgeeffekt deutet darauf hin, dass Aktivisten und Aktivistinnen, die zunächst die Frage zur Teilnahme beantwortet haben, eine geringere Wahrscheinlichkeit bekunden selbst an der beschriebenen Situation teilzunehmen, als jene, die als erstes nach der Befürwortung gefragt wurden. Dieser Befund unterstützt die aus den vorangegangenen Regressionen zum Grad der Befürwortung, dargestellt in Tabelle 12, gewonnene Erkenntnis, dass die Fragenreihenfolge das Antwortverhalten der befragten Aktivisten und Aktivistinnen beeinflusst. Des Weiteren lassen sich sowohl für eine linksgerichtete politische Orientierung (Modell 2) als auch für den Grad der politischen Entfremdung (Modell 4) und der wahrgenommenen Legitimität von Gewalt (Modell 5) erneut ein statistisch signifikant positiver Effekt auf die Teilnahmewahrscheinlichkeit feststellen, wobei der Effekt der politischen Entfremdung hier nur auf dem 10 Prozent Niveau signifikant ist. Ein bedeutsamer Unterschied zwischen den Ergebnissen zum Grad der Befürwortung und der Teilnahmewahrscheinlichkeit zeigt sich hingegen im neu hinzugekommenen auf dem 10 Prozent Niveau statistisch signifikant negativen Effekts der gesellschaftlichen Position (Modell 2), der so zu verstehen ist, dass Aktivisten und Aktivistinnen, die sich selbst weiter oben in der Gesellschaft positionieren, mit einer geringeren Wahrscheinlichkeit an der beschriebenen Situation teilnehmen würden.

Auch dieses Mal werden anhand des Modells 9, in dem alle Vignetten-Attribute und sonstigen unabhängigen Variablen enthalten sind, die Ergebnisse der Modelle 1 bis 8 überprüft. Hierbei zeigt sich, dass die in den vorangegangenen Modellen berichteten signifikanten Effekte größtenteils auch in Modell 9 Bestand haben. So besitzen auch unter Kontrolle aller anderen Faktoren ein abgeschlossener Bereich und ein verschlossener Container einen statistisch signifikant negativen Effekt auf die Teilnahmewahrscheinlichkeit. Des Weiteren werden durch Modell 9 die positiven Effekte einer linksgerichteten politischen Orientierung und der wahrgenommenen Legitimität von Gewalt bestätigt, wobei der Effekt der politischen Orientierung nun nur noch auf dem 10 Prozent Niveau signifikant ist. Keine statistisch signifikanten Effekte lassen sich im Modell 9 für die Faktoren *Position in der Gesellschaft* und *Politische Entfremdung* nachweisen. Gesondert hingewiesen werden soll an dieser Stelle noch auf das adjustierte R^2, das in Modell 5, also dem Modell, in dem neben den soziodemographischen Faktoren auch noch die wahrgenommene Legitimität von Gewalt als theoriegeleitetem Bestimmungsfaktor enthalten ist, das adjustierte R^2 einen Wert von 0,51 annimmt und damit größer ist, als in allen anderen Modellen. Wenn auch in den übrigen Modellen die Werte des adjustierten R^2 nur geringfügig kleiner sind, deutet dies dennoch darauf hin, dass sich durch das Modell 5 mit dem Bestimmungsfaktor der wahrgenommenen Legitimität von Gewalt die Teilnahmewahrscheinlichkeit der Aktivisten und Aktivistinnen an der beschriebenen Situation am besten erklären lässt.

Das Vignetten-Experiment in der Onlinebefragung der Aktivisten und Aktivistinnen hat gezeigt, dass sowohl der Grad der Befürwortung als auch die Teilnahmewahrscheinlichkeit maßgeblich von dem Vorgehen beim Containern beeinflusst wird. So wirkt sich das Betreten eines eingezäunten Bereiches und das Aufbrechen verschlossener Container negativ auf die Befürwortung und die Teilnahmewahrscheinlichkeit aus, was den Schluss nahelegt, dass unter den praktizierenden Mülltauchern und Mülltaucherinnen diese Art des Vorgehens missbilligt oder zumindest kritisch betrachtet wird, was sich auch mit den Erkenntnissen aus den qualitativen Interviews deckt. Während also das Vorgehen beim Containern von imminenter Bedeutung zu sein scheint, ist kein Abschreckungseffekt durch die Präsenz von Wachdienst oder Polizei aus den Daten des Vignetten-Experiments erkennbar. Weder in Bezug auf den Grad der Befürwortung noch der Teilnahmewahrscheinlichkeit konnte ein statistisch signifikanter negativer Effekt festgestellt werden. Einen Erklärungsansatz für dieses überraschende Ergebnis liefern sowohl die Daten aus den qualitativen Interviews als auch der Onlinebefragung, aus denen jeweils hervorgeht, dass nur die Wenigsten überhaupt schon einmal Kontakt mit Wachdienst oder Polizei beim Containern gehabt haben, weshalb dies nur als eine theoretische Bedrohung wahrgenommen werden könnte, die aber weit entfernt ist von ihrer praktischen Erfahrung und deshalb an Bedeutung verliert. Die dritte wichtige Erkenntnis, die aus dem Vignetten-Experiment gezogen werden kann, ist, dass die wahrgenommene Legitimität von Gewalt unter den erklärenden Bestimmungsfaktoren von zentraler Bedeutung ist. Personen, die unter bestimmten Umständen den Einsatz von Gewalt als legitim erachten, zeigen nicht nur eine stärkere Befürwortung für das in der Situationsbeschreibung dargestellte Vorgehen der drei Personen, sondern sind auch eher bereit selbst an einer solchen Aktion teilzunehmen. Damit bestätigt sich die eingangs formulierte Hypothese, dass Mülltaucher und Mülltaucherinnen mit einer hohen wahrgenommenen Legitimität von Gewalt ein stärkeres Engagement beim Containern zeigen.

4.8.2 Bevölkerung

In Analogie zu dem vorangegangenen Abschnitt sollen nur die Attribute des Vignetten-Experiments in der Bevölkerungsbefragung näher beleuchtet werden und deren Einfluss auf den Grad der Befürwortung sowie die Vorstellung, selbst an einer solchen Aktion teilzunehmen, herausgearbeitet werden. Wie aus Modell 1 in Tabelle 14 ersichtlich wird, haben ein umzäunter Bereich sowie ein abgeschlossener Container einen statistisch signifikanten negativen Effekt auf den Grad der Befürwortung der im Vignetten-Experiment beschriebenen Situation. Ob man dabei von Wachdienst oder Polizei entdeckt wird, beeinflusst hingegen das Ausmaß der Befürwortung nicht signifikant. Des Weiteren sehen wir einen Effekt in Bezug auf die Fragenreihenfolge. Genau wie in dem Vignetten-Experiment in der Onlinebefragung der Aktivisten und Aktivistinnen wird das Antwortverhalten der Bevölkerung statistisch signifikant durch die Reihenfolge der Fragen verzerrt, allerdings in die entgegengesetzte Richtung. So befürwortet die Bevölkerung die beschriebene Situation weniger stark, wenn zunächst nach der Vorstellung gefragt wurde, selbst an der Situation teilzunehmen. Die beschriebenen Effekte bleiben auch dann unverändert, wenn Interaktionseffekte der Vignettenattribute in das Modell aufgenommen werden (siehe Tabelle A13 im Anhang).

Auch unter Kontrolle verschiedener soziodemographischer Faktoren bleiben die beschriebenen Effekte der Vignetten-Attribute statistisch signifikant (siehe Modell 2 in Tabelle 14). Deutlich wird auch, dass ein allgemeines politisches Interesse sowie eine linksgerichtete politische Orientierung sich positiv und statistisch signifikant auf den Grad der Befürwortung auswirken. Das heißt also, dass politisch interessierte Personen, mit einer linksgerichteten Orientierung, die beschriebene Situation tendenziell stärker befürworten. Gegenteilige Effekte sind in Bezug auf das Alter und die subjektive finanzielle Lage feststellbar. Wie die statistisch signifikanten negativen Effekte des Alters und der subjektiven finanziellen Lage in Modell 2 zeigen, sinkt mit zunehmendem Alter und mit steigender Zufriedenheit mit der finanziellen Lage der Grad der Befürwortung. Neben einem Alterseffekt zeigt sich auch ein signifikanter Einfluss des Geschlechts auf den Grad der Befürwortung und zwar dergestalt, dass Frauen die beschriebene Situation stärker befürworten. Im Modell 3 wird zusätzlich zu den soziodemographischen Faktoren noch der Einfluss der wahrgenommenen Legitimität von Gewalt auf den Grad der Befürwortung untersucht. Hierbei zeigt sich ein statistisch signifikant positiver Effekt, was bedeutet, dass mit zunehmender wahrgenommener Legitimität von Gewalt auch der Grad der Befürwortung zunimmt. Da in der Bevölkerungsbefragung keine Fragen zur politischen Entfremdung gestellt wurden, können dazu, anders als in der Befragung der Aktivisten und Aktivistinnen, keine Aussagen getroffen werden. Aus dem Modell 3 wird weiterhin deutlich, dass von den bislang beschriebenen statistisch signifikanten Effekten die beiden Vignetten-Attribute *Umzäunter Bereich* und *Verschlossener Container* den Grad der Befürwortung unverändert negativ sowie ein allgemeines politisches Interesse und eine linksgerichtete politische Orientierung positiv beeinflussen. Auch in Bezug auf den Reihenfolgeeffekt sowie den Effekt der subjektiven finanziellen Lage sind nur geringfügige Abweichungen in Bezug auf Effektstärke und den entsprechenden t-Werten feststellbar. Größere Veränderungen sind hingegen für die Effekte des

Geschlechts und des Alters zu berichten. Während für das Geschlecht im Modell 3 ein höchst signifikanter Einfluss auf den Grad der Befürwortung ausgewiesen wird, besitzt das Alter in diesem Modell keinen signifikanten Effekt mehr.

Tabelle 14: Ergebnisse multivariater OLS-Regressionen zum Grad der Befürwortung im Vignetten-Experiment der Bevölkerungsbefragung.

	Modell 1	Modell 2	Modell 3
Umzäunt	-0,215***	-0,210***	-0,225***
	(-4,11)	(-4,09)	(-4,50)
Verschlossen	-0,633***	-0,635***	-0,624***
	(-12,16)	(-12,37)	(-12,45)
Wachdienst	-0,0524	-0,0549	-0,0564
	(-0,82)	(-0,87)	(-0,92)
Polizei	-0,0473	-0,0468	-0,0326
	(-0,75)	(-0,76)	(-0,54)
Reihenfolge (1= erst Teilnahme)	-0,117*	-0,107*	-0,115*
	(-2,24)	(-2,07)	(-2,29)
Geschlecht (1= Frau)		0,111*	0,200***
		(2,03)	(3,71)
Alter (in Jahren)		-0,00733**	-0,00356
		(-3,26)	(-1,61)
Abitur		0,0339	-0,0341
		(0,54)	(-0,06)
Stadt		0,103+	0,0806
		(1,83)	(1,48)
Subjektive finanzielle Lage		-0,128*	-0,105*
		(-2,34)	(-1,98)
Einkommen in €/100		0,00344	0,00305
		(0,96)	(0,90)
Politisches Interesse		0,106**	0,0835*
		(3,04)	(2,47)
Position in der Gesellschaft		-0,0154	-0,00349
		(-0,72)	(-0,17)
Politische Orientierung (1= rechts bis 10= links)		0,0818***	0,0961***
		(4,85)	(5,80)
Vegane/Vegetarische Ernährung		0,105	0,0347
		(1,06)	(0,37)
Religiosität		-0,0162	0,00102
		(-0,68)	(0,04)
Wahrgenommene Legitimität von Gewalt			0,121***
			(9,65)
Konstante	3,802***	3,549***	2,458***
	(62,72)	(15,45)	(9,81)
Adj. R^2	0,0832	0,1150	0,1588
N	1819	1819	1819

Anmerkungen: + p<0,1, * p<0,05, ** p<0,01, *** p<0,001; Berichtet werden die Koeffizienten linearer Regressionen mit den dazugehörigen t-Werten in Klammern. Alle Regressionen beruhen auf robusten Standardfehlern nach dem Huber-White-Verfahren.

Im Vignetten-Experiment in der Bevölkerungsbefragung war auch eine Frage zur Teilnahme inbegriffen, jedoch wurde hier nicht nach der Teilnahmewahrscheinlichkeit gefragt, wie es bei den Aktivisten und Aktivistinnen der Fall gewesen ist, sondern ob man sich vorstellen kann, selbst an der beschriebenen Situation teilzunehmen.

Das Modell 1 in Tabelle 15 stellt das Ergebnis einer OLS-Regression mit den Vignetten-Attributen und der Vorstellung der Teilnahme im Vignetten-Experiment der Bevölkerungsbefragung dar. Hieraus ist abzulesen, dass einzig das Attribut *Verschlossener Container* einen statistisch signifikanten Effekt auf die Teilnahmevorstellung hat, und zwar, wie in den vorgegangenen Darstellungen auch, einen negativen Effekt. Das bedeutet, dass Situationsbeschreibungen, in denen verschlossene Containern geknackt werden, die Vorstellung selbst teilzunehmen in der Bevölkerung reduziert. Dies bleibt auch so, wenn Interaktionseffekte der Vignettenattribute berücksichtigt werden (siehe Tabelle A13 im Anhang).

Im nachfolgenden Modell 2, in dem neben den Vignetten-Attributen verschiedene soziodemographischen Faktoren enthalten sind, zeigt sich keine Veränderung bzgl. des Effekts des verschlossenen Containers auf die Teilnahmevorstellung. Aus der Reihe der soziodemographischen Faktoren wird für ein allgemeines politisches Interesse sowie eine linksgerichtete politische Orientierung ein statistisch signifikanter positiver Effekt ausgewiesen, wohingegen die subjektive Einschätzung der finanziellen Lage und die Position in der Gesellschaft mit der Teilnahmevorstellung statistisch signifikant negativ korreliert ist. Daher lässt sich verallgemeinernd sagen, dass es für Personen mit einem allgemeinen Politikinteresse und einer linksgerichteten politischen Orientierung eher vorstellbar ist, an der beschriebenen Situation teilzunehmen. Im Gegensatz dazu ist es für Personen, die mit ihrer finanziellen Lage zufrieden sind oder sich einer oberen Position in der Gesellschaft zuordnen, schwieriger vorstellbar, an der beschriebenen Situation teilzunehmen.

An den im Modell 2 festgestellten signifikanten Effekten treten keine größeren Veränderungen auf, wenn, wie im Modell 3, mit der wahrgenommenen Legitimität von Gewalt ein zusätzlicher allgemeiner Bestimmungsfaktor aufgenommen wird. Dieser jedoch hat einen statistisch signifikanten positiven Effekt auf die Teilnahmevorstellung, der so zu interpretieren ist, dass Personen, die den Einsatz von Gewalt als eher legitim erachten, es sich eher vorstellen können, an der beschriebenen Situation teilzunehmen.

Tabelle 15: Ergebnisse multivariater OLS-Regressionen zur Teilnahmebereitschaft im Vignetten-Experiment der Bevölkerungsbefragung.

	Modell 1	Modell 2	Modell 3
Umzäunt	-0,0544	-0,0572	-0,0698
	(-1,07)	(-1,16)	(-1,44)
Verschlossen	-0,261***	-0,264***	-0,255***
	(-5,12)	(-5,29)	(-5,19)
Wachdienst	-0,0256	-0,0313	-0,0325
	(-0,40)	(-0,50)	(-0,53)
Polizei	-0,0704	-0,0764	-0,0648
	(-1,13)	(-1,25)	(-1,08)
Reihenfolge	0,0300	0,0312	0,0246
(1= erst Teilnahme)	(0,59)	(0,63)	(0,50)
Geschlecht		-0,0480	0,0246
(1= Frau)		(-0,91)	(0,47)
Alter		-0,00305	0,0000175
(in Jahren)		(-1,41)	(0,01)
Abitur		0,101	0,0710
		(1,62)	(1,15)
Stadt		-0,0501	-0,0684
		(-0,93)	(-1,29)
Subjektive		-0,166**	-0,148**
finanzielle Lage		(-3,21)	(-2,93)
Einkommen in €/100		-0,00229	-0,00261
		(-0,66)	(-0,76)
Politisches Interesse		0,0991**	0,0807*
		(3,04)	(2,54)
Position in der		-0,0565**	-0,0468*
Gesellschaft		(-2,72)	(-2,26)
Politische Orientierung		0,0783***	0,0899***
(1= rechts bis 10= links)		(4,67)	(5,48)
Vegane/Vegetarische		0,218+	0,161
Ernährung		(1,93)	(1,48)
Religiosität		0,0257	0,0397+
		(1,15)	(1,81)
Wahrgenommene Legitimität von Gewalt			0,0982***
			(7,64)
Konstante	2,093***	2,233***	1,345***
	(31,34)	(10,29)	(5,47)
Adj. R^2	0,0132	0,0563	0,0893
N	1819	1819	1819

Anmerkungen: + p<0,1, * p<0,05, ** p<0,01, *** p<0,001; Berichtet werden die Koeffizienten linearer Regressionen mit den dazugehörigen t-Werten in Klammern. Alle Regressionen beruhen auf robusten Standardfehlern nach dem Huber-White-Verfahren.

Das Vignetten-Experiment in der Onlinebefragung der Bevölkerung hat gezeigt, dass speziell die Befürwortung der beschriebenen Situation durch das Vorgehen beim Containern beeinflusst wird. Sowohl das Betreten eines eingezäunten Bereichs als auch das Aufbrechen verschlossener

Container wird von der Bevölkerung abgelehnt, und führt infolgedessen dazu, dass man die beschriebene Situation weniger stark befürwortet. Dies entspricht, genau wie der nicht feststellbare Abschreckungseffekt durch Wachdienst oder Polizei, den Ergebnissen aus dem Vignetten-Experiment der Onlinebefragung der Aktivisten und Aktivistinnen. Eine weitere Übereinstimmung zwischen den Vignetten-Experimenten ist in Bezug auf den Einfluss der wahrgenommenen Legitimität von Gewalt deutlich geworden. Sowohl für die Aktivisten und Aktivistinnen wie auch die Teilnehmenden der Bevölkerungsbefragung gilt, dass sie mit zunehmender wahrgenommenen Legitimität von Gewalt sowohl die beschriebene Aktion stärker befürworten als auch mit größerer Wahrscheinlichkeit selbst teilnehmen würden bzw. sich eine Teilnahme besser vorstellen könnten. In einem anderen Punkt hingegen unterscheiden sich die beiden Vignetten-Experimente deutlich voneinander. Während bei der Befragung der Aktivisten und Aktivistinnen für nur sehr wenige soziodemographische Faktoren ein signifikanter Einfluss auf den Grad der Befürwortung oder die Teilnahmewahrscheinlichkeit festgestellt wurde, sind diese Faktoren in der Bevölkerungsbefragung speziell in Bezug auf den Grad der Befürwortung von größerem Gewicht. So zeigen Frauen und politisch interessierte Personen eine größere, und ältere Teilnehmer und Teilnehmerinnen eine geringere Befürwortung für den jeweils beschriebenen Containerabend. Abschließend möchte ich die Aufmerksamkeit noch einmal auf einen interessanten Aspekt in den Ergebnissen des Vignetten-Experiments der Bevölkerung lenken. Personen, die nach Selbsteinschätzung eine obere Position in der Gesellschaft einnehmen und subjektiv mit der finanziellen Situation zufrieden sind, können es sich tendenziell schlechter vorstellen, unter den beschriebenen Umständen selbst containern zu gehen. Eine mögliche Erklärung dafür könnte sein, dass für Personen, die ihre finanzielle Lage positiv bewerten und damit zufrieden sind, es nicht vorstellbar ist, eine stigmatisierte Handlung, wie das Containern, zu praktizieren, auch aus Sorge vor einem möglichen Statusverlust, wenn dies öffentlich werden würde.

5 Schluss

Im Schlussteil dieser Forschungsarbeit werden zunächst in Abschnitt 5.1. die empirischen Ergebnisse zum Containern in Deutschland in kondensierter Form dargestellt und diskutiert (siehe Tabelle 16 für einen Überblick). Darüber hinaus wird noch einmal gesondert auf Schwierigkeiten und Limitationen der Arbeit hingewiesen (Abschnitt 5.2.) sowie im Ausblick (Abschnitt 5.3.) schließlich Entwicklungen im Zusammenhang mit dem Containern in Deutschland in den Blick genommen und weiterführende Forschungsfragen aufgezeigt.

5.1 Zusammenfassung und Diskussion

Mit der vorliegenden Forschungsarbeit wird das Ziel verfolgt das bislang wenig systematisch beforschte Phänomen des Containerns in Deutschland anhand von acht Perspektiven zu beleuchten. In vorwiegend explorativer Form wurde zunächst sowohl der Einstieg in das als auch die praktische Vorgehensweise beim Containern in den Blick genommen. Ferner wurde analysiert, welche Motive dem Containern zugrunde liegen und welche Bedeutung die Illegalität ihres Handelns für die Aktivisten und Aktivistinnen spielt. Die beim und durch das Containern stattfindende Vergemeinschaftung unter den Aktiven wurde ebenso gesondert untersucht, wie der für dieses Forschungsprojekt zentrale Aspekt der Häufigkeit des Containerns, der einmal für sich genommen und dann im Vergleich mit anderen, legalen Formen von Aktivismus dargestellt wurde. Dabei stand insbesondere die Frage im Mittelpunkt, welche aus der sozialen Bewegungsforschung abgeleiteten Bestimmungsfaktoren das Ausmaß der verschiedenen Formen von Aktivismus erklären. Schließlich habe ich mit Hilfe von zwei Vignetten-Experimenten mich der Frage nach dem Grad der Befürwortung zum Containern und der eigenen Teilnahme aus den Perspektiven der Mülltaucher und Mülltaucherinnen sowie der Bevölkerung gewidmet.

Die Ergebnisse zum Einstieg in das Containern haben verdeutlicht, dass die meisten Mülltaucher und Mülltaucherinnen beim ersten Versuch, welchen viele als einprägsames Erlebnis beschreiben, von einer bekannten und container-erfahrenen Person begleitet wurden, sodass die Neueinsteiger und Neueinsteigerinnen von den Erfahrungen anderer profitieren konnten. Darüber hinaus ist der Einstieg aber auch durch intensives Learning by Doing gekennzeichnet und damit mehr als ein bloßes Fortführen von erlernten Containerpraktiken. Vielmehr muss ein zur Person passender Containerstil gefunden werden, die dem individuellen Charakter des Mülltauchers oder der Mülltaucherin gerecht wird. Zeitlich betrachtet finden viele Aktive den Weg zum Containern nachdem sie ihr Elternhaus verlassen und mit Ausbildung oder Studium begonnen haben, wobei, wie aus dem ermittelten Durchschnittsalter von 24 Jahren beim Einstieg abgeleitet werden kann, meist nicht unmittelbar nach Beginn des neuen Lebensabschnitts angefangen wird zu containern, sondern zunächst eine Zeit der Gewöhnung und Adaption an die neuen Lebensumstände vergeht. In dieser Zeit, so lässt sich vermuten, findet eine Phase der Sozialisation statt, die getragen wird durch neu geknüpfte Kontakte.

Aus der skizzenhaften Darstellung eines typischen Containerabends lässt sich eine Dreiteilung erkennen, wobei die Vorbereitungsphase bestehend aus Verabredungen mit anderen treffen, Hilfsmittel bereithalten, Supermarkt auswählen bei erfahrenen Mülltauchern und Mülltaucherinnen sehr kurz und routinemäßig verläuft. Das eigentliche Containern, verstanden als Aktivität am Ort des Müllcontainers, beginnt in aller Regel nach Geschäftsschluss. Neben dem Containerinhalt, der sich bei einiger Erfahrung relativ gut vorhersagbaren lässt, wobei am häufigsten Obst, Gemüse und Backwaren containertet werden, stellt die Zugänglichkeit der Container einen bedeutsamen Aspekt bei der Auswahl der Supermärkte dar. In Kleingruppen und unter Verwendung von nur wenigen Hilfsmitteln wie Stirnlampe oder Handschuhen werden die Müllcontainer der Supermärkte nach verzehrbaren Lebensmitteln durchsucht. Dies geschieht aus Vorsicht und den örtlichen Gegebenheiten (schlechte Lichtverhältnisse, beengter Raum) geschuldet allerdings nur oberflächlich, was ein Grund dafür ist, dass sich dem eigentlichen Containern eine Nachbereitungsphase anschließt, die gekennzeichnet ist durch gründliches Inspizieren der containerten Lebensmittel und Aufteilen dieser unter allen Beteiligten. Ein wichtiger Aspekt der Nachbereitungsphase ist die soziale Funktion, die u.a. darin zum Ausdruck gebracht wird, dass die gemeinsam containerten Lebensmittel zubereitet und verzehrt werden. Gleichwohl das Containern nicht primär aus dem Motiv der Nahrungsmittelbeschaffung heraus betrieben wird, decken die Mülltaucher und Mülltaucherinnen einen nicht unerheblichen Anteil von durchschnittlich einem Drittel des Lebensmittelbedarfs durch das Containern.

Mit Blick auf die Motive des Containerns konnte ich feststellen, dass es nicht den einen überwiegenden Beweggrund gibt, sondern eine ganze Bandbreite an Motiven wie Bewusstsein schaffen, Gesellschaftskritik, finanzielle Vorteile, aber auch Freizeitbeschäftigung und Gemeinschaftserlebnis. Diese Vielfalt unterstützt die Sichtweise, dass das Containern aus altruistischen und egoistischen Gründen betrieben wird, wobei es Aktivisten und Aktivistinnen gibt, die mehrheitlich altruistische Motive (z.B. Bewusstsein schaffen) verfolgen und jene, die überwiegend aus egoistischen Motiven (z.B. Geld sparen) heraus handeln. Außerdem konnte über die Motive gezeigt werden, dass das Containern Verbindungen zu anderen sozialen Bewegungen wie der Antikapitalismusbewegung und der Umweltbewegung aufweist und damit als Teil einer größeren sozialen Bewegung zu verstehen ist (siehe auch Barnard 2016, Heyenbruch 2013), die sich vielleicht als konsumkritische Bewegung betiteln ließe.

Tabelle 16: Übersicht zu zentralen Forschungsergebnissen sowie darauf aufbauende Deutungsansätze und Diskussionspunkte.

Perspektive	Zentrale Ergebnisse	Deutung und Diskussionspunkte
Motive des Containerns	• Vielfältige Motive zwischen Altruismus und Egoismus • Intrapersonelle Überlagerung verschiedener Motive	• Motive lassen Verbindungen zu anderen sozialen Bewegungen erkennen • Containern als Teil einer konsumkritischen Bewegung
Illegalität des Containerns	• Containern erscheint subjektiv als gesetzliche Grauzone • Hausfriedensbruch als legitim erachtet, Sachbeschädigung wenig toleriert	• Duldung des Containerns wird durch die Einhaltung der ungeschriebenen Regeln des Containerns begünstigt • Grundsatz beim Containern: niemandem schaden
Vergemeinschaftung an der Mülltonne	• Containern erfüllt vielfältige soziale Funktionen • Teilen von Lebensmitteln von zentraler Bedeutung • Mülltaucher und Mülltaucherinnen mit Container-Identität gehen seltener in Begleitung zu containern	• Teilen von Lebensmitteln als Ausdruck der Verbundenheit • Containern ohne Begleitung ist intrinsisch motiviert • Begleitung beim Containern als externe Motivationsquelle
Häufigkeit des Containerns	• Häufiges Containern in Begleitung führt zu seltenerem Containern insgesamt • Bei häufigem Containern steigt der Anteil des durch Containern gedeckten Lebensmittelbedarfs	• Zusammenhang zwischen intrinsischer Motivation, Containern in Begleitung und Häufigkeit des Containerns • Häufigkeit des Containerns als Gradmesser für Intensität des Aktivismus
Aktivitätsmaße	• Legaler und illegaler Aktivismus durch unterschiedliche Bestimmungsfaktoren erklärbar • Bivariate Zusammenhänge zwischen den Motiven und der Häufigkeit des Containerns halten multivariater Überprüfung nicht stand • *Wahrgenommene Legitimität von Gewalt* und *Identität* als zentrale Bestimmungsfaktoren auf die Häufigkeit des Containerns	• Grundsätzliche Entscheidung zum Aktivismus evtl. durch andere Faktoren erklärbar als Ausmaß des Aktivismus • Beleg für die Motivvielfalt und enge Verknüpfung der Motive untereinander • Legaler und illegaler Aktivismus lässt sich durch unterschiedliche Bestimmungsfaktoren erklären
Vignetten-Experimente	• Große Befürwortung für die beschriebene Situation • Zäune überwinden und Schlösser aufbrechen reduziert Befürwortung • Kein Abschreckungseffekt durch Polizei und Wachdienst • *Politische Orientierung* und *Wahrgenommene Legitimität von Gewalt* als zentrale Bestimmungsfaktoren für Befürwortung und Teilnahme	• Befürwortung der Bevölkerung als Indiz für eine hohe generelle Akzeptanz für das Containern • Widerspruch zu Aktivisteninterviews: Zäune überwinden legitim und praktiziert • Kein Abschreckungseffekt bei den Aktiven, weil nur theoretisch denkbar, aber in der Praxis selten erlebt

Anmerkungen: Die Perspektiven *Einstieg in das Containern* und *Ein typischer Containerabend* sind nicht in dieser Übersichtstabelle aufgeführt, da es sich hierbei um explorative Perspektiven handelt, die primär dem besseren Allgemeinverständnis des Containerns dienen und daher weniger analytisch angelegt sind als die übrigen Perspektiven. Die genannten zentralen Ergebnisse der Vignetten-Experimente besitzen Gültigkeit für die Aktivisten und Aktivistinnen sowie für die Bevölkerung.

Aus der im Exkurs II ausführlich dargestellten geltenden Rechtslage in Deutschland geht hervor, dass das Containern mit verschiedenen Gesetzesübertretungen verbunden ist und daher rein formal als illegale Handlung zu bezeichnen ist. Diese von der Gesetzesseite her gedachte Eindeutigkeit deckt sich erwartungsgemäß nicht mit der Innenperspektive der praktizierenden Mülltaucher und Mülltaucherinnen. Obwohl sich viele explizit über die das Containern betreffende Gesetzeslage informiert haben, wird es meist als rechtliche Grauzone betrachtet. Diese Auffassung beruht einerseits auf moralischen Überzeugungen und anderseits auf praktischen Erfahrungen. So sehen die Aktiven im Containern eine gute Tat, indem verzehrbare Lebensmittel gerettet werden, um damit der Lebensmittelverschwendung entgegenzuwirken. Die empfundene Legitimität des Containerns wird dadurch unterstützt, dass die Illegalität des Containerns in der Praxis nicht spürbar wird, da das Containern häufig toleriert und nur in Ausnahmefällen strafrechtlich verfolgt wird. Ein Grund für diese Duldung und damit inkonsequenten Durchsetzung der bestehenden Gesetzeslage durch die Supermarktleitungen und die Polizei kann in der von den Mülltauchern und Mülltaucherinnen auf den ungeschriebenen Regeln des Containerns aufbauenden selbst auferlegten Zurückhaltung gesehen werden. Wie die Daten aus den Interviews und der Onlinebefragung gezeigt haben, stellt das Aufbrechen von Schlössern für die meisten Mülltaucher und Mülltaucherinnen ein Tabu dar, wohingegen das Überwinden von Zäunen oder anderweitigen Absperrungen akzeptiert und praktiziert wird, wodurch dem Grundsatz, durch das Containern niemandem zu schaden, Rechnung getragen wird. Insgesamt führt die bestehende Situation beim Containern dazu, dass über die Sinnhaftigkeit und Notwendigkeit einer Legalisierung des Containerns unter den praktizierenden Mülltauchern und Mülltaucherinnen kontrovers diskutiert wird.

Die als *Vergemeinschaftung an der Mülltonne* umschriebene Perspektive stellt die soziale Funktion des Containerns in den Mittelpunkt. Aus dem Interviewmaterial und den Daten der Onlinebefragung wurde deutlich, dass durch das Containern soziale Beziehungen außerhalb des Freundeskreises entstehen, die getragen werden durch ein allgemeines Wir-Gefühl unter den Mülltauchern und Mülltaucherinnen. Dies zeigt sich beispielsweise im praktischen Umgang miteinander beim Containern, indem u.a. aus Rücksicht auf nachfolgende Mülltaucher und Mülltaucherinnen nur die Lebensmittel mitgenommen werden, die auch verbraucht werden können. Des Weiteren kristallisiert sich der Ort, an dem sich die Container befinden, zum sozialen Treffpunkt heraus, an dem sich Mülltaucher und Mülltaucherinnen ohne vorherige Absprache begegnen. Ausdruck der Vergemeinschaftung und der emotionalen Verbundenheit untereinander ist das Teilen, das von zentraler Bedeutung beim Containern ist. Das Teilen von Lebensmitteln wie auch Informationen besitzt auf der einen Seite praktische Relevanz, indem so etwaige Konkurrenzsituationen unter den Mülltauchern und Mülltaucherinnen abgeschwächt und insgesamt die Verwendungsrate der Lebensmittel erhöht werden. Auf der anderen Seite ist das Teilen auch Teil des Selbstverständnisses der Mülltaucher und Mülltaucherinnen, was sich schon darin zeigt, dass es zu den in der Beschreibung des Forschungsgegenstands (Abschnitt 1.1.) erwähnten ungeschriebenen Regeln des Containerns gehört. Darüber hinaus ist in Zusammenhang mit den Daten aus der Onlinebefragung tiefergehend das Containern in Begleitung untersucht worden. Hierbei stellte sich heraus, dass 50 Prozent der Mülltaucher und Mülltaucherinnen meist oder immer in Begleitung containern gehen, wobei Frauen und Personen mit einem größeren monatlichen Budget dies häufiger tun, wohingegen ältere Aktivisten und Aktivistinnen, sowie solche, die mit ihrer finanziellen Lage eher zufrieden sind, vermehrt alleine containern gehen. Dies trifft auch auf Personen zu, die den Einsatz von Gewalt unter bestimmten Voraussetzungen als legitim erachten und für die das Containern Teil ihrer Identität ist. Dieser letztgenannte Zusammenhang lässt sich dahingehend interpretieren, dass Mülltaucher und Mülltaucherinnen, die eher alleine containern gehen, stark intrinsisch motiviert sind und daher die externe Motivation durch das Mitkommen anderer keinen Effekt auf die Häufigkeit des Containerns besitzt.

Der Häufigkeit des Containerns als zentrale abhängige Variable der statistischen Analysen wurde ein eigenständiger Abschnitt gewidmet, jedoch ist dieser in engem Zusammenhang mit den sich anschließenden Abschnitten zu den Aktivitätsmaßen zu sehen. Rein deskriptiv ist zunächst einmal festzuhalten, dass die von den Mülltauchern und Mülltaucherinnen in der Onlinebefragung berichtete Häufigkeit des Containers eine unerwartet große Varianz aufweist (siehe Abbildung A2 im Anhang). Zwar gehört die Mehrheit der Befragten zu den besonders aktiven Mülltauchern und Mülltaucherinnen, da sie laut Selbstangaben mehrmals die Woche bis täglich containern gehen, doch es haben auch einige Gelegenheitsmülltaucher und -mülltaucherinnen teilgenommen, die beispielsweise nur einmal in Monat oder seltener containern gehen. Für die Perspektive *Häufigkeit des Containerns* war es nun zentral mögliche Erklärungen für die festgestellte Varianz in der Häufigkeit des Containerns zu untersuchen. Dabei wurden neben jahreszeitlichen Effekten und das den Mülltauchern und Mülltaucherinnen zur Verfügung stehende Zeitbudget insbesondere der Gruppenbezug und der Zusammenhang zwischen der Häufigkeit und dem Anteil containerter Lebensmittel am Lebensmittelbedarf betrachtet. In Bezug auf das Containern in Gemeinschaft hat sich gezeigt, dass Personen, die häufiger in Begleitung containern gehen, insgesamt seltener containern. Was auf den ersten Blick ein überraschendes Ergebnis darstellt und den Beobachtungen von Grewe (2017) widerspricht, lässt sich mit dem bestehenden Organisationsaufwand beim Containern in Begleitung und der im Zuge der Vergemeinschaftung thematisierten höheren intrinsischen Motivation von Mülltauchern und Mülltaucherinnen, die ohne Begleitung containern, erklären. Der zweite Aspekt, der unter der Perspektive *Häufigkeit* intensiver beleuchtet wurde, betrifft den Zusammenhang zwischen der Häufigkeit des Containerns und dem durch das Containern gedeckten Anteil des Lebensmittelbedarfs. Die Daten aus der Onlinebefragung lassen diesbezüglich erkennen, dass bei häufigem Containern ein größerer Anteil des Lebensmittelbedarfs gedeckt wird. Damit kann, wie konzipiert, die Häufigkeit des Containerns als Gradmesser für Intensität betrachtet und nicht wie von Vinegar et al. (2016) angenommen auf die unterschiedliche Einbindung des Containerns in den Alltag zurückgeführt werden.

In Ergänzung und zur Kontrastierung wurde die Häufigkeit des Containerns als illegale Handlung mit den drei legalen Aktivitätsmaßen *Handlungen in den letzten 12 Monaten*, *Aktivitäten gegen Lebensmittelverschwendung* und *Mitgliedschaft in einer Organisation* in Hinblick auf soziodemographische, motivationale und theoriegeleitete Einflussfaktoren analysiert.

Die soziodemographische Perspektive erlaubt es zu prüfen, welche personenbezogenen Merkmale Einfluss auf die vier Aktivitätsmaße besitzen. Für die Häufigkeit des Containerns als illegales Aktivitätsmaß hat sich gezeigt, dass ältere Mülltaucher und Mülltaucherinnen sowie solche, die sich selbst einer unteren gesellschaftlichen Position zugehörig fühlen, häufiger containern gehen. Für die drei übrigen legalen Aktivitätsmaße haben sich verschiedene statistisch signifikante Effekte ergeben, zu denen insbesondere gehört, dass Frauen sowie politisch Interessierte eine größere Zahl an Handlungen gegen Lebensmittelverschwendung in den letzten 12 Monaten ausgeführt haben. Interessant zu berichten ist ferner, dass sowohl politisch interessierte als auch politisch links orientierte Mülltaucher und Mülltaucherinnen eher Mitglieder in Organisationen sind, weil dies Einblicke gewährt in die Ausrichtung der ansonsten unbekannten Organisationen. Neben den erwähnten signifikanten Effekten erscheint es lohnenswert auch einen Blick auf diejenigen soziodemographischen Faktoren zu werfen, für die kein statistisch signifikanter Effekt festgestellt wurde. Dass sowohl die subjektive als auch die objektive finanzielle Lage der Mülltaucher und Mülltaucherinnen keinen Einfluss auf das Ausmaß des legalen wie illegalen Engagements gegen Lebensmittelverschwendung zu haben scheint, ist hier besonders zu betonen, entkräftet es doch ein in Diskussionen häufig zu hörendes Vorurteil, dass das Containern ein Zeichen von Armut sei. Insgesamt bleibt dennoch zu konstatieren, dass nur für wenige soziodemographische Faktoren ein signifikanter Einfluss auf die Aktivitätsmaße nachgewiesen werden konnte, es folglich andere Bestimmungsfaktoren mit einem größeren Erklärungspotential geben muss.

Aus der Perspektive der Motive heraus die vier verschiedenen Aktivitätsmaße zu betrachten, hat sich als inhaltlich informativ, aber im statistischen Sinne als wenig belastbar gezeigt. Zwar sind viele der bivariat festgestellten statistisch signifikanten Effekte plausibel, zu nennen sind in dem Zusammenhang insbesondere die vom Motiv des Geldsparens moderierten Effekte (positiver Effekt auf die Häufigkeit des Containerns, negative Effekte zu den übrigen drei Aktivitätsmaße), jedoch hält die überwiegende Anzahl dieser Effekte einer multivariaten Überprüfung nicht stand, sodass sich daraus keine Verallgemeinerung ableiten lässt. Den Befund der sich multivariat auflösenden signifikanten Effekte lässt sich als Beleg dafür sehen, dass die abgefragten Motive eng miteinander verbunden sind, sodass sie sich im multivariaten Fall gegenseitig aufheben. Was sich für die statistische Beurteilung der Ergebnisse als unzufriedenstellend beschreiben lässt, bestätigt auf der anderen Seite die aus den Interviews gezogenen Schlüsse, dass es für das Containern nicht ein einzelnes bestimmendes Motiv gibt, sondern eine Vielzahl sich gegenseitig überlagernde und zwischen Altruismus und Egoismus zu verortende Motive vorherrschen. Carolsfeld & Erikson (2013, S. 256) drücken dies wie folgt aus: »Broadly speaking, dumpster diving […] is a practice that serves biological, practical, ideological, and social purposes«.

Neben soziodemographischer und motivationaler Perspektive werden die vier Aktivitätsmaße weiterführend auch anhand der sechs theoriegeleiteten Bestimmungsfaktoren *Politischer Einfluss*, *Politische Entfremdung*, *Wahrgenommene Legitimität von Gewalt*, *Soziale Norm*, *Persönliche Norm* und *Identität* analysiert. Die Ergebnisse der Onlinebefragung von Aktivisten und Aktivistinnen haben dabei ergeben, dass die Identität – das Containern als wichtiger Teil des Selbstbildes – einen statistisch signifikant positiven Effekt auf den Grad des Aktivismus gemessen an der Häufigkeit des Containerns besitzt. Damit bestätigt sich durch die empirischen Befunde die diesbezüglich aufgestellte Vermutung, dass Mülltaucher oder Mülltaucherinnen, die das Containern als Teil ihrer Identität betrachten, ein stärkeres Engagement zeigen als jene, für die das Containern nicht Teil der eigenen Identität ist. Während dieser Zusammenhang aufgrund der Verhaltensspezifität des Konzepts zu erwarten war, gilt dies nicht im selben Maß für den ebenfalls empirisch nachweisbaren statistisch signifikant positiven Effekt der wahrgenommenen Legitimität von Gewalt auf die Häufigkeit des Containerns. Damit hat sich auch diese auf das allgemeine Konzept der wahrgenommenen Legitimität von Gewalt bezogene Hypothese bewahrheitet, dass eine hohe wahrgenommene Legitimität von Gewalt zu einem stärkeren Engagement als Mülltaucher oder Mülltaucherin führt. Dass für die übrigen in dieser Forschungsarbeit betrachteten Bestimmungsfaktoren keine statistisch signifikanten Effekte auf die Häufigkeit des Containerns feststellbar sind, kann womöglich darauf zurückgeführt werden, dass im Fokus dieser Analysen nicht die grundsätzliche Entscheidung stand, ob jemand containern geht oder nicht, sondern das Ausmaß des Containerns betrachtet wurde. Mit Blick auf die legalen Handlungen haben die Analysen statistisch signifikant positive Effekte des wahrgenommenen politischen Einflusses auf die Aktivitätsmaße *Handlungen in den letzten 12 Monaten* und *Aktivitäten gegen Lebensmittelverschwendung* ergeben, die so zu interpretieren sind, dass Mülltaucher und Mülltaucherinnen, die eher davon überzeugt sind, dass das Engagement gegen Lebensmittelverschwendung etwas (politisch) bewirkt, abseits des Containerns stärker auf legale Aktivismusformen zurückgreifen. Diese Erkenntnis ist zusammengenommen mit dem ebenfalls feststellbaren statistisch signifikant positiven Effekt der persönlichen Norm auf die Anzahl der in den letzten 12 Monaten ausgeführten Handlungen insbesondere deshalb interessant, weil diese Bestimmungsfaktoren einen Effekt auf das Ausmaß legaler Handlungen gegen Lebensmittelverschwendung haben, aber nicht auf das Ausmaß der illegalen Handlung des Containerns. Dies kann als grundsätzliche Bestätigung dafür gesehen werden, dass sich legaler und illegaler Aktivismus, wie u.a. auch von DiGrazia (2014) auf Grundlage von Daten des World Value Surveys beobachtet, durch unterschiedliche Faktoren erklären lassen. Für das vierte Aktivitätsmaß, die Mitgliedschaft in einer Organisation, wurde festgestellt, dass Mülltaucher und Mülltaucherinnen, die eine moralische Verpflichtung zum Engagement gegen Lebensmittelverschwendung empfinden und Gewalt in bestimmten Situationen für legitim erachten, häufiger Mitglieder in Organisationen sind. Während auf die Schwierigkeiten bei der Deutung des Effektes der wahrgenommenen Legitimität von Gewalt bereits eingegangen wurde, eröffnet der Zusammenhang zwischen persönlicher Norm und Mitgliedschaft in einer Organisation Raum zur Interpretation. Der Befund, dass Mülltaucher und Mülltaucherinnen mit einer subjektiv empfundenen moralischen Pflicht, etwas gegen die Lebensmittelverschwendung zu unternehmen, sich vermehrt Organisationen anschließen, lässt sich womöglich damit begründen, dass man dadurch erhofft, effektiver gegen die Lebensmittelverschwendung ankämpfen zu können. Neben dieser auf Pragmatismus beruhenden Erklärung kann die Mitgliedschaft in einer Organisation auch Ausdruck einer Suche nach Gleichgesinnten sein, wodurch die von der persönlichen Norm ausgehende intrinsische Motivation durch die sozialen Normen innerhalb der Organisation extrinsisch ergänzt wird.

Die Ergebnisse der Vignetten-Experimente in den Onlinebefragungen der Mülltaucher und Mülltaucherinnen sowie der Bevölkerung weisen deutliche Parallelen auf, weshalb sie in dieser Schlussbetrachtung zusammen dargestellt werden und zwar nacheinander zunächst in Bezug auf den Grad der Befürwortung und anschließend mit Blick auf die Teilnahmewahrscheinlichkeit bzw. Teilnahmebereitschaft.

Rein deskriptiv und ohne Berücksichtigung der Situationsmerkmale befürwortet die Mehrheit der befragten Mülltaucher und Mülltaucherinnen die beschriebene Containersituation. Der Anteil der Bevölkerung, der eine starke oder sehr starke Befürwortung der Situationsbeschreibung bekundet, fällt erwartungsgemäß niedriger aus, liegt mit 45 Prozent aber erstaunlich hoch, sodass in Anbetracht der Tatsache, dass weitere 30 Prozent eine mittlere Befürwortung bekundet haben, von einer hohen generellen Akzeptanz für das Containern in der Bevölkerung ausgegangen werden kann. Mit Blick auf die Situationsmerkmale haben beide Vignetten-Experimente ergeben, dass das Eindringen in einen umzäunten Bereich und das Aufbrechen von verschlossenen Containern sich negativ auf den Grad der Befürwortung auswirkt. Konträr dazu sind für die Situationsmerkmale *Wachdienst* und *Polizei* keinerlei signifikante Effekte auf den Grad der Befürwortung zu berichten, sodass sich zusammenfassen lässt, dass für Aktive wie Passive die Vorgehensweise beim Containern entscheidend für die Befürwortung ist und ein möglicher Kontakt zu Wachdiensten oder der Polizei keinen oder nur einen sehr geringen Abschreckungseffekt darstellt. Diese unerwartete Deutlichkeit und Konsistenz der Effekte, die auch unter Kontrolle der Interaktionseffekte unter den Situationsmerkmalen bestand haben, lassen sich in mit den Erkenntnissen aus der vorangegangenen Perspektive *Illegalität des Containerns* allerdings nur bedingt in Zusammenhang bringen. So hat sich zwar bereits dort gezeigt, dass das Aufbrechen von Schlössern von den meisten Mülltauchern und Mülltaucherinnen nicht toleriert wird. Das Überwinden von Zäunen hingegen lässt sich auf Grundlage des Interviewmaterials als akzeptierte und praktizierte Handlung beschreiben und steht damit im Widerspruch zu dem Ergebnis des Vignetten-Experiments. Eine mögliche Erklärung für diese Diskrepanz könnte in der Selektivität der Interviewpartner und -partnerinnen liegen. Durch die Interviews werden subjektive Sinngehalte bestimmbar, die aber nur in begrenztem Ausmaß auf die Mülltauchenden allgemein zutreffen müssen, sodass sich aus meiner Perspektive folgende Kernbotschaft formulieren lässt: Das Containern wird dann sowohl von den Mülltauchenden selbst als auch von der Bevölkerung befürwortet, wenn ungehinderter Zugang, gleichbedeutend mit reduziertem Aufwand und geringstmöglichem Gesetzesübertritt, zu den Containern besteht.

Weitere bedeutsame Parallelen zwischen den beiden Onlinebefragungen ist in Bezug auf die erklärenden Variablen festzustellen. Sowohl bei den Mülltauchern und Mülltaucherinnen als auch bei der Bevölkerung wirkt sich das Ausmaß der wahrgenommenen Legitimität von Gewalt positiv auf den Grad der Befürwortung aus. Darüber hinaus gibt es mehrere soziodemographische Bestimmungsfaktoren, für die sich in beiden Onlinebefragungen ein statistisch signifikanter Effekt auf den Grad der Befürwortung nachweisen lässt, wobei nicht in der Konsistenz über alle Modelle hinweg wie bei der wahrgenommenen Legitimität von Gewalt. Dazu zählen insbesondere die politische Orientierung und das politische Interesse, für die statistisch signifikant positive Effekte auf den Grad der Befürwortung festgestellt wurden, was zusammengenommen betrachtet bedeutet, dass Personen, ungeachtet davon, ob sie containern gehen oder nicht, mit einer linksgerichteten politischen Orientierung, einem allgemeinen Interesse für Politik und für die Gewalt unter bestimmten Umständen für ein legitimes Mittel darstellt, dem Containern aufgeschlossener gegenüberstehen.

Die sich für die Teilnahmewahrscheinlichkeit bzw. -bereitschaft aus den Daten der Onlinebefragungen ergebenden Zusammenhänge weisen deutliche Parallelen zur Befürwortung auf, sodass ein in sich kohärentes Gesamtbild des Containerns durch die Vignetten-Experimente entsteht. Deskriptiv betrachtet, schätzt die Mehrheit der befragten Mülltaucher und Mülltaucherinnen die eigene Teilnahme an der im Vignetten-Experiment beschriebenen Situation als wahrscheinlich oder sehr wahrscheinlich ein. Dem gegenüber stehen nur oder immer hin, je nach Perspektive, etwa 10 Prozent der Bevölkerung, die sich eine eigene Teilnahme gut oder sehr gut vorstellen kann. Es lässt sich vermuten, dass verschiedene mit dem Containern verbundene Aspekte eine abschreckende Wirkung auf Nicht-Aktive ausübt. Zu nennen sind in diesem Zusammenhang u.a. die Illegalität des Containerns und die mit Sicherheit vorhandene Skepsis bezüglich der Lebensmittelsicherheit der aus den Containern stammenden Lebensmittel. Bei Berücksichtigung der Situationsmerkmale ergeben sich im Vignetten-Experiment der Mülltaucher und Mülltaucherinnen sowohl für das Eindringen in einen umzäunten Bereich als auch für das Aufbrechen von verschlossenen Containern negative Effekte auf die Teilnahmewahrscheinlichkeit, wohingegen in der Onlinebefragung der Bevölkerung ein solcher Effekt nur in Bezug auf das Aufbrechen von Schlössern feststellbar ist. In Anbetracht dessen, dass auch für die Teilnahme kein signifikanter Einfluss von einem Kontakt mit einem Wachdienst oder der Polizei ausgeht, ist der nicht existente signifikante Effekt des Überwindens von Zäunen auf die Teilnahmebereitschaft der Bevölkerung der einzig feststellbare auf Situationsmerkmale zurückzuführende Unterschied zwischen den beiden Onlinebefragungen. Dies gilt es insbesondere deshalb zu betonen, da es zum einen verdeutlicht, wie ähnlich sich die Perspektiven der Bevölkerung und der Mülltaucher und Mülltaucherinnen sind, und zum anderen, weil intuitiv nicht zu erklären ist, warum ausgerechnet die unbeteiligte Bevölkerung das Überwinden von Zäunen im Zuge des Containerns für unproblematisch hält, wohingegen dies für die Aktiven selbst ein bedeutsames Kriterium darstellt bei der Überlegung selbst teilzunehmen. Dass die Frage, ob man durch einen Wachdienst oder von der Polizei entdeckt wird, zu keiner statistisch signifikanten Veränderung der Teilnahmewahrscheinlichkeit bei den Mülltauchern und Mülltaucherinnen führt, lässt sich möglicherweise dadurch erklären, dass nur wenige überhaupt schon einmal Kontakt mit Wachdiensten oder Polizei gehabt haben bzw. wenn es zu einem Kontakt gekommen ist, es bei einer Ermahnung blieb. Daher ist der in der Vignette beschriebene Kontakt für die Mülltaucher und Mülltaucherinnen zwar theoretisch vorstellbar, aber aufgrund ihrer Erfahrung wenig wahrscheinlich. Warum bei der Bevölkerung allerdings auch kein Abschreckungseffekt festzustellen ist, bleibt weiterhin offen.

Die meisten der bereits für den Grad der Befürwortung identifizierten zentralen erklärenden Variablen besitzen auch in Bezug auf die eigene Teilnahme Gültigkeit. So wirkt sich erneut sowohl bei den Mülltauchern und Mülltaucherinnen als auch bei der Bevölkerung das Ausmaß der wahrgenommenen Legitimität von Gewalt positiv auf die Teilnahmewahrscheinlichkeit bzw. -bereitschaft aus, sodass sich konstatieren lässt, dass diese theoriegeleitete Variable neben den Situationsmerkmalen der Vignette von zentraler Bedeutung ist für die Erklärung der Ergebnisse der Vignetten-Experimente einerseits und andererseits aufgrund des ebenfalls festgestellten Einflusses der wahrgenommenen Legitimität von Gewalt auf die Häufigkeit des Containerns für die Ergebnisse zum Containern insgesamt. Ebenfalls in Analogie zur Befürwortung kann auch für die Teilnahme ein statistisch signifikant positiver Effekt einer linksgerichteten politischen Orientierung festgestellt werden. Neu hinzugekommen und die Perspektive auf die Einflussfaktoren des Containerns erweiternd sind die in beiden Onlinebefragungen sich ergebenden statistisch signifikant negativen Effekte der subjektiv eingeschätzten Position in der Gesellschaft, die dahingehend zu interpretieren ist, dass Aktive wie Passive, die sich selbst einer oberen Gesellschaftsschicht zuordnen, eher nicht an der beschriebenen Situation teilnehmen würden. Als Erklärung dafür ist zumindest in Bezug auf die Bevölkerung die mögliche Sorge um einen durch das Containern hervorgerufene Statusverlust anzuführen, was zusammengenommen mit dem ebenfalls für die Bevölkerung festgestellten statistisch signifikant negativen Effekt der subjektiven Finanzlage zur verallgemeinernden Feststellung führt, dass wer viel zu verlieren hat, nicht selbst containern gehen würde. Dies mag darüber hinaus als Bestätigung dafür gesehen werden, dass das Containern wie in verschiedenen Studien beschrieben (u.a. Nguyen et al. 2014; Savio 2017) eine stigmatisierte Handlung ist. Gleichzeitig ist diese Deutung vor dem Hintergrund der großen Befürwortung für das Containern in Frage zu stellen, was den Schluss nahelegt, dass dieses Stigma nicht bzw. nicht mehr in allen Bevölkerungsschichten zu bestehen scheint.

Die beiden Vignetten-Experimente haben nicht nur inhaltlich spannende Erkenntnisse geliefert, sondern sind aufgrund der jeweils beobachtbaren Effekte der Fragenreihenfolgen auch methodisch interessant. Während bei den Mülltauchern und Mülltaucherinnen die Erstbeantwortung der Frage zur Teilnahme einen statistisch signifikant positiven Effekt auf den Grad der Befürwortung hat, sprich eine stärkere Befürwortung ausgedrückt wird, ist in Bezug auf die Bevölkerung ein umgekehrter Effekt feststellbar, der so zu interpretieren ist, dass der Grad der Befürwortung für die beschriebene Situation geringer ausfällt, wenn zunächst nach der Vorstellbarkeit einer eigenen Teilnahme gefragt wird. Dieser Befund verdeutlicht wie viele vorangegangene Studien (u.a. Willits & Saltiel 1995; Tourangeau et al. 2003; Liebe & Jahnke 2017), dass die Fragereihenfolge einen Einfluss auf das Antwortverhalten von Befragten hat und sich damit verzerrend auf die Befragungsergebnisse auswirken kann. Um sich dieser Anfälligkeit durch Reihenfolgeeffekte bewusst zu werden, sind Vignetten-Experimente mit randomisierter Anordnung der Fragen ein hilfreiches Instrument.

Insgesamt betrachtet hat sich die in diesem Forschungsprojekt praktizierte wechselseitige Inbezugnahme von qualitativen und quantitativen Daten als sehr bereichernd erwiesen. Durch die themenbezogenen Forschungsdesigns war es mir möglich die Methode individuell für die untersuchten acht Perspektiven des Containerns anzupassen, was sich ergebnisbezogen darin äußert, dass einmal die qualitativen Interviewdaten, ein anderes Mal die quantitativen Daten der Onlinebefragungen im Vordergrund standen, jedoch im Zusammenspiel stets dazu geführt hat, die Argumentationen und das Verhalten der Mülltaucher und Mülltaucherinnen besser zu verstehen. Dieses durch die Mixed Methods erlangte vertiefte Verständnis, davon bin ich überzeugt, bietet großes und bislang nicht konsequent genutztes Potential für die sozialwissenschaftliche Forschung allgemein und für explorative Studien zu kleinen gesellschaftlichen Subgruppierungen im Speziellen.

Schließlich bleibt kritisch zu hinterfragen, welche Wirkung das Containern auf die Reduktion der Lebensmittelverschwendung im Allgemeinen hat. Rein statistisch gesehen sind die Hauptverursacher der Lebensmittelverschwendung nicht die Supermärkte, sondern die Privathaushalte. Schätzungen zufolge fallen 61 Prozent der Lebensmittelabfälle in den Privathaushalten an und nur fünf Prozent im Handel. Die verbleibenden 34 Prozent werden zu gleichen Teilen der Industrie und den Großverbrauchern zugerechnet (ISWA 2012). In den qualitativen Interviews haben einige Interviewpartner und -partnerinnen die Prognose formuliert, dass es sich beim Containern nur um ein Übergangsphänomen handelt, dass primär den Zweck des Wachrüttelns und Sensibilisierens der Gesellschaft verfolgt, aber nicht das Potential besitzt, in großem Maßstab etwas zu verändern. Die Ergebnisse dieser Studie deuten an, dass Conatinern anders als z.B. der Konsum von Fair Trade Produkten (siehe Rössel & Schenk 2018) in einen weiter gefassten Aktivismus auf Basis von legalen Protesthandlungen gegen Lebensmittelverschwendung eingebettet ist. Die breite Unterstützung der Allgemeinbevölkerung für das Containern legt dabei auch eine hohe Akzeptanz und ein gewisses Durchsetzungspotenzial von Alternativen wie Foodsharing nahe, die durch selbstbefähigtes Handeln der Zivilgesellschaft getragen werden. Vorbildfunktion in dieser Hinsicht kann Dänemark einnehmen, wo man es nicht nur geschafft hat, innerhalb von fünf Jahren die Lebensmittelverschwendung um 25 Prozent zu reduzieren, sondern gleichzeitig auch ein Kulturwandel in der Gesellschaft stattgefunden hat, sodass eine Lebensmittelaktivistin 2014 zur Dänin des Jahres gekürt werden konnte (Hell 2016).

5.2 Limitationen

Diese Forschungsarbeit zum Containern in Deutschland ist wie bereits mehrfach erwähnt eine in weiten Teilen explorative Studie, weshalb hierbei nicht auf thematisch erprobtes Methodenwerkzeug zurückgegriffen werden konnte. Daher ist es mir wichtig an dieser Stelle pointiert auf einige methodische wie inhaltliche Limitationen dieser Arbeit hinzuweisen.

Ein in diesem Zusammenhang zu nennender Aspekt ist das Sampling. Wie bereits bei der Beschreibung der Datenerhebung (Abschnitt 3.3.) erwähnt, wurde zur Rekrutierung der Mülltaucher und Mülltaucherinnen für die Interviews und die Onlinebefragung die Schneeball-Sampling-Methode verwendet. Das daraus resultierende willkürliche und selbstselektive Befragtensample ist zwar durch inhaltliche Konsistenz gekennzeichnet und an die vorhandene Literatur zum Containern anknüpfbar, ist damit aber nichtsdestotrotz keine Zufallsauswahl, auf dessen Grundlage sich verallgemeinernde Schlüsse über die Gesamtpopulation der Mülltaucher und Mülltaucherinnen ziehen ließen. Die Entscheidung für die Schneeball-Sampling-Methode beruht auf der Annahme, dass es sich beim Containern um einen Forschungsgegenstand handelt, der durch sogenanntes abweichendes Verhalten (deviant behavior) gekennzeichnet ist und infolgedessen sich die Mülltaucher und Mülltaucherinnen als spezielle bzw. versteckte Population (hidden population) beschreiben lassen, was wiederum den Einsatz spezieller Sampling-Methoden erforderlich machen (Diekmann 2009). Bei der Schneeball-Sampling-Methode, die zu den aufsteigenden Auswahlmethoden gehört (Van Meter 1990), wird der Umstand ausgenutzt, dass Mitglieder spezieller Populationen miteinander netzwerkartig verbunden sind, sodass ausgehend von einer begrenzten Anzahl an Startpersonen weitere Personen für das Forschungsprojekt rekrutiert werden können. Diese zugrundeliegende Logik der Schneeball-Methode ist jedoch mit verschiedenen Risiken verbunden, die auch für die hier vorliegende

Forschungsarbeit relevant sind. Zum einen kommt den ausgewählten Startpersonen, die häufig eine Art Gatekeeper-Funktion für den Feldzugang einnehmen, eine entscheidende Bedeutung zu (Gabler 1992), schließlich entscheiden sie, wen sie aus ihrem Netzwerk als mögliche weitere Studienteilnehmende nennen bzw. an wen sie die zur Teilnahme berechtigenden Informationen weiterleiten, was sie laut Biernacki & Waldorf (1981, S. 153) zu »research assistants« werden lässt. Zum anderen, bedingt durch das Ausnutzen des Netzwerkcharakters, birgt die Schneeball-Sampling-Methode die Gefahr, dass isoliert agierende bzw. weniger stark vernetzte Personen im Sample unterrepräsentiert sind, was insbesondere dann problematisch ist, wenn diese sich in Bezug auf forschungsfragenrelevante Merkmale, wie beispielsweise Soziodemographie oder Einstellungen, vom Rest unterscheiden, da es so zu Verzerrungen der Ergebnisse kommt (Sudman & Kalton 1986). Das Ausmaß dieser Verzerrungen in der vorliegenden Studie zum Containern in Deutschland lässt sich nur schwer abschätzen, jedoch wurde versucht diesen unerwünschten Effekt zu minimieren, indem bei der Rekrutierung der Interviewpartner und -partnerinnen neben persönlichen Kontakten auch bestehende Netzwerke der interviewten Experten und Expertinnen genutzt wurden, wodurch sowohl die geographische Reichweite als auch die soziodemographische Varianz erhöht werden konnte. Über diese durch das persönliche Gespräch vorbereiteten »research assistants« wurde zunächst auch der Link zur Onlinebefragung verbreitet, erst als durch diese Kanäle keine weiteren Teilnehmenden mehr zu gewinnen waren, wurde durch Einträge in sozialen Netzwerken auf die Onlinebefragung aufmerksam gemacht und versucht Nutzer und Nutzerinnen zur Teilnahme zu animieren. Durch diesen Schritt konnte zwar die Reichweite noch einmal vergrößert werden, jedoch erhöhte dies gleichzeitig die Anfälligkeit für unseriöse Teilnahmen und infolgedessen Verzerrungen der Daten.

Ein weiterer Aspekt, der im Hinblick auf die Qualität der erhobenen Daten zu berücksichtigen ist, stellt die Möglichkeit von Verzerrungen durch sozial erwünschtes Antwortverhalten dar.[41] Während das Thema *soziale Erwünschtheit* ein Standardproblem sozialwissenschaftlicher Forschung ist, kann in Bezug auf das spezifische Forschungsfeld Mülltauchen argumentiert werden, dass es hier von besonderer Bedeutung ist, da es sich dabei, wie mehrfach betont, nach deutscher Rechtslage um eine Straftat handelt. Dieser Umstand könnte der Anlass dafür sein, dass je nach sozialem Umfeld Praktiken wie Schlösseraufbrechen oder das Überwinden von Zäunen verschwiegen, klein geredet oder aber übertrieben dargestellt werden. Neben diese

[41] Für einen guten Überblick zum Stand der Forschung zum Thema *soziale Erwünschtheit* siehe Kapitel 2.2 in Wolters (2012).

durch die Illegalität des Containerns begünstigte Verzerrung, ist sozial erwünschtes Antwortveralten auch in Bezug auf die Motivlage denkbar. So deutet bereits Grewe (2017, S. 219) darauf hin, dass das Containern bisweilen »stärker als Protest [...], anstatt als Möglichkeit, sich umsonst zu ernähren« dargestellt wird, wodurch altruistische Motive betont und individuelle Vorteile heruntergespielt werden sollen. Ähnlich wie bei den angesprochenen durch das Sampling bedingten Verzerrungen lässt sich auch für die soziale Erwünschtheit das Ausmaß nicht genau ermitteln, jedoch ist zumindest in Hinblick der möglicherweise verzerrten Motivlage festzuhalten, dass sich die Motive durch das Hinzuziehen von soziodemographischer oder theoriegeleiteter Faktoren häufig gut plausibilisieren lassen. So ist beispielsweise für Personen, die mit ihrer finanziellen Lage unzufrieden sind, das Motiv *Geld sparen* bedeutsamer als für andere. Dass dies kein Beleg für unverzerrte Ergebnisse ist, steht außer Frage, aber es deutet zumindest auf ein konsistentes Antwortverhalten hin, was dennoch insgesamt systematisch verzerrt sein kann.

Nach diesen zwei das gesamte Forschungsprojekt betreffenden Limitationen gilt es nun auf einige spezifische Aspekte der Variablenkonstruktion hinzuweisen, an denen in dieser Forschungsarbeit Vereinfachungen vorgenommen wurden. So wurden die aus den Interviews herausgearbeiteten Motive für die gestützte Abfrage im Rahmen der Onlinebefragung verkürzt und paraphrasiert, wodurch es zwangsläufig zu Verallgemeinerungen gekommen ist, die der festgestellten Vielfältigkeit der Motive entgegenstehen. Ferner wird in Bezug auf die theoretischen Bestimmungsfaktoren stets von einseitig kausalen Zusammenhängen ausgegangen, was, wie sich beispielsweise deutlich beim Bestimmungsfaktor *Soziale Norm* zeigt, nicht der Realität entsprechen muss. In dieser Forschungsarbeit wird die Annahme getroffen, dass das soziale Umfeld das Verhalten des Mülltauchers bzw. der Mülltaucherin beeinflusst. Denkbar wäre hingegen auch, dass das Verhalten der Aktivisten und Aktivistinnen die Einstellungen des sozialen Umfelds zum Containern verändern.

Weitere Auffälligkeiten dieser Forschungsarbeit, die sich als Limitationen begreifen lassen, sind in Bezug auf die Ergebnisse der statistischen Analysen festzustellen. Dies betrifft insbesondere die wenig signifikanten Regressionsergebnisse in Zusammenhang mit der Erklärung des Ausmaßes des Containerns sowie legaler Aktivitäten gegen Lebensmittelverschwendung (Abschnitt 4.7.). Nur für wenige der standardmäßig betrachteten soziodemographischen Faktoren oder die aus den Interviews abgeleiteten Motive konnte ein statistisch signifikanter Effekt nachgewiesen werden. Dies gilt auch für die aus Opps sozialer Bewegungsforschung (u.a. Opp 1985; Opp & Roehl 1990; Opp 1997, Opp 2009) abgeleiteten theoretischen Bestimmungsfaktoren, wobei man diesbezüglich argumentieren kann, dass bei Opp stets die grundsätzliche dichotome Entscheidung für oder gegen eine Beteiligung an dem jeweiligen sozialen Protest im Mittelpunkt stand, wohingegen hier das Ausmaß des Aktivismus als graduelle Variable untersucht wurde. Den Eindruck der geringen statistischen Signifikanz ergänzend weisen die statistischen Modelle häufig nur eine erklärte Varianz zwischen 10 und 20 Prozent auf,[42] was auch für sozialwissenschaftliche Forschungsprojekte, in denen der Anteil erklärter Varianz generell geringer ausfällt als im Bereich der Naturwissenschaften, unterdurchschnittlich und somit kritisch zu hinterfragen ist. Neben der vielleicht naheliegenden Erklärung, dass in Bezug auf das spezifische Forschungsfeld des Containerns nicht die relevanten Variablen ausgewählt wurden, lässt sich dieser Umstand evtl. auch als Hinweis dafür verstehen, dass die Untersuchungspopulation zu klein und spezifisch war, sodass ein Ausgleich unter den Individualaussagen nicht in dem Maße stattfinden konnte wie in großen Datensätzen. Zusammen mit dem vorherigen Befund der geringen Anzahl signifikanter Regressionsergebnisse bleibt zu konstatieren, dass die betrachteten unabhängigen Variablen weder einzeln noch als Gesamtheit im statistischen Sinne befriedigende Ergebnisse geliefert haben. Dies verdeutlicht einmal mehr, dass es sich bei diesem Forschungsprojekt um eine explorative Studie gehandelt hat, bei der nicht unbedingt zu erwarten gewesen war, flächendeckend signifikante Ergebnisse und einen hohen Modellfit zu erzielen. Vielmehr ist zu betonen, dass aus jedem Bereich (Soziodemographie, Motive, Bestimmungsfaktoren) einzelne Variablen sich aus statistischer Sicht als sehr robust erwiesen haben (siehe z.B. bi- wie multivariat hoch signifikanter positiver Effekt der Identität auf die Häufigkeit des Containerns).

5.3 Ausblick

Nachdem in diesem Schlussabschnitt zunächst die empirischen Ergebnisse zusammengefasst und diskutiert sowie auf inhaltliche wie methodische Limitationen dieser Forschungsarbeit aufgezeigt wurden, soll es nun im Ausblick darum gehen, Prognosen für die Fortentwicklung des Containerns und damit verbundenen Initiativen gegen Lebensmittelverschwendung zu geben und daran anschließend weiteren Forschungsbedarf aufzuzeigen.

[42] Einzig bei den Vignetten-Experimenten der Aktivisten und Aktivistinnen weichen die Werte der erklärten Varianz mit 0,42 bis 0,51 deutlich davon ab, was als Hinweis dafür zu verstehen ist, dass sich durch die Experimentalvariation der Vignettenparameter ein Großteil der Antwortvarianz der Mülltaucher und Mülltaucherinnen erklären lässt.

Die Zukunft des Containerns:

Wie wird sich das Containern in Deutschland in den nächsten Jahren entwickeln? Dass es für diese Frage und den dafür notwendigen Blick in die Kristallkugel keine abschließende und definitive Antwort gibt, steht außer Frage, dennoch lassen sich aus den empirischen Daten sowie den Beobachtungen während des Verlaufs dieses Forschungsprojektes Tendenzen erkennen. Als Ausgangspunkt der Diskussion über die Zukunft des Containerns möchte ich auf die Erwartungen der interviewten Mülltaucher und Mülltaucherinnen zurückgreifen, wie sie zum Zeitpunkt des Gesprächs, sprich in den Monaten Februar bis März 2015, geäußert wurden.

Die Entwicklung des Containerns wird von den interviewten Mülltauchern und Mülltaucherinnen sehr unterschiedlich eingeschätzt. Einige erwarten eine weitere Zunahme an Aktiven, andere wiederum sehen Anzeichen für einen entgegengesetzten Trend, und eine dritte Gruppe schließlich vertritt die Meinung, dass sich keine großen Veränderungen einstellen werden. Entscheidend für die Entwicklung wird der jeweilige Umgang der Supermärkte mit dem Thema sein, wobei hier insgesamt die Prognose zu immer mehr verschlossenen Containern geht.

»Ich glaube, dass noch mehr Supermärkte ihre Tonnen dicht machen werden, im Sinne von, dass du nichts mehr rausholen kannst. Ich denke, dass sich diese Schrottmüllpressen noch mehr etablieren werden.« (Weiblich, Jg. 1991)

Als Reaktion auf die größeren Sicherheitsmaßnahmen seitens der Supermärkte ist für die Mülltaucher und Mülltaucherinnen neben dem Aufhören mit dem Containern auch eine Radikalisierung denkbar.

»Ich glaube, es wird einfach dann auch zu extremeren Reaktionen auf der Containerer-Seite kommen, dass die dann sagen: Okay, komm, wenn ihr jetzt wirklich alles absperrt, dann hole ich halt mal den Bolzenschneider.« (Männlich, Jg. 1988)

Gleichzeitig wurde von den interviewten Mülltauchern und Mülltaucherinnen immer wieder die Hoffnung bzw. der Wunsch geäußert, dass legale Alternativen zum Containern gefunden werden, die sich flächendeckend etablieren. Eine Legalisierung des Containerns ist dabei nur für eine kleine Minderheit eine realistische Option.

»Ich weiß nicht, ob das [Legalisierung des Containerns] das ist, was ich für sinnvoll halte. Weil das wäre ja quasi am Symptom angegriffen. Also ich fände es sinnvoller, wenn Anstrengungen unternommen werden würden, dass es nicht mehr so viel Müll gibt. Ich weiß nicht, ob das in unserem System möglich ist. Das ist die andere Frage. Deswegen, also ich glaube, legalisiertes

Containern ist quasi Foodsharing für mich. Und deswegen, ich wäre froh, wenn mehrere Läden da mitmachen würden beim Foodsharing.« (Männlich, Jg. 1988)

Die zum Zeitpunkt der Interviews im Jahr 2015 von den Mülltauchern und Mülltaucherinnen geäußerte Skepsis über die Realisierbarkeit einer Legalisierung des Containerns hat sich mit Blick auf den aktuellen Stand bewahrheitet. Die Legalisierung des Containerns ist weiterhin umstritten, jedoch nicht vollkommen von der politischen Agenda gestrichen. In den Wahlprogrammen zur Bundestagswahl 2017 wird von den Parteien BÜNDNIS 90/DIE GRÜNEN (2017) und DIE LINKE (2017) eine Legalisierung des Containerns gefordert. Unterstützend dazu wurde im November 2017 eine Online-Petition für die Entkriminalisierung des Containers initiiert, die jedoch nicht genug Personen unterschrieben haben, als dass sich der Bundestag diesem Thema hätte annehmen müssen.[43] Daher wird sich auch in Zukunft an der rechtlichen Situation des Containerns nach meiner Einschätzung nichts verändern.

Als außenstehender Beobachter ohne praktische Containererfahrung, der jedoch die Entwicklungen des Containerns in den vergangenen vier Jahren intensiv verfolgt hat, teile ich in vielerlei Hinsicht die von vielen interviewten Mülltauchern und Mülltaucherinnen als Zukunftserwartung formulierten Thesen und denke, dass sie sich in unterschiedlichen regionalen Kontexten empirisch bewahrheitet haben. So gibt es Regionen, in denen das Containern aufgrund erschwerter Bedingungen oder etablierter Alternativen stark rückläufig ist, wohingegen in anderen Gebieten das Containern noch starken Zulauf erfährt. Vom Standpunkt 2018 betrachtet, ist mein persönlicher Eindruck zur Zukunft des Containerns, dass es sich perspektivisch auf dem Rückzug befinden wird. Zwar schließe ich mich diesbezüglich der Auffassung der interviewten Mülltaucher und Mülltaucherinnen an, dass das Containern nicht vollkommen aufhören wird, da sich ein kleiner werdender Kreis von Mülltauchern und Mülltaucherinnen mit immer radikaleren Mitteln weiterhin Zutritt zu den Supermarktcontainern verschaffen wird um auf diese Weise ihren Lebensmittelbedarf zu decken bzw. ihn zu ergänzen. Weiterhin bin ich der Ansicht, dass das Containern im Zuge von spontanen, evtl. gruppengeleiteten Aktionen weiter fortbestehen wird und sich neue mit dem Containern eng verbundene Formen der Lebensmittelbeschaffung entwickeln werden, wie es beispielsweise bereits beim table diving (Vinegar et al. 2016) oder Bändern (Scheiwe 2016), bei denen jeweils die übrig gebliebenen Reste auf den Tellern in Restaurants oder in der Mensa verzehrt werden, zu beobachten ist.

[43] Die Petition 74584 mit dem Titel »*Eigentumsdelikte - Keine Strafe für die Rettung genießbarer Lebensmittel und verwertbarer Sachen aus Mülltonnen/Sperrmüll*« erreichte bis zum Teilnahmeende am 02.01.2018 statt der notwendigen 50.000 Online-Zeichnungen nur 12.739 (Bundestag 2018).

Einen deutlichen Rückgang erwarte ich allerdings beim routinemäßigen Containern. Hier haben sich, angestoßen durch das Containern und die daraufhin geführte Debatte um Lebensmittelverschwendung, in den letzten Jahren mit Foodsharing und vielen auf diese Idee aufbauenden Initiativen Alternativen etabliert, die das Containern überflüssig machen. So wurden verschiedene Apps[44] entwickelt, die eine möglichst schnelle und einfache Weitergabe von Lebensmitteln ermöglichen sollen. Exemplarisch sei hier die App »Too Good To Go« erwähnt, bei der Restaurants Gerichte kurz vor Ladenschluss zu stark vergünstigten Preisen anbieten. Die von den Betreibern dieser App betonte Win-Win-Situation ergibt sich aus Sicht der teilnehmenden Gastronomiebetriebe daraus, dass damit nicht nur Lebensmittel gerettet, sondern auch Imagepflege und Kundenakquise betrieben werden, was dieses Instrument in meinen Augen praxistauglicher und langfristig erfolgsversprechender erscheinen lässt als die ebenfalls in die Diskussion eingebrachte und zum Teil eingeführte Gebühr für Speisereste auf den Tellern beim Restaurantbesuch (Lange 2016). Einen anderen Weg in Bezug auf Lebensmittelverschwendung hat das Restaurant »Culinary Misfits« in Berlin ausprobiert, in dem ausschließlich Obst und Gemüse verarbeitet wurde, das aufgrund von Äußerlichkeiten als unverkäuflich eingestuft wurde, weshalb es auch keine feste Speisekarte, sondern ein den vorhandenen Zutaten entsprechendes Speiseangebot gab. Während dieses Projekt von den beiden Initiatorinnen 2016 nach zwei Jahren aufgrund unausgeglichener Work-Life-Balance und fehlender Zeit für die Familien beendet wurde, hat der Verein »Restlos Glücklich« die Idee des Restaurants aufgegriffen und veranstaltet nun einmal in Monat einen Dinner-Abend, bei dem nur gerettete Lebensmittel verwendet werden. Die in der Gastronomie feststellbare Dynamik in Bezug auf Lebensmittelverschwendung ist auch in anderen Bereichen feststellbar. So haben sich im Lebensmitteleinzelhandel abseits der vermehrt geschlossenen Kooperationen zwischen Supermärkten und Foodsharing-Initiativen ebenfalls Neuerungen etabliert. Beispielsweise hat eine Supermarktkette in Baden-Württemberg den Versuch gestartet, Lebensmittel, die nicht mehr verkauft werden können, kostenlos abzugeben. Dazu wurden auf dem Gelände der Supermärkte sogenannte Foodsharing-Boxen aufgestellt, die mit Regalen und Kühlschränken ausgestattet sind und regelmäßig vom Supermarkt mit Produkten bestückt werden (Schlichter 2017). Ferner haben in Köln unter dem Namen »The Good Food« und in Berlin als »SirPlus« Geschäfte eröffnet, in denen Lebensmittel angeboten werden, die von Kooperationspartnern aus Landwirtschaft, produzierendem Gewerbe sowie Groß- und Einzelhandel stammen. In diesem Zusammenhang zu nennen sind auch die mittlerweile weiter verbreiteten Bäckerei-Geschäfte, wie die »BrotRetter«

[44] Zu nennen sind hier u.a. »UXA – Die Foodsharing-App«; »ResQ Club App« und »FoodLoop App«.

in Hamburg und Lübeck, in denen Brot und Backwaren vom Vortag zu vergünstigten Preisen angeboten werden.

Während die hier beschriebenen Konzepte allesamt darauf ausgerichtet sind, unverkäufliche und aussortierte Lebensmittel weiterhin für den menschlichen Verzehr bereitzustellen, sie also vor der Verschwendung zu retten und damit Symptome zu bekämpfen, nehmen andere Vorschläge stärker die Ursachen in den Blick mit dem Ziel genießbare Lebensmittel gar nicht erst auszusortieren bzw. wegzuwerfen. Als möglicher Ansatzpunkt wird in diesem Zusammenhang die Deklaration von verarbeiteten Produkten angesehen und speziell über die Modifikation des Mindesthaltbarkeitsdatums, auf dessen Bedeutung im Zusammenhang mit der Lebensmittelverschwendung bereits im Exkurs I hingewiesen wurde, diskutiert. So bedruckt beispielsweise der Discounter Aldi Süd die Verpackungen für Frischmilch testweise mit dem Hinweis »Riech mich! Probier Mich! Ich bin häufig länger gut!« (LebensmittelZeitung 2018a) um damit die Konsumenten dafür zu sensibilisieren, dass es sich bei dem Mindesthaltbarkeitsdatum nicht um ein fixes Enddatum der Verzehrbarkeit handelt, sondern ein Orientierungswert darstellt. Diesen Aspekt aufgreifend schlägt das Kölner Institut für Lebensmittelwertschätzung vor, das bestehende Mindesthaltbarkeitsdatum um ein Mindestverzehrfähigkeitsdatum zu ergänzen, welches auf Grundlage von mikrobiologische Untersuchungen die tatsächliche Verzehrbarkeit von nach dem Mindesthaltbarkeitsdatum abgelaufenen Produkten wiederspiegelt (LebensmittelZeitung 2018b). Dieses in meinen Augen umständliche Verfahren könnte durch den sogenannten Food-Scanner deutlich vereinfacht werden. Mit Hilfe dieses sich noch in der Erprobungsphase befindlichen Scanners soll es Verbrauchern später möglich sein den Reifegrad von Obst und Gemüse sowie die Verzehrbarkeit von sensiblen Lebensmitteln wie Hackfleisch zu bestimmen (Agra-Europe 2018a).

Mit Blick auf die vielen innovativen Ideen rund um das Thema Lebensmittelverschwendung fällt auf, dass die meisten von ihnen auf technischen Neuerungen basieren. Ich halte diesen Ansatz für richtig, weil es sich dabei um niedrigschwellige Angebote handelt, die die Nutzerfreundlichkeit betonen und dem Zeitgeist von maximaler Flexibilität entsprechen. Als »kleine technische Spielerei«[45] können diese Apps und Co. dennoch das Bewusstsein der Nutzer und Nutzerinnen für den Umgang mit Lebensmitteln schärfen, was als unbedingte Voraussetzung anzusehen ist, um tatsächliche Erfolge bei der Reduktion der Lebensmittelverschwendung zu

[45] Der Einsatz »kleiner technischer Spielerein« ist in vielen verschiedenen Bereichen zu beobachten und wird unter dem Begriff *Gamification* diskutiert. Einen guten Überblick zu dem Thema *Gamification* vermittelt das von Stieglitz et al. (2017) herausgegebene gleichnamige Buch.

erzielen. In Analogie zu der von Rombach & Bitsch (2015) angestellten Beobachtung, dass das Containern für viele ein Einstieg darstellt und man sich infolge tiefergehender Beschäftigung mit dem Thema Lebensmittelverschwendung anderen Organisationen anschließt, können diese hier skizzierten Neuerungen dazu verhelfen, dass sich mehr Menschen mit dem Thema Lebensmittelverschwendung beschäftigen, wobei hierbei die unzweifelhaft bestehende Hemmschwelle der Illegalität des Containerns umgangen wird, weshalb diese Angebote für eine breitere Bevölkerungsschicht nutzbar sind. Dennoch können diese Neuerungen nur ergänzende Funktion haben. Wichtiger erscheint es mir durch geeignete Bildungsmaßnahmen in Schule und Kindergarten[46] bereits Kinder für das Thema Lebensmittelverschwendung zu sensibilisieren und ihnen lebensmittelbezogene Kompetenzen zu vermitteln, die es ihnen erlauben, bewusste, ökologisch nachhaltigere Kaufentscheidungen zu treffen und gesunde, wohlschmeckende Mahlzeiten zuzubereiten. Nur wenn das Fundament stimmt, können technische Lösungen ihre volle Wirkung entfalten.

Erste Veränderungen sind womöglich sogar schon spürbar, denn nach meinem Dafürhalten ist die Hemmschwelle Lebensmittel zu konsumieren, die situativ bereits als Abfall deklariert wurden, in den letzten Jahren kontinuierlich gesunken. Dies mag nicht auf alle Verbraucher und Verbraucherinnen zutreffen, doch die häufig beschriebene gestiegene Wertschätzung für Lebensmittel (u.a. BMEL 2018) hat mit dazu beigetragen, dass mit Lebensmitteln sorgsamer umgegangen wird. So gehört nicht nur aus Gründen der Sparsamkeit für viele der Blick in die mittlerweile fast flächendeckend in allen Supermärkten zu findende »Reduziert-Kiste« zur Einkaufsroutine dazu. Ferner ist nach meiner Wahrnehmung, die sich mit der Analyse von Rombach & Bitsch (2015) deckt, die Idee des Foodsharings immer weiter in die Mitte der Gesellschaft gerückt, was wie bereits angedeutet auch eine Erklärung für die unerwartet große Befürwortung für den beschriebenen Containerabend im Rahmen der Onlinebefragung der Bevölkerung sein könnte.

Forschungsbedarf

Trotz der Vielzahl unterschiedlicher Perspektiven, mit denen sich dieses Forschungsprojekt dem Thema Containern in Deutschland genähert hat, bleiben viele Fragen ungeklärt, sodass weiterführende Forschung notwendig erscheint. So lässt sich bislang nicht mit Gewissheit sagen, wann und wie die Praxis des Containerns von den USA nach Deutschland gekommen ist.

---

[46] Beispielhaft sei hier auf das Bildungsprojekt »Wirf mich nicht weg« des Umweltzentrums Hollen verwiesen, dass 2018 im Rahmen der Initiative »Zu gut für die Tonne« mit dem Bundespreis in der Kategorie Bildung ausgezeichnet wurde (Agra-Europe 2018b)

Mittels einer retrospektiven Betrachtung der geographischen Ausbreitung des Containerns könnten möglicherweise Schlüsselereignisse oder -personen identifizieren werden, woran sich der Beginn des Containerns in Deutschland festmachen lässt.

Ein weiterer Aspekt, der in dieser Forschungsarbeit zwar erwähnt, aber aufgrund fehlender Daten nicht vertieft wird, ist der hohe Anteil an Mülltauchern und Mülltaucherinnen, die Mitglieder in politischen, umweltbezogenen oder anderen gesellschaftlichen Organisationen sind. Durch eine genauere Untersuchung dieser personellen Überschneidungen ließen sich wahrscheinlich spezifischere Aussagen über die Zugehörigkeit des Containerns zu anderen (etablierten) sozialen Bewegungen treffen und damit auch Aufschlüsse geben, wie das Containern in den gesamtgesellschaftlichen Kontext einzuordnen ist.

Eine im Zusammenhang mit dem Containern wichtige Fragestellung, die auch schon von Barnard (2011) aufgeworfen wurde, jedoch hier aufgrund des auf einer Querschnittsstudie basierenden Datenmaterials nicht zu beantworten ist, bezieht sich auf die Langzeitwirkung des Engagements als Mülltaucher und Mülltaucherin. Welche Auswirkungen hat das Containern langfristig auf den individuellen Umgang mit Lebensmitteln oder Konsum im Allgemeinen? Welche Veränderungen werden durch das Containern im sozialen Umfeld der Mülltaucher und Mülltaucherinnen initiiert und lassen sich auf das Containern zurückführbare gesamtgesellschaftliche Prozesse beobachten? Da Mülltaucher und Mülltaucherinnen jedoch nur ein sehr loses und »fluides Netzwerk« (Grewe 2017, S. 207) bilden ohne feste Organisationsstruktur, ist es problematisch eine für die Beantwortung dieser Frage notwendige zeitlich versetzte Nachbefragung zu realisieren.

Eine solche Längsschnittstudie böte weiterhin die Möglichkeit intensiver als in der vorliegenden Forschungsarbeit geschehen nach Gründen für den Ausstieg aus dem Containern zu suchen. Wie sich aus den Daten der Interviews und der Onlinebefragung herauslesen lässt, ist das Containern für die meisten Aktiven ein Lebensabschnittsphänomen, das mit Beendigung des Studiums nicht weiter praktiziert wird. Warum ist das so? Ist dafür allein die größere zeitliche Flexibilität während des Studiums verantwortlich oder spielen dabei z.B. auch persönliche Reifungsprozesse oder veränderte Einstellungen eine Rolle?

Eine erhebliche Forschungslücke besteht ferner in Bezug auf die Verbreitung des Containerns in Deutschland. Wie groß ist die Gruppe der Mülltaucher und Mülltaucherinnen? Dazu liegen weder konkrete Zahlen noch vage Schätzungen vor, was neben der bereits erwähnten geringen Organisationsstruktur vermutlich auch auf die großen regionalen Unterschiede zurückzuführen ist, die aus den Daten der qualitativen Interviews mit den Mülltauchern und Mülltaucherinnen herauszulesen waren. Diese regionalen Unterschiede näher zu beleuchten und dabei auch auf Stadt-Land-Differenzen sowie die geographische Lage zu achten, wären ein erster vielversprechender Schritt, auf dessen Grundlage sich dann evtl. approximative Zahlen zur gesamtdeutschen Verbreitung des Containerns ableiten ließen.

Ein weiteres Themenfeld, das lohnenswert erscheint intensiver beforscht zu werden, wäre die öffentliche Wahrnehmung des Containerns. Dazu könnte in Ergänzung zu dem in diesem Forschungsprojekt durchgeführten Vignetten-Experiment im Rahmen einer allgemeinen Bevölkerungsbefragung die Meinung der Bevölkerung zum Containern anhand von Berichterstattungen in den Medien rekonstruiert werden. Wie Vorrecherchen zu diesem Forschungsprojekt gezeigt haben, sind in den letzten Jahren eine Vielzahl von Zeitungsberichten zum Containern veröffentlicht worden, die sich gut für eine Diskursanalyse eignen würden.

In Anbetracht des fortwährenden Aufkommens neuer Ideen und Technologien im Kampf gegen die Lebensmittelverschwendung erscheint es mir ratsam diese Entwicklung kontinuierlich wissenschaftlich zu begleiten. Die eingangs dieses Abschnitts beschriebenen und durch das Containern inspirierten Fortentwicklungen könnten dabei als Ausgangspunkt dienen.

Literaturverzeichnis

Abramson, P.R. (1983): Political Attitudes in America, San Francisco, CA: W. H. Freeman and Company.

Agra-Europe (2018a): Innovativer Food-Scanner für weniger Lebensmittelverluste vorgestellt, 21, Länderberichte, S. 11.

Agra-Europe (2018b): „Zu gut für die Tonne!"-Bundespreis vergeben, 17, Kurzmeldungen, S. 4.

Ajzen, I. (1985): From Intentions to Actions: A Theory of Planned Behavior, in: Kuhl, J.; Beckmann, J. (Hrsg.): Action Control. From Cognition to Behavior, Berlin/Heidelberg: Springer Verlag, S. 11–39.

Ajzen, I. (1988): Attitudes, Personality, and Behavior, Chicago, IL: The Dorsey Press.

Ajzen, I. (1991): The Theory of Planned Behavior, in: Organizational Behavior and Human Decision Processes, 50(2), S. 179–211.

Ajzen, I.; Fishbein, M. (1977): Attitude-Behavior Relations: A Theoretical Analysis and Review of Empirical Research, in: Psychological Bulletin, 84(5), S. 888–918.

Ajzen, I.; Fishbein, M. (1980): Understanding Attitudes and Predicting Social Behavior, Englewood Cliffs, NJ: Prentice-Hall.

Anderson, C.A.; Bushman, B.J. (2002): Human Aggression, in: Annual Review of Psychology, 53, S. 27–51.

Andorfer, V.A.; Liebe, U. (2015): Do information, price, or morals influence ethical consumption? A natural field experiment and customer survey on the purchase of Fair Trade coffee, in: Social Science Research, 52, S. 330–350.

Armitage, C.J.; Conner, M. (1999): Distinguishing Perceptions of Control from Self-Efficacy: Predicting Consumption of a Low-Fat Diet Using the Theory of Planned Behavior, in: Journal of Applied Social Psychology, 29(1), S. 72–90.

Armitage, C.J.; Conner, M. (2001): Social Cognitive Determinants of Blood Donation, in: Journal of Applied Social Psychology, 31(7), S. 1431–1457.

Arvola, A.; Vassallo, M.; Dean, M; Lampila, P.; Saba, A.; Lähteenmäkia, L.; Shepherd, R. (2008): Predicting intentions to purchase organic food: The role of affective and moral attitudes in the Theory of Planned Behaviour, in: Appetite, 50(2-3), S. 443–454.

Asher, H.B. (1974): The Reliability of the Political Efficacy Items, in: Political Methodology, 1(2), S. 45–72.

Asp, E.H. (1999): Factors affecting food decisions made by individual consumers, in: Food Policy, 24(2-3), S. 287–294.

Auspurg, K; Hinz, T. (2015): Factorial Survey Experiments, in: SAGE Series: Quantitative Applications in the Social Sciences, 175, Thousand Oaks, CA: Sage Publications.

Balch, G.I. (1974): Multiple Indicators in Survey Research: The Concept "Sense of Political Efficacy", in: Political Methodology, 1(2), S. 1–43.

Bandura, A. (1999): Moral Disengagement in the Perpetration of Inhumanities, in: Personality and Social Psychology Review, 3(3), S. 193–209.

Bandura, A.; Barbaranelli, C.; Caprara, G.V.; Pastorelli, C. (1996): Mechanisms of Moral Disengagement in the Exercise of Moral Agency, in: Journal of Personality and Social Psychology, 71(2), S. 364–374.

Barlösius, E. (2016): Soziologie des Essens. Eine sozial- und kulturwissenschaftliche Einführung in die Ernährungsforschung, Weinheim: Beltz Juventa.

Barnard, A.V. (2011): 'Waving the banana' at capitalism: Political theater and social movement strategy among New York's 'freegan' dumpster divers, in: Ethnography, 12(4), S. 419–444.

Barnard, A.V. (2016a): Making the City "Second Nature": Freegan "Dumpster Divers" and the Materiality of Morality, in: American Journal of Sociology, 121(4), S. 1017–1050.

Barnard, A.V. (2016b): Freegans. Diving into the Wealth of Food Waste in America, Minneapolis, MN: University of Minnesota Press.

Batson, C.D. (1991): The Altruism Question. Toward a Social-Psychological Answer, Hilldale, NJ: Lawrence Erlbaum Associates.

Batson, C.D. (2011): Altruism in Humans, New York, NY: Oxford University Press.

Baumeister, R.F.; Campbell, W.K. (1999): The Intrinsic Appeal of Evil: Sadism, Sensational Thrills, and Threatened Egotism, in: Personality and Social Psychology Review, 3(3), S. 210–221.

Baur, N.; Kelle, U.; Kuckartz, U. (Hrsg.) (2017a): Mixed Methods, in: Kölner Zeitschrift für Soziologie und Sozialpsychologie, 69(2 Sonderheft).

Baur, N.; Kelle, U.; Kuckartz, U. (2017b): Mixed Methods – Stand der Debatte und aktuelle Problemlagen, in: Kölner Zeitschrift für Soziologie und Sozialpsychologie, 69(2 Sonderheft), S. 1–37.

Bendix, R.F. (2015): Vokabularien von Überfluss und Protest, Nachhaltigkeit und Gemeinsinn im Lebensmittelmarkt, in: Tauschek, M.; Grewe, M. (Hrsg.): Knappheit, Mangel, Überfluss. Kulturwissenschaftliche Positionen zum Umgang mit begrenzten Ressourcen, Frankfurt am Main: Campus Verlag, S. 249–265.

Biddle, B.J.; Bank, B.J.; Slavings, R.L. (1987): Norms, Preferences, Identities and Retention Decisions, in: Social Psychology Quarterly, 50(4), S. 322–337.

Biernacki, P.; Waldorf, D. (1981): Snowball Sampling. Problems and Techniques of Chain Referral Sampling, in: Sociological Methods & Research, 10(2), S. 141–163.

Black, D. (1983): Crime as Social Control, in: American Sociological Review, 48(1), S. 34–45.

Black, R. (2007): Eating garbage. Socially marginal provisioning practices, in: MacClancy, J.; Henry, J.; Macbeth H. (Hrsg.): Consuming the Inedible. Neglected Dimensions of Food Choice, Oxford: Berghahn Books, S. 141–150.

Blichfeldt, B.S.; Mikkelsen, M.; Gram, M. (2015): When it Stops Being Food: The Edibility, Ideology, Procrastination, Objectification and Internalization of Household Food Waste, in: Food, Culture & Society, 18(1), S. 89–105.

BMEL (Bundesministerium für Ernährung und Landwirtschaft) (2013): "Zu gut für die Tonne" - eine erste Bilanz des deutschen Bündnisses gegen Lebensmittelverschwendung. [http://www.bmel.de/SharedDocs/Pressemitteilungen/2013/154-Bilanz_Zu-gut-fuer-die-Tonne.html; 08.08.2014].

BMEL (Bundesministerium für Ernährung und Landwirtschaft) (2018): Deutschland, wie es isst. Der BMEL-Ernährungsreport 2018. [https://www.bmel.de/SharedDocs/Downloads/Broschueren/Ernaehrungsreport2018.pdf;jsessinid=E483382D6F0023C8205DFF30A8F984 CA.1_cid288?__blob=publicationFile; 25.06.2018].

BMELV (Bundesministerium für Ernährung, Landwirtschaft und Verbraucherschutz) (2011): Der Wert von Lebensmitteln. [https://www.bmel.de/SharedDocs/Downloads/Presse/ForsaUmfrageWertVonLM.pdf?__blob=publicationFile; 10.11.2016].

BMELV (Bundesministerium für Ernährung, Landwirtschaft und Verbraucherschutz) (2012): „Lebensmittel – Zu gut für die Tonne!“. [http://www.bmel.de/SharedDocs/Downloads/Ernaehrung/WvL/infratest_ZgfdT_11_2012.pdf?__blob=publicationFile; 10.11.2016].

Bobo, L.; Hutchings, V.L. (1996): Perceptions of Racial Group Competition: Extending Blumer's Theory of Group Position to a Multiracial Social Context, in: American Sociological Review, 61(6), S. 951–972.

Borgonovi, F.; Pokropek, A. (2017): Mind that gap: The mediating role of intelligence and individuals' socio-economic status in explaining disparities in external political efficacy in 28 countries, in: Intelligence, 62, S. 125–137.

Bowler, S.; Donovan, T. (2002): Democracy, Institutions and Attitudes about Citizen Influence on Government, in: British Journal of Political Science, 32(2), S. 371–390.

Brien, B. (2015): "Containern": Von der Mülltonne auf den Esstisch. [http://www.augsburger-allgemeine.de/panorama/Containern-Von-der-Muelltonne-auf-den-Esstisch-id34214522.html? view=print; 10.11.2016]

Bryman, A. (2006): Integrating quantitative and qualitative research: how is it done?, in: Qualitative Research, 6(1), S. 97–113.

Bryman, A. (2007): Barriers to Integrating Quantitative and Qualitative Research, in: Journal of Mixed Methods Research, 1(1), S. 8–22.

Bundesregierung (2014): Maßnahmen zur Beendigung der Lebensmittelverschwendung. Antwort der Bundesregierung auf die Kleine Anfrage der Abgeordneten Nicole Maisch, Harald Ebner, Matthias Gastel, Steffi Lemke und der Fraktion BÜNDNIS 90/ DIE GRÜNEN. [http://dipbt.bundestag.de/doc/btd/18/028/1802863.pdf; 08.05.2018].

Bundesregierung (2015): Lebensmittelverschwendung beenden. Antwort der Bundesregierung auf die Kleine Anfrage der Abgeordneten Nicole Maisch, Annalena Baerbock, Harald Ebner, weiterer Abgeordneter und der Fraktion BÜNDNIS 90/DIE GRÜNEN. [http://dipbt.bundestag.de/doc/btd/18/059/1805903.pdf; 27.03.2018].

Bundesregierung (2017): Lebensmittelverschwendung verhindern. Antwort der Bundesregierung auf die Kleine Anfrage der Abgeordneten Nicole Maisch, Harald Ebner, Friedrich Ostendorff, Matthias Gastel und der Fraktion BÜNDNIS 90/DIE GRÜNEN. [http://dip21.bundestag.de/dip21/btd/18/126/1812631.pdf; 27.03.2018].

Bundestag (2018): Petition 74584: Eigentumsdelikte - Keine Strafe für die Rettung genießbarer Lebensmittel und verwertbarer Sachen aus Mülltonnen/Sperrmüll. [https://epetitionen.bundestag.de/content/petitionen/_2017/_11/_02/Petition_74584.html; 19.04.2018].

BÜNDNIS 90/DIE GRÜNEN (2017): Zukunft wird aus Mut gemacht: Bundestagswahlprogramm 2017. [https://www.gruene.de/fileadmin/user_upload/Dokumente/BUENDNIS_90_DIE_GRUENEN_Bundestagswahlprogramm_2017_barrierefrei.pdf; 08.05.2018].

Burke, P.J.; Reitzes, D.C. (1991): An Identity Theory Approach to Commitment, in: Social Psychology Quarterly, 54(3), S. 239–251.

Campbell, A.; Gurin, G.; Miller, W.E. ([1954] 1971): The Voter Decides, Westport, CT: Greenwood Press.

Campbell, A. Converse, P.E.; Miller, W.E.; Stokes, D.E. (1960): The American Voter, New York, NY: John Wiley & Sons.

Caprara, G.V.; Vecchione, M.; Capanna, C.; Mebane, M. (2009): Perceived political self-efficacy: Theory, assessment, and applications, in: European Journal of Social Psychology, 39(6), S. 1002–1020.

Carolsfeld, A.L.; Erikson, S.L. (2013): Beyond Desperation: Motivations for Dumpster™ Diving for Food in Vancouver, in: Food and Foodways, 21(4), S. 245–266.

Chao, N.; Yuan G.; Li, Y.; Yao, Q. (2017): The internet ecological perception, political trust and political efficacy of Chinese netizens, in: Telematics and Informatics, 34(3), S. 715–725.

Charng, H.-W.; Piliavin, J.A.; Callero, P.L. (1988): Role Identity and Reasoned Action in the Prediction of Repeated Behavior, in: Social Psychology Quarterly, 51(4), S. 303–317.

Cherrier, H. (2009): Anti-consumption discourses and consumer-resistant identities, in: Journal of Business Research, 62(2), S. 181–190.

Cialdini, R.B. (2003): Crafting Normative Messages to Protect the Environment, in: Current Directions in Psychological Science, 12(4), S. 105–109.

Cialdini, R.B.; Reno, R.R.; Kallgren, C.A. (1990): A Focus Theory of Normative Conduct: Recycling the Concept of Norms to Reduce Littering in Public Places, in: Journal of Personality and Social Psychology, 58(6), S. 1015–1026.

Clarke, H.D.; Acock, A.C. (1989): National Elections and Political Attitudes: The Case of Political Efficacy, in: British Journal of Political Science, 19(4), S. 551–562.

Clothing Swap (2017): How it Works. [http://clothingswap.com/; 06.09.2017].

Cohen, A.; Vigoda, E.; Samorly, A. (2001): Analysis of the Mediating Effect of Personal-Psychological Variables on the Relationship between Socioeconomic Status and Political Participation: A Structural Equations Framework, in: Political Psychology, 22(4), S. 727–757.

Coleman, J.S. (1991): Grundlagen der Sozialtheorie. Handlungen und Handlungssysteme: München: Oldenbourg Verlag.

Coleman, K.M.; Davis, C.L. (1976): The Structural Context of Politics and Dimensions of Regime Performance – Their Importance for the Comparative Study of Political Efficacy, in: Comparative Political Studies, 9(2), S. 189–206.

Conner, M.; Armitage, C.J. (1998): Extending the Theory of Planned Behavior: A Review and Avenues for Further Research, in: Journal of Applied Social Psychology, 28(15), S. 1429–1464.

Converse, P.E. (1972): Change in the American Electorate, in: Campbell, A.; Converse, P.E. (Hrsg.): The Human Meaning of Social Change, New York, NY: Russell Sage Foundation, S. 263–337.

Corman, L. (2011): Getting Their Hands Dirty: Raccoons, Freegans, and Urban "Trash", in: Journal for Critical Animal Studies, 9(3), S. 28–61.

Cornelissen, S. (2016): Turning distaste into taste: context-specific habitus and the practical congruity of culture, in: Theory and Society, 45(6), S. 501–529.

Coyne, M. (2009): From Production to Destruction to Recovery: Freeganism's Redefinition of Food Value and Circulation, in: Iowa Journal of Cultural Studies, 10, S. 9–24.

Craig, S.C. (1979): Efficacy, Trust, and Political Behavior - An Attempt to Resolve a Lingering Conceptual Dilemma, in: American Politics Quarterly, 7(2), S. 225–239.

Craig, S.C.; Maggiotto, M.A. (1982): Measuring Political Efficacy, in: Political Methodology, 8(3), S. 85–109.

Craig, S.C.; Niemi, R.G.; Silver, G.E. (1990): Political Efficacy and Trust: A Report on the NES Pilot Study Items, in: Political Behavior, 12(3), S. 289–314.

Creswell, J.W. (1999): Mixed-Method Research: Introduction and Application, in: Cizek, G.J. (Hrsg.): Handbook of Educational Policy, San Diego, CA: Academic Press, S. 455–472.

Creswell, J.W.; Plano Clark, V.L.; Gutman, M.L.; Hanson, W.E. (2003): Advanced Mixed Methods Research Designs, in: Tashakkori, A.; Teddlie, C. (Hrsg.): Handbook of Mixed Methods in Social and Behavioral Research, Thousand Oaks, CA: Sage Publications, S. 209–240.

Dahl, R.A. (1963): Who Governs? Democracy and Power in an American City, New Haven, CT: Yale University Press.

Dean, D.G. (1961): Alienation: Its Meaning and Measurement, in: American Sociological Review, 26(5), S. 753–758.

Dean, M.; Raats, M.M.; Shepherd, R. (2012): The Role of Self-Identity, Past Behavior, and Their Interaction in Predicting Intention to Purchase Fresh and Processed Organic Food, in: Journal of Applied Social Psychology, 42(3), S. 669–688.

Denscombe, M. (2008): Communities of Practice: A Research Paradigm for the Mixed Methods Approach, in: Journal of Mixed Methods Research, 2(3), S. 270–283.

Denzin, N.K. (1970): The Research Act. A Theoretical Introduction to Sociological Methods, Chicago, IL: Aldine Publishing Company.

Deutsche Wirtschaftsnachrichten (2014): Belgien: Region beschließt Gesetz gegen Verschwendung von Lebensmitteln [https://deutsche-wirtschafts-nachrichten.de/2014/03/24/belgien-region-beschliesst-gesetz-gegen-verschwendung-von-lebensmitteln/; 27.03.2018].

Diekmann, A. (2009): Empirische Sozialforschung. Grundlagen Methoden Anwendungen, Reinbek bei Hamburg: Rowohlt Verlag.

DIE LINKE (2017): Sozial. Gerecht. Frieden. Für Alle: Die Zukunft für die wir kämpfen!. [https://www.die-linke.de/fileadmin/download/wahlen2017/wahlprogramm2017/die_linke_wahlprogramm_2017.pdf; 08.05.2018].

DiGrazia, J. (2014): Individual Protest Participation in the United States: Conventional and Unconventional Activism, in: Social Science Quarterly, 95(1), S. 111–131.

Douglas, M. ([1966] 1985): Reinheit und Gefährdung. Eine Studie zu Vorstellungen von Verunreinigung und Tabu, Berlin: Dietrich Reimer Verlag.

Dowd, K.; Burke, K.J. (2013): The influence of ethical values and food choice motivations on intentions to purchase sustainably sourced foods, in: Appetite, 69, S. 137–144.

Dubet, F. (2003): Juvenile and Urban Violence, in: Heitmeyer, W.; Hagan, J. (Hrsg): International Handbook of Violence Research, Dordrecht: Kluwer Academic Publisher, S. 937–952.

Eagly, A.H.; Chaiken, S. (1993): The Psychology of Attitudes, Fort Worth, TX: Hartcourt Brace College Publishers.

Edlmayr, C. (2009): Living Beyond Capitalism – Mülltonnentauchen als konsumkritische Praxis. Magisterarbeit, Universität Wien.

Edwards, F.; Mercer, D. (2007): Gleaning from Gluttony: An Australian youth subculture confronts the ethics of waste, in: Australian Geographer, 38(3), S. 279–296.

Edwards, F; Mercer, D. (2012): Food waste in Australia: the freegan response, in: The Sociological Review, 60(S2), S. 174–191.

Eikenberry, N.; Smith, C. (2005): Attitudes, beliefs, and prevalence of dumpster diving as a means to obtain food by Midwestern, low-income, urban dwellers, in: Agriculture and Human Values, 22(2), S. 187–202.

Eisner, M. (2009): The Uses of Violence: An Examination of Some Cross-Cutting Issues, in: International Journal of Conflict and Violence, 3(1), S. 40–59.

EU-Parlament (2017): Resource efficiency: reducing food waste, improving food safety. [https://ec.europa.eu/food/sites/food/files/safety/docs/fw_lib_ep_resource-efficiency_reduce-fw-improv-fs_2017.pdf, 27.03.2018].

Evans, D. (2012): Beyond the Throwaway Society: Ordinary Domestic Practice and a Sociological Approach to Household Food Waste, in: Sociology, 46(1), S. 41–56.

FAO (Food and Agriculture Organization of the United Nations) (2011): Global food losses and food waste – Extent, causes and prevention, Rom.

Fernandez, K.V.; Brittain, A.J.; Bennett, S.D. (2011): “Doing the duck”: negotiating the resistant-consumer identity, in: European Journal of Marketing, 45(11/12), S. 1779–1788.

Ferrell, J. (2006): Empire of Scrounge, New York, NY, and London: New York University Press.

Fielding, K.S.; McDonald, R.; Louis, W.R. (2008): Theory of Planned Behaviour, Identity and Intentions to Engage in Environmental Activism, in: Journal of Environmental Psychology, 28(4), S. 318–326.

Finifter, A.W. (1970): Dimensions of Political Alienation, in: The American Political Science Review, 64(2), S. 389–410.

Fischler, C. (1980): Food-Habits, Social Change and the Nature/Culture Dilemma, in: Social Science Information, 9(6), S. 937–953.

Flick, U. (2008): Triangulation. Eine Einführung, Wiesbaden: VS Verlag für Sozialwissenschaften.

Foden, M. (2012): Everyday consumption practices as a site for activism? Exploring the motivations of grassroots reuse groups, in: People, Place & Policy Online, 6(3), S. 148–163.

Food Not Bombs (2017): FAQ. [http://www.foodnotbombs.net/new_site/faq.php; 01.05.2017].

Foodsharing (2017): Wie funktioniert´s?. [https://foodsharing.de/#howto; 06.09.2017].

Freegan.info (2000): Why Freegan?. [http://freegan.info/what-is-a-freegan/freegan-philosophy/why-freegan-an-attack-on-consumption-in-defense-of-donuts/; 10.11.2016].

FUSIONS (2016): Estimates of European food waste levels, Stockholm.

Gabler, S. (1992): Schneeballverfahren und verwandte Stichprobendesigns, in: ZUMA-Nachrichten 31, S. 47–69.

Gamson, W.A. (1968): Power and Discontent, Homewood, IL: The Dorsey Press.

Gamson, W.A. (1990): The Strategy of Social Protest, Belmont, CA: Wadsworth Publishing Company.

Gernert, J. (2007): Die Mülltaucher. [http://www.tagesspiegel.de/berlin/die-muelltaucher/819060.html; 07.06.2016].

Glorieux, I. (1993): Social Interaction and the Social Meanings of Action: A Time Budget Approach, in: Social Indicators Research, 30(2-3), S. 149–173.

Gollnhofer, J.F. (2017): The Legitimation of a Sustainable Practice Through Dialectical Adaptation in the Marketplace, in: Journal of Public Policy and Marketing, 36(1), S. 156–168.

Greene, J.C.; Caracelli, V.J.; Graham, W.F. (1989): Toward a Conceptual Framework for Mixed-Method Evaluation Designs, in: Educational Evaluation and Policy Analysis, 11(3), S. 255–274.

Grewe, M. (2017): Teilen, Reparieren, Mülltauchen. Kulturelle Strategien im Umgang mit Knappheit und Überfluss, Bielefeld: transcript Verlag.

Gross, J. (2009): Capitalism and Its Discontents: Back-to-the-Lander and Freegan Foodways in Rural Oregon, in: Food and Foodways, 17(2), S. 57–79.

Guest, G. (2013): Describing Mixed Methods Research: An Alternative to Typologies, in: Journal of Mixed Methods Research, 7(2), S. 141–151.

Guyton, E.M. (1988): Critical Thinking and Political Participation: Development and Assessment of a Causal Model, in: Theory and Research in Social Education, 16(1), S. 23–49.

Hadjar, A.; Beck, M. (2010): Who does not Participate in Elections in Europe and Why is This? A multilevel analysis of social mechanisms behind non-voting, in: European Societies, 12(4), S. 521–542.

Hawkins, G. (2006): The Ethics of Waste. How We Relate to Rubbish, Lanham, MD: Rowman & Littlefield Publishers.

Hayes, B.C.; Bean, C.S. (1993): Political efficacy: A comparative study of the United States, West Germany, Great Britain and Australia, in: European Journal of Political Research, 23(3), S. 261–280.

Hechter, M.; Opp, K.-D. (Hrsg.) (2001): Social Norms, New York, NY: Russel Sage Foundation.

Hell, I. (2016): Dänemark führt Kampf gegen Lebensmittelverschwendung an. [http://p.dw.com/p/1JU39; 01.06.2018].

Henn, M.; Weinstein, M.; Forrest, S. (2005): Uninterested Youth? Young People's Attitudes towards Party Politics in Britain, in: Political Studies, 53(3), S. 556–578.

Heyenbruch, M. (2013): "Containern" - ethnografische Überlegungen zum Umgang mit Lebensmitteln zwischen Protest und Alltagsstrategie, in: Kieler Blätter für Volkskunde, 45, S. 49–67.

Hoffman, J. (1993): The Art & Science of Dumpster Diving, Port Townsend, WA: Loompanics Unlimited.

Hoffmeister, F.; Marggraf, R.; Noack, E.M. (2015): Lebensmittelverwertung erwünscht, doch Containern verboten?, in: Hambrusch, J.; Kantelhardt, J.; Oedl-Wieser, T.; Stern, T. (Hrsg.): Jahrbuch der Österreichischen Gesellschaft für Agrarökonomie, 24, S. 255–264.

Hofstädter, C. (2011): „Leute die vom Müll leben". Eine Studie zur Soziologie des Abfalls. Dissertation, Universität Wien.

Imbusch, P. (2003): The Concept of Violence, in: Heitmeyer, W.; Hagan, J. (Hrsg): International Handbook of Violence Research, Dordrecht: Kluwer Academic Publisher, S. 13–39.

ISWA (Institut für Siedlungswasserbau, Wassergüte- und Abfallwirtschaft) (2012): Ermittlung der weggeworfenen Lebensmittelmengen und Vorschläge zur Verminderung der Wegwerfrate bei Lebensmitteln in Deutschland, Stuttgart.

Ivankova, N.V.; Creswell, J.W.; Stick, S.L. (2006): Using Mixed-Methods Sequential Explanatory Design: From Theory to Practice, in: Field Methods, 18(1), S. 3–20.

Iyer, R.; Muncy, J.A. (2009): Purpose and object of anti-consumption, in: Journal of Business Research, 62(2), S. 160–168.

Jacob, J. (2003): Alternative Lifestyle Spaces, in: Leyshon, A.; Lee, R.; Williams. C. (Hrsg.): Alternative Economic Spaces, Thousand Oaks, CA: Sage Publications, S. 168–192.

Jaeggi, R. (2005): Entfremdung. Zur Aktualität eines sozialphilosophischen Problems, Frankfurt/Main: Campus Verlag.

Jahoda, M.; Lazarsfeld, P.F.; Zeisel, H. ([1933] 1975): Die Arbeitslosen von Marienthal. Ein soziographischer Versuch über die Wirkungen langandauernder Arbeitslosigkeit, Frankfurt am Main: Suhrkamp Verlag.

Janssen, M. (2018): Determinants of organic food purchases: Evidence from household panel data, in: Food Quality and Preference, 68, S. 19–28.

Jasper, J.M. (1997): The Art of Moral Protest. Culture, Biography and Creativity in Social Movements, Chicago, IL: The University of Chicago Press.

Johnson, R.B.; Onwuegbuzie, A.J. (2004): Mixed Methods Research: A Research Paradigm Whose Time Has Come, in: Educational Researcher, 33(7), S. 14–26.

Johnson, R.B.; Onwuegbuzie, A.J.; Turner, L.A. (2007): Toward a Definition of Mixed Methods Research, in: Journal of Mixed Methods Research, 1(2), S. 112–133.

Kelle, U. (2008): Die Integration qualitativer und quantitativer Methoden in der empirischen Sozialforschung. Theoretische Grundlagen und methodologische Konzepte, Wiesbaden: VS Verlag für Sozialwissenschaften.

Keller, R. (2009): Müll - Die gesellschaftliche Konstruktion des Wertvollen. Die öffentliche Diskussion über Abfall in Deutschland und Frankreich, Wiesbaden: VS Verlag für Sozialwissenschaften.

Kim, B.J. (2015): Political efficacy, community collective efficacy, trust and extroversion in the information society: Differences between online and offline civic/political activities, in: Government Information Quarterly, 32(1), S. 43–51.

Kofahl, D. (2014): Die Komplexität der Ernährung in der Gegenwartsgesellschaft. Soziologische Analysen von Kultur- und Natürlichkeitssemantiken in der Ernährungskommunikation, Kassel: Kassel University Press.

Kollmuss, A.; Agyeman, J. (2002): Mind the Gap: Why do people act environmentally and what are the barriers to pro-environmental behavior?, in: Environmental Education Research, 8(3), S. 239–260.

Kowalewski, D; Porter, K.L. (1992): Ecoprotest: Alienation, Deprivation, or Resources?, in: Social Science Quarterly, 73(3), S. 523–534.

Kuchenbuch, L. (1988): Abfall. Eine Stichwortgeschichte, in: Soeffner, H.-G. (Hrsg.): Kultur und Alltag, Göttingen: Verlag Otto Schwarz, S. 155–170.

Kuckartz, U. (2014): Mixed Methods. Methodologie, Forschungsdesigns und Analyseverfahren, Wiesbaden: Springer VS Verlag.

Lamnek, S. (2003): Individual Violence Justification Strategies, in: Heitmeyer, W.; Hagan, J. (Hrsg): International Handbook of Violence Research, Dordrecht: Kluwer Academic Publisher, S. 1113–1127.

Lane, R.E. (1959): Political Life. Why People get involved in Politics, Glencoe, IL: The Free Press.

Lane, B.; Potter, S. (2007): The adoption of cleaner vehicles in the UK: exploring the consumer attitude-action gap, in: Journal of Cleaner Production, 15(11-12), S. 1085–1092.

Lange, A. (2016): Wer nicht aufisst, muss zahlen. Bußgeld in Restaurants. [http://www.spiegel.de/reise/deutschland/wirt-erprobt-strafen-fuer-nicht-aufesser-a-1107888.html; 14.05.2018].

LebensmittelZeitung (2018a): Aldi will Milch vor Abfall retten. Kunden sollen auch nach Ablauf des MHD zuerst testen, 8, S. 22.

LebensmittelZeitung (2018b): Gegen Food-Verschwendung. Mindestverzehrfähigkeitsdatum soll Lebensmittel mehr wertschätzen – Zwei Haltbarkeitshinweise,13, S. 41.

Lee, A. McC. (1972): An Obituary for "Alienation", in: Social Problems, 20(1), S. 121–127.

Leech, N.L.; Onwuegbuzie, A.J. (2009): A typology of mixed methods research designs, in: Quality & Quantity, 43(2), S. 265–275.

Levin, M.B. (1962): The Alienated Voter. Politics in Boston, New York, NY: Holt, Rinehart and Winston.

Liebe, U.; Jahnke, B. (2017): Giving More to Humans than to Animals in Need? A Behavioral Measure of Animal–Human Continuity in Large-scale Surveys, in: Anthrozoös, 30(2), S. 249–261.

Lindeman, S. (2012): Trash Eaters, in: Gastronomica, 12(1), S. 75–82.

Mannetti, L.; Pierro, A.; Livi, S. (2004): Recycling: Planned and Self-expressive Behaviour, in: Journal of Environmental Psychology, 24 (2), S. 227–236.

Manstead, A.S.R. (2000): The Role of Moral Norm in the Attitude-Behavior Relation, in: Terry, D.J.; Hogg, M.A. (Hrsg.): Attitudes, Behavior, and Social Context. The Role of Norms and Group Membership, Mahwah, NJ: Lawrence Erlbaum Associates, S. 11–30.

Maxwell, J.A. (2016): Expanding the History and Range of Mixed Methods Research, in: Journal of Mixed Methods Research, 10(1), S. 12–27.

McPherson, J.M.; Welch, S.; Clark, C. (1977): The Stability and Reliability of Political Efficacy: Using Path Analysis to Test Alternative Models, in: The American Political Science Review, 71(2), S. 509–521.

Melucci, A. (1980): The new social movements: A theoretical approach, in: Social Science Information, 19(2), S. 199–226.

Mierina, I. (2014): Political Alienation and Government-Society Relations in Post-Communist Countries, in: Polish Sociological Review, 185, S. 3–24.

Milbrath, L.W. (1965): Political Participation. How and Why People get involved in Politics?, Chicago, IL: Rand McNally & Company.

Miller, A.H. (1974): Political Issues and Trust in Government: 1964-1970, in: The American Political Science Review, 68(3), S. 951–972.

Miller, A.M.; Birman, D.; Zenk, S.; Wang, E.; Sorokin, O.; Connor, J. (2009): Neighborhood Immigrant Concentration, Acculturation, and Cultural Alienation in Former Soviet Immigrant Women, in: Journal of Community Psychology, 37(1), S. 88–105.

Miller, W.E.; Miller, A.H.; Schneider, E.J. (1980): American National Election Studies Data Sourcebook, 1952-1978, Cambridge, MA: Harvard University Press.

Milne, R. (2013): Arbiters of waste: date labels, the consumer and knowing good, safe food, in: The Sociological Review, 60(S2), S. 84–101.

Minton, A.P.; Rose, R.L. (1997): The Effects of Environmental Concern on Environmentally Friendly Consumer Behavior: An Exploratory Study, in: Journal of Business Research, 40(1), S. 37–48.

Mokken, R.J. (1971): A Theory and Procedure of Scale Analysis, Den Haag: Mouton.

Moré, V.C. (2011): Dumpster Dinners: An Ethnographic Study of Freeganism, in: The Journal of Undergraduate Ethnography, 1, S. 43–55.

Morgan, D.L. (2014): Integrating Qualitative and Quantitative Methods. A Pragmatic Approach, Thousand Oaks, CA: Sage Publications.

Morrell, M.E. (2003): Survey and Experimental Evidence for a Reliable and Valid Measure of Internal Political Efficacy, in: The Public Opinion Quarterly, 67(4), S. 589–602.

Morse, J.M. (1991): Approaches to Qualitative-Quantitative Methodological Triangulation, in: Nursing Research, 40(2), S. 120–123.

Morse, J.M. (2010): Procedures and Practice of Mixed Method Design, in: Tashakkori, A.; Teddlie, C. (Hrsg.): Sage Handbook of Mixed Methods in Social and Behavioral Research, Thousand Oaks, CA: Sage Publications, S. 339–352.

Muller, E.N. (1982): An Explanatory Model for Differing Types of Participation, in: European Journal of Political Research, 10(1), S. 1–16.

Muller, E.N.; Jukam, T.O. (1977): On the Meaning of Political Support, in: The American Political Science Review, 71(4), S. 1561–1595.

Muller, E.N.; Opp, K.-D. (1986): Rational Choice and Rebellious Collective Action, in: American Political Science Review, 80(2), S.471–488.

Müller-Späth, F. (2015): Geteiltes Gut? Der Abfallcontainer als Form der Allmende, in: Kuckuck. Notizen zur Alltagskultur, 1, S. 26–30.

Newton, P.; Meyer, D. (2013): Exploring the Attitudes-Action Gap in Household Resource Consumption: Does "Environmental Lifestyle" Segmentation Align with Consumer Behaviour?, in: Sustainability, 5(3), S. 1211–1233.

Nguyen, H.P.; Chen, S.; Mukherjee, S. (2014): Reverse stigma in the Freegan community, in: Journal of Business Research, 67(9), S. 1877–1884.

Niemi, R.G.; Craig, S.C.; Mattei, F. (1991): Measuring Internal Political Efficacy in the 1988 National Election Study, in: The American Political Science Review, 85(4), S. 1407–1413.

Noack, E.M.; Rovers, A.-K.; Kühling, L.; Marggraf, R. (2016): Was Menschen bewegt, Lebensmittel aus dem Müll zu holen: Eine explorative Studie zum Containern. Vortrag auf der 56. GEWISOLA-Tagung „Agrar- und Ernährungswirtschaft: Regional vernetzt und global erfolgreich". Bonn, 28.–30. September.

Nordlund, A.M.; Garvill, J. (2002): Value Structures behind Proenvironmental Behavior, in: Environment and Behavior, 34(6), S. 740–756.

O'Connor, E.L.; Sims, L.; White, K.M. (2017): Ethical food choices: Examining people's Fair Trade purchasing decisions, in: Food Quality and Preferences, 60, S. 105–112.

Oldag, A. (2010): Tauchen im Müll. [http://www.sueddeutsche.de/wirtschaft/2.220/angewandte-konsumkritik-tauchen-im-muell-1.901845; 10.11.2016].

Olson, M.E. (1969): Two Categories of Political Alienation, in: Social Forces, 47(3), S. 288–299.

Opp, K.-D. (1985): Konventionelle und unkonventionelle politische Partizipation, in: Zeitschrift für Soziologie, 14(4), S. 282–296.

Opp, K.-D. (1990): Postmaterialism, Collective Action, and Political Protest, in: American Journal of Political Science, 34(1), S. 212–235.

Opp, K.-D. (1997): Die enttäuschten Revolutionäre. Politisches Engagement vor und nach der Wende, Opladen: Leske und Budrich.

Opp, K.-D. (2009): Theories of Political Protest and Social Movements. A multidisciplinary introduction, critique, and synthesis, New York, NY: Routledge.

Opp, K.-D.; Roehl, W. (1990): Der Tschernobyl-Effekt. Eine Untersuchung über die Ursachen politischen Protests, Opladen: Westdeutscher Verlag.

Padel, S.; Foster, C. (2005): Exploring the gap between attitudes and behaviour: Understanding why consumers buy or do not buy organic food, in: British Food Journal, 107(8), S. 606–625.

Paige, J.M. (1971): Political Orientation and Riot Participation, in: American Sociological Review, 36(5), S. 810–820.

Parizeau, K.; von Massow, M.; Martin, R. (2015): Household-level dynamics of food waste production and related beliefs, attitudes, and behaviours in Guelph, Ontario, in: Waste Management, 35, S. 207–217.

Parker, D.; Manstead, A.S.R.; Stradling, S.G. (1995): Extending the theory of planned behaviour: The role of personal norm, in: British Journal of Social Psychology, 34(2), S. 127–138.

Paulsen, R. (1991): Education, Social Class, and Participation in Collective Action, in: Sociology of Education, 64(2), S. 96–110.

Pentina, I.; Amos, C. (2011): The Freegan phenomenon: anti-consumption or consumer resistance?, in: European Journal of Marketing, 45(11/12), S. 1768–1778.

Piliavin, J.A.; Charng, H.-W. (1990): Altruism: A Review of Recent Theory and Research, in: Annual Review of Sociology, 16, S. 27–65.

Pirralha, A. (2017): Political Participation and Wellbeing in the Netherlands: Exploring the Causal Links, in: Applied Research Quality Life, 12(2), S. 327–341.

Pollock, P.H. (1983): The Participatory Consequences of Internal and External Political Efficacy: A Research Note, in: The Western Political Quarterly, 36 (3), S. 400–409.

Quested, T.E.; Marsh, E.; Stunell, D.; Parry, A.D. (2013): Spaghetti soup: The complex world of food waste behaviours, in: Resources, Conservation and Recycling, 79, S. 43–51.

Rathje, W.; Murphy, G. (1994): Müll. Eine archäologische Reise durch die Welt des Abfalls, München: Goldmann Verlag.

Reno, R.R; Cialdini, R.B.; Kallgren, C.A. (1993): The Transsituational Influence of Social Norms, in: Journal of Personality and Social Psychology, 64(1), S. 104–112.

Repair Café (2017): Über Repair Café. [https://repaircafe.org/de/was-ist-ein-repair-cafe/; 06.09.2017].

Riches, D. (1986): The Phenomenon of Violence, in: Riches, D. (Hrsg.): The Anthropology of Violence, Oxford: Basil Blackwell, S. 1–27.

Rise, J.; Sheeran, P.; Hukkelberg, S. (2010): The Role of Self-identity in the Theory of Planned Behavior: A Meta-Analysis, in: Journal of Applied Social Psychology, 40(5), S. 1085–1105.

Rombach, M.; Bitsch, V. (2015): Food Movements in Germany: Slow Food, Food Sharing, and Dumpster Diving, in: International Food and Agribusiness Management Review, 18(3), S. 1–24.

Rössel, J.; Schenk, P.H. (2018): How Political is Political Consumption? The Case of Activism for the Global South and Fair Trade, in: Social Problems, 65(2), S. 266–284.

Rucht, D. (2003): Violence in New Social Movements, in: Heitmeyer, W.; Hagan, J. (Hrsg): International Handbook of Violence Research, Dordrecht: Kluwer Academic Publisher, S. 369–382.

Rudolph, T.J.; Gangl, A.; Stevens, D. (2000): The Effects of Efficacy and Emotions on Campaign Involvement, in: The Journal of Politics, 62(4), S. 1189–1197.

Rush, E. (2006): Skip Dipping in Australia, in: The Australia Institute Webpaper, S. 1–14.

Savio, G. (2017): Organization and Stigma Management: A Comparative Study of Dumpster Divers in New York, in: Sociological Perspectives, 60(2), S. 416–430.

Scharfe, M. (1988): Müllkippen. Vom Wegwerfen, Vergessen, Verstecken, Verdrängen; und vom Denkmal, in: Kuckuck. Notizen zur Alltagskultur, 1, S. 15–20.

Scheiwe, H. (2016): Igitt oder sinnvoll? Bänderer essen Speisereste in Göttinger Mensen, in Göttinger Tageblatt, 01.06.2016.

Schlichter, J. (2017): Foodsharing-Boxen: Hieber verschenkt ausgemusterte Lebensmittel, in: Südkurier, 18.07.2017.

Schreiner, D. (2012): Die Müll-Gourmets. [http://www.fr-online.de/mainz/containern-die-muell-gourmets-,11181020,11916944.html; 10.11.2016].

Schultz, P.W. (1999): Changing Behavior with Normative Feedback Interventions: A Field Experiment on Curbside Recycling, in: Basic and Applied Social Psychology, 21(1), S. 25–36.

Schumacher, W. (2013): Essen aus dem Müll: Prozess gegen „Containerer“ eingestellt. [http://www.aachener-zeitung.de/lokales/region/essen-aus-dem-muell-prozess-gegen-containerer-eingestellt-1.603678; 11.10.2017].

Schwartz, S.H. (1968): Words, Deeds, and the Perception of Consequences and Responsibility in Action Situations, in: Journal of Personality and Social Psychology, 10(3), S. 232–242.

Schwartz, S.H. (1973): Normative Explanations of Helping Behavior: A Critique, Proposal, and Empirical Test, in: Journal of Experimental Social Psychology, 9, S. 349–364.

Schwartz, S.H. (1977): Normative Influences on Altruism, in: Advances in Experimental Social Psychology, 10, S. 221–279.

Schwartz, S.H.; Fleishman, J.A. (1978): Personal Norms and the Mediation of Legitimacy Effects on Helping, in: Social Psychology, 41(4), S. 306–315.

Schwartz, S.H.; Tessler, R.C. (1972): A Test of a Model for Reducing measured Attitude-Behavior Discrepancies, in: Journal of Personality and Social Psychology, 24(2), S. 225–236.

Schwarz, N.; Knäuper, B.; Oyserman, D.; Stich, C. (2008): The psychology of asking questions, in: De Leeuw, E.D.; Hox, J.J.; Dillman, D.A. (Hrsg.): International Handbook of Survey Methodology, New York, NY: Psychology Press, S. 18–34.

Schyns, P.; Koop, C. (2000): Political Distrust and Social Capital in Europe and the USA, in: Social Indicators Research, 96(1), S. 145–167.

Scott, W.J.; Acock, A.C. (1979): Socioeconomic Status, Unemployment Experience, and Political Participation: A Disentangling of Main and Interaction Effects, in: Political Behavior, 1(4), S. 361–381.

Seeman, M. (1959): On the Meaning of Alienation, in: American Sociological Review, 24(6), S. 783–791.

Seeman, M. (1983): Alienation Motifs in Contemporary Theorizing: The Hidden Continuity of the Classic Themes, in: Social Psychology Quarterly, 46 (3), S. 171–184.

Seligson, M.A. (1980): A Problem-Solving Approach to Measuring Political Efficacy, in: Social Science Quarterly, 60(4), S. 630–642.

Shantz, J. (2005): One Person's Garbage… Another Person's Treasure: Dumpster Diving, Freeganism and Anarchy, in: Verb, 3(1), S. 9–19.

Sieber, S.D. (1973): The Integration of Fieldwork and Survey Methods, in: American Journal of Sociology, 78(6), S. 1335–1359.

Siminski, P. (2008): Order Effects in Batteries of Questions, in: Quality & Quantity, 42(4), S. 477–490.

Slow Food (2017): About us. [https://www.slowfood.com/about-us/; 06.09.2017].

Small, M.L. (2011): How to Conduct a Mixed Methods Study: Recent Trends in a Rapidly Growing Literature, in: Annual Review of Sociology, 37(1), S. 57–86.

Snyder, D.; Kelly, W.R. (1979): Strategies for Investigating Violence and Social Change: Illustrations from Analyses of Racial Disorders and Implications for Mobilization Research, in: Zald, M.N.; McCarthy, J.D. (Hrsg.): The Dynamics of Social Movements: Resource Mobilization, Social Control, and Tactics, Cambridge, MA: Winthrop Publishers, S. 212–237.

Sparks, P.; Guthrie, C.A. (1998): Self-Identity and the Theory of Planned Behavior: A Useful Addition or an Unhelpful Artifice?, in: Journal of Applied Social Psychology, 28(15), S. 1393–1410.

Sparks, P.; Shepherd, R. (1992): Self-Identity and the Theory of Planned Behavior: Assesing the Role of Identification with "Green Consumerism", in: Social Psychology Quarterly, 55(4), S. 388–399.

Sparks, P.; Shepherd, R.; Wieringa, N.; Zimmermanns, N. (1995): Perceived Behavioral Control, Unrealistic Optimism and Dietry Change: an Exploratory Study, in: Appetite, 24(3), S. 243–255.

Stentz, M.C.; Lambert, H.D. (1977): An Empirical Reformulation of Political Efficacy, in: Theory and Research in Social Education, 5(1), S. 61–85.

Stieglitz, S.; Lattemann, C.; Robra-Bissantz, S.; Zarnekow, R.; Brockmann, T. (2017): Gamification. Using game elements in serious contexts. Cham: Springer Verlag.

Strasser, S. (1999): Waste and Want. A Social History of Trash, New York, NY: Henry Holt and Company.

Stryker, S. (1968): Identity Salience and Role Performance: The Relevance of Symbolic Interaction Theory for Family Research, in: Journal of Marriage and Family, 30(4), S. 558–564.

Stryker, S.; Burke, P.J. (2000): The Past, Present, and Future of an Identity Theory, in: Social Psychology Quarterly, 63(4), S. 284–297.

Sudman, S.; Kalton, G. (1986): New Developments in the Sampling of Special Populations, in: Annual Review of Sociology, 12, S. 401–429.

Tashakkori, A.; Teddlie, C. (1998): Mixed Methodology. Combining Qualitative and Quantitative Approaches, Thousand Oaks, CA: Sage Publications.

Tashakkori, A.; Teddlie, C. (2003): Handbook of Mixed Methods in Social and Behavioral Research, Thousand Oaks, CA: Sage Publications.

Taylor, C. (1989): Sources of the Self. The Making of the Modern Identity, Cambridge: Cambridge University Press.

Teddlie, C.; Tashakkori, A. (2006): A General Typology of Research Designs Featuring Mixed Methods, in: Research in the Schools, 13(1), S. 12–28.

Terry, D.J.; Hogg, M.A.; White, K.M. (1999): The Theory of Planned Behaviour: Selfidentity, Social Identity and Group Norms, in: British Journal of Social Psychology, 38(3), S. 225–244.

Thomas, S. (2010): Do freegans commit theft?, in: Legal Studies, 30(1), S. 98–125.

Thompson, M. ([1979] 1981): Die Theorie des Abfalls. Über die Schaffung und Vernichtung von Werten, Stuttgart: Klett-Cotta Verlag.

Thompson, W.E.; Horton, J.E. (1960): Political Alienation as a Force in Political Action, in: Social Forces, 38(3), S. 190–195.

Tibbetts, J. (2013): Freegans risk the hazards of dumpster diving, in: Canadian Medical Association Journal, 185 (7), S. E281–E282.

Tilly, C. (1978): From Mobilization to Revolution, Reading, MA: Addison-Wesley Publishing Company.

Tourangeau, R.; Singer, E.; Presser, S. (2003): Context Effects in Attitude Surveys. Effects on Remote Items and Impact on Predictive Validity, in: Sociological Methods & Research, 31(4), S. 486–513.

Tutić, A.; Voss, T.; Zschache, J. (2015): Soziale Normen, in: Braun, N.; Saam, N.J. (Hrsg.): Handbuch Modellbildung und Simulation in den Sozialwissenschaften, Wiesbaden: Springer VS Verlag, S. 627–662.

UN (United Nations) (2015): Transforming our World: the 2030 Agenda for Sustainable Development. [http://www.un.org/ga/search/view_doc.asp?symbol=A/RES/70/1&Lang=E; 27.03.2018].

Unrau, C. (2015): Festmahl aus dem Müll – Containern zwischen Jagen, Retten und Schenken, in: Leggewie, C. (Hrsg.): Tafeln, teilen, trennen – Nahrung und Essen als Gaben (Global Dialogues 9), Duisburg: Käte Hamburger Kolleg / Centre for Global Cooperation Research, S. 40–49.

Van Boxstael, S.; Devlieghere, F.; Berkvens, D.; Vermeulen, A.; Uyttendaele, M. (2014): Understanding and attitude regarding the shelf life labels and dates on pre-packed food products by Belgian consumers, in: Food Control, 37, S. 85–92.

Van Meter, K.M. (1990): Methodological and Design Issues: Techniques for Assessing the Representatives of Snowball Samples, in: Lambert, E.Y. (Hrsg.): The Collection and Interpretation of Data from Hidden Populations, NIDA Research Monograph 98, S. 31–43.

Van Rijnsoever, F.; Farla, J.; Dijst, M.J. (2009): Consumer car preferences and information search channels, in: Transportation Research Part D, 14(5), S. 334–342.

Vinegar, R.; Parker, P.; McCourt, G. (2016): More than a response to food insecurity: demographics and social networks of urban dumpster divers, in: Local Environment, 21(2), S. 241–253.

Vogt, M. (2016): Lebensmittelabfälle als ethisch-kulturelle Herausforderung, in: Kersten, J. (Hrsg.): Inwastement - Abfall in Umwelt und Gesellschaft, Bielefeld: transcript Verlag, S. 55–82.

Walter, C. (2017): Volle Bäuche statt volle Tonnen. Containern gegen Lebensmittelvernichtung. Ein Aktivist klärt auf, Berlin: Manifest Verlag.

Watson, M.; Meah, A. (2013): Food, waste and safety: negotiating conflicting social anxieties into the practices of domestic provisioning, in: The Sociological Review, 60(S2), S. 102–120.

Welz, G. (2015): Knappheit – eine anthropologische Kategorie? in: Tauschek, M.; Grewe, M. (Hrsg.): Knappheit, Mangel, Überfluss. Kulturwissenschaftliche Positionen zum Umgang mit begrenzten Ressourcen, Frankfurt am Main: Campus Verlag, S. 35–56.

Williams, H.; Wikström, F.; Otterbring, T.; Löfgren, M.; Gustafsson, A. (2012): Reasons for household food waste with special attention to packaging, in: Journal of Cleaner Production, 24, S. 141–148.

Willits, F.K.; Saltiel, J. (1995): Question Order Effects on Subjective Measures of Quality of Life, in: Rural Sociology, 60(4), S. 654–665.

Windmüller, S. (2004): Die Kehrseite der Dinge. Müll, Abfall, Wegwerfen als kulturwissenschaftliches Problem, Münster: LIT Verlag.

Wolters, F. (2012): Heikle Fragen in Interviews. Eine Validierung der Randomized Response-Technik, Wiesbaden: VS Verlag für Sozialwissenschaften.

Yakeley, J.; Meloy, J.R. (2012): Understanding violence: Does psychoanalytic thinking matter?, in: Aggression and Violent Behavior, 17(3), S. 229–239.

Zentrum für Europäischen Verbraucherschutz (2016): Lebensmittelverschwendung in Frankreich.[https://www.cec-zev.eu/de/themen/alltag-in-frankreich/lebensmittelverschwendung-in-frankreich/; 27.03.2018]

Anhang

Tabellenverzeichnis

Abbildungsverzeichnis

Tabelle A1: Übersicht der Experteninterviews (anonymisiert).

Datum	Ort	Person/Institution	Bereich
01.12.2014	Göttingen	Geschäftsführer eines Bio-Supermarktes	Lebensmitteleinzelhandel
02.12.2014	Berlin	Slow Food Deutschland e.V.	Verein
03.12.2014	Passau	Universitätsprofessor	Wissenschaft
09.12.2014	Berlin	Bundesverband des Deutschen Lebensmittelhandels e.V.	Verband Lebensmittelhandel
15.12.2014	Berlin	Abgeordnete des deutschen Bundestages	Politik
18.12.2014	Köln	Regisseur und Produzent	Medien
13.01.2015	Wien	Wissenschaftliche Mitarbeiterin	Wissenschaft
02.02.2015	Hamburg	Zentralverband des Deutschen Bäckerhandwerks e. V.	Verband Lebensmittelproduktion
03.02.2015	Düsseldorf	Vorstandsmitglied einer Einzelhandelskette	Lebensmitteleinzelhandel
31.03.2015	Berlin	Bundesverband Deutsche Tafel e.V.	Hilfsorganisation

Tabelle A2: Leitfaden für die Interviews mit den Aktivisten und Aktivistinnen in Deutschland.

	Frage	Weiterführende Fragen	Signalworte
Einstiegsfrage	Wie bist du zum Containern gekommen?	Gab es irgendwelche prägende Erlebnisse?	Film: Taste the Waste Freunde
Praxis	Bitte beschreib möglichst genau, wie so ein Container-Abend vonstattengeht.	Vorher? Währenddessen? Danach?	Immer in Begleitung? Absperrungen überwinden / Schlösser aufbrechen? Ort sauber hinterlassen? Reste weitergeben?
	Bist du beim Containern schon einmal in eine brenzlige Situation gekommen? Kannst du davon berichten?	Bist du bspw. schon einmal in Kontakt mit der Polizei gekommen? Hast du danach etwas an deinem Verhalten geändert?	Radikalisierung? Abschreckung?
Motive	Warum containerst du? Was sind deine Gründe?		Finanziell Gegen Lebensmittelverschwendung Protest Konsumgesellschaft Abenteuer, Spaß
Alternativen	Welche anderen Möglichkeiten siehst du, um etwas gegen die Lebensmittelverschwendung zu unternehmen?		„Fairteiler" Einkauf optimieren Reste-Essen
Einflussmöglichkeit	Wie schätzt du die Möglichkeit ein, durch dein Handeln etwas an der Lebensmittelverschwendung zu verändern?	Ändert das Containern etwas an der Lebensmittelverschwendung?	
Umwelt	Welchen Bezug siehst du zwischen Lebensmittelabfall, Containern und der Umwelt?	Siehst du z.B. einen Zusammenhang zwischen den Bedürfnissen der Kunden und der Überproduktion? Welche Konsequenzen hat dies für die Umwelt?	
Politische Handlung	Containern ist eine politische Handlung. Wie ist deine Meinung zu diesem Statement?		

Fortsetzung von Tabelle A2

	Frage	**Weiterführende Fragen**	**Signalworte**
Soziale Bewegung	Inwieweit siehst du das Containern als eine (neue) soziale Bewegung an?	Vergleich mit anderen Bewegungen (z.B. AKW-Bewegung)	Wir-Gefühl Vernetzung Gemeinsame Ziele
Legal/illegal	Containern stellt eine Straftat dar. Wie stehst du zu dieser Aussage?	Fallen dir Argumente dafür bzw. dagegen ein?	
Umfeld	Wie reagiert dein Umfeld darauf, dass du containern gehst?	z.B. Freunde, Familie, Arbeitskollegen	Kritik, Streit Anerkennung Missachtung
International	Wie schätzt du die Problematik der Lebensmittelabfälle in Deutschland im Vergleich mit anderen Ländern ein?	Vergleich mit anderen westlichen Industrienationen. Vergleich mit Schwellen- und Entwicklungsländern	
Schlussfrage	Welche Entwicklung erwartest in den kommenden Jahren für das Containern in Deutschland?		
Weitere Kontakte	Kannst du uns den Kontakt zu weiteren Personen vermitteln, die ebenfalls containern?		

Abbildung A1: Kurzfragebogen zur Erhebung personenbezogener Daten der interviewten Mülltaucher und Mülltaucherinnen in Deutschland.

Kurzfragebogen: Containern in Deutschland

1. Seit wann gehen Sie containern?
Bitte tragen Sie den Monat und das Jahr ein. Wenn Sie den Monat nicht genau wissen, geben Sie bitte eine Schätzung an.

__________ / __________
Monat Jahr

2. Wie häufig gehen Sie containern (täglich, wöchentlich, 1 Mal im Monat etc.)?
Bitte Zutreffendes eintragen.

____

3. Wenn Sie mindestens 1 Mal im Monat containern: Wie viel Prozent ihres wöchentlichen Bedarfs an Lebensmitteln decken Sie durch containern?

________Prozent von 100 Prozent

4. Wie viel Geld sparen Sie durchschnittlich im Monat, dadurch dass Sie containern gehen?

________ Euro.

5. Haben Sie den Film Taste the Waste gesehen?

○ Ja ○ Nein ○ Weiß ich nicht

6. Ernähren Sie sich vegetarisch oder vegan?

○ Ja, vegetarisch
○ Ja, vegan
○ Nein

7. Wie viele Personen kennen Sie, die ebenfalls containern?

________ **Personen**

8. Was ist Ihr Geschlecht?

○ männlich ○ weiblich

1

9. In welchem Jahr sind Sie geboren?

__ __ __ __ (JJJJ)

---

10. Welches ist Ihr höchster Bildungsabschluss?

- ○ Kein Schulabschluss
- ○ Derzeit noch Schüler
- ○ Volks-/ Hauptschulabschluss/ POS mit Abschluss 8. oder 9. Klasse
- ○ Mittlere Reife / Realschulabschluss/ POS mit Abschluss 10. Klasse
- ○ Fachhochschulreife / Abschluss einer Fachoberschule
- ○ Abitur (Hochschulreife)/ erweiterte Oberschule mit Abschluss 12. Klasse
- ○ Fachhochschulabschluss
- ○ Universitätsabschluss, Hochschulabschluss
- ○ Sonstiges, und zwar: ______________________________

---

11. Haben Sie Kinder? Wenn ja, wie viele?

________ (0 = keine Kinder)

---

12. Welche der Kategorien auf dieser Liste beschreibt am besten, wo Sie wohnen?

- ○ Großstadt
- ○ Rand oder Vororte einer Großstadt
- ○ Mittel- oder Kleinstadt
- ○ Ländliches Dorf
- ○ Einzelgehöft oder allein stehendes Haus auf dem Land

---

13. In unserer Gesellschaft wird oftmals zwischen „oben" und „unten" unterschieden.

Personen, die oben stehen, haben ein hohes Einkommen, einen hohen Bildungsabschluss und einen respektierten Beruf.

Personen, die unten stehen, haben ein geringes Einkommen, einen niedrigen oder gar keinen Bildungsabschluss und keinen Beruf.

Wenn Sie an Ihre Familie denken: Wo würden Sie Ihre Eltern in unserer Gesellschaft einordnen?

unten									oben
○	○	○	○	○	○	○	○	○	○
1	2	3	4	5	6	7	8	9	10

---

14. Viele Menschen verwenden die Begriffe „rechts" und „links", wenn es darum geht, unterschiedliche politische Einstellungen zu kennzeichnen. Wenn Sie an Ihre eigenen politischen Ansichten denken, wo würden Sie diese Ansichten auf einer Skala von 1 bis 10 einstufen, wobei 1 = links und 10 = rechts bedeutet?

links									rechts
○	○	○	○	○	○	○	○	○	○
1	2	3	4	5	6	7	8	9	10

15. Wie viel Geld hatten Sie im letzten Monat zum Leben (Miete, Essen, Freizeit, etc.) zur Verfügung?

- Unter 500 Euro
- 500 – 999 Euro
- 1.000 – 1.999 Euro
- 2.000 – 2.999 Euro
- 3.000 – 3.999 Euro
- über 4.000 Euro
- Ich möchte dazu keine Angaben machen.

---

16. Wie beurteilen Sie Ihre derzeitige finanzielle Lage?

○ Sehr gut ○ Eher gut ○ Eher schlecht ○ Sehr schlecht

---

17. Wie stark fühlen Sie sich religiös, also mit religiösen Ideen und mit religiösem Gedankengut verbunden?

○ Sehr stark ○ Stark ○ Teils/Teils ○ Wenig ○ Überhaupt nicht

---

18. Sind Sie Mitglied in einer Organisation, einem Netzwerk usw., das sich für politische, umweltbezogene oder andere gesellschaftliche Belange einsetzt? Wenn ja, nennen Sie bitte diese Organisation/en oder Netzwerke (z.B. WWF, ATTAC, ...).

- Ja, ich bin Mitglied in ...

  ____

  ____

  ____

- Nein, ich bin kein Mitglied.

Vielen Dank für Ihre Teilnahme!

Tabelle A3: Vergleich der Ergebnisse von OLS- und Ordered Logit-Modellen zwischen der Häufigkeit des Containerns und den soziodemographischen Angaben der befragten Aktivisten und Aktivistinnen.

Soziodemographie	OLS bivariat	OLS multivariat	Ordered Logit bivariat	Ordered Logit multivariat
Geschlecht	-0,300	-0,259	-0,415^{+}	-0,421
(1= Frau)	(-1,63)	(-1,34)	(-1,65)	(-1,52)
Alter	0,0332**	0,0274*	0,0437*	0,0388^{+}
(in Jahren)	(2,92)	(2,10)	(2,50)	(1,96)
Abitur	-0,282	-0,200	-0,350	-0,275
	(-1,00)	(-0,68)	(-0,97)	(-0,69)
Großstadt	-0,0844	-0,0566	-0,128	-0,0727
	(-0,46)	(-0,31)	(-0,52)	(-0,27)
Subjektive	0,0506	0,255^{+}	0,0451	0,335^{+}
finanzielle Lage	(0,46)	(1,83)	(0,32)	(1,67)
Geld zum Leben in	0,0254	0,0209	0,0324	0,0290
€/100	(1,38)	(0,94)	(1,17)	(0,83)
Politisches Interesse	0,0161	-0,0123	0,0169	-0,0217
	(0,17)	(-0,12)	(0,13)	(-0,16)
Position in der	-0,0958^{+}	-0,140*	-0,134*	-0,200*
Gesellschaft	(-1,91)	(-2,29)	(-1,99)	(-2,33)
Politische Orientierung	0,0314	0,0327	0,0501	0,0642
(1=rechts bis 10=links)	(0,49)	(0,46)	(0,60)	(0,65)
Religiosität	0,0399	0,101	0,0419	0,162
	(0,47)	(1,11)	(0,35)	(1,20)
Konstante		2,451**		
		(2,68)		
Cut 1				-0,880
				(-0,70)
Cut 2				0,446
				(0,35)
Cut 3				1,249
				(0,99)
Cut 4				2,537*
				(1,99)
Adj, R^2/ Pseudo-R^2		0,0233		0,0241
N	208	208	208	208

Anmerkungen: $^{+}$ p<0,1, * p<0,05, ** p<0,01, *** p<0,001; Berichtet werden die Koeffizienten multivariater Regressionen mit den dazugehörigen t-Werten bzw. z-Werten in Klammern. Alle Regressionen beruhen auf robusten Standardfehlern nach dem Huber-White-Verfahren.

Tabelle A4: Vergleich der Ergebnisse von OLS- und Ordered Logit-Modellen zwischen der Häufigkeit des Containerns und den Motiven zum Containern.

Motive (gewichtet)	OLS bivariat	OLS multivariat	Ordered Logit bivariat	Ordered Logit multivariat
Lebensmittel retten	-0,153*	-0,0292	-0,223*	-0,130
	(2,02)	(-0,12)	(2,12)	(-0,32)
Ressourcen schonen	-0,0783	0,0159	-0,101	-0,0452
	(-0,95)	(0,07)	(-0,88)	(-0,11)
Geld sparen	0,314***	0,337	0,471***	0,447
	(3,82)	(1,34)	(3,68)	(1,08)
Kapitalismuskritik	0,00241	0,0660	-0,00617	0,0281
	(0,03)	(0,27)	(-0,05)	(0,07)
Bewusstsein schaffen	-0,286**	-0,148	-0,386***	-0,273
	(-3,26)	(-0,61)	(3,40)	(-0,69)
Aus Wirtschaftskreis	0,192+	0,207	0,306*	0,256
ausbrechen	(1,91)	(0,84)	(2,10)	(0,61)
Spaß	0,204	0,175	0,302	0,217
	(1,41)	(0,66)	(1,43)	(0,50)
Nervenkitzel	0,0186	-0,0716	0,0692	-0,175
	(0,07)	(-0,21)	(0,15)	(-0,32)
Freunde treffen	-0,0944	0,0580	-0,140	-0,0236
	(-0,50)	(0,19)	(-0,71)	(-0,05)
Konstante		3,039*		
		(2,17)		
Cut 1				-2,236
				(-0,96)
Cut 2				-0,911
				(-0,39)
Cut 3				-0,0753
				(-0,03)
Cut 4				1,306
				(0,56)
Adj, R²/ Pseudo-R²		0,0734		0,0433
N	208	208	208	208

Anmerkungen: + p<0,1, * p<0,05, ** p<0,01, *** p<0,001; Berichtet werden die Koeffizienten multivariater Regressionen mit den dazugehörigen t-Werten bzw. z-Werten in Klammern. Alle Regressionen beruhen auf robusten Standardfehlern nach dem Huber-White-Verfahren.

Tabelle A5: Vergleich der Ergebnisse von OLS- und Ordered Logit-Modellen zwischen der Häufigkeit des Containerns und den Skalen der Bestimmungsfaktoren.

Skalen	OLS bivariat	OLS multivariat	Ordered Logit bivariat	Ordered Logit multivariat
Politischer Einfluss	- 0,0275	-0,0270	-0,0351	-0,0317
	(-0,51)	(-0,51)	(-0,44)	(-0,39)
Politische Entfremdung	0,0197	-0,00956	0,0304	-0,00842
	(0,60)	(-0,29)	(0,69)	(-0,18)
Wahrgenommene	$0,0599^{*}$	$0,0561^{*}$	$0,0842^{*}$	0.0776^{*}
Legitimität von Gewalt	(2,55)	(2,26)	(2,54)	(2,14)
Soziale Norm	0,0760	-0,00821	0,0966	-0,0457
	(0,67)	(-0,07)	(0,63)	(-0,27)
Persönliche Norm	0,0296	-0,107	0,0170	-0,203
	(0,16)	(-0,58)	(0,07)	(-0,78)
Identität	$0,500^{***}$	$0,517^{***}$	$0,697^{***}$	$0,717^{***}$
	(4,41)	(4,42)	(4,06)	(3,999)
Konstante		$2,682^{***}$		
		(3,87)		
Cut 1				-1,313
				(-1,31)
Cut 2				0,0385
				(0,04)
Cut 3				0,875
				(0,86)
Cut 4				2.202^{*}
				(2,14)
Adj, R^2/ Pseudo-R^2		0,0903		0,0374
N	208	208	208	208

Anmerkungen: $^{+}$ p<0,1, * p<0,05, ** p<0,01, *** p<0,001; Berichtet werden die Koeffizienten multivariater Regressionen mit den dazugehörigen t-Werten bzw. z-Werten in Klammern. Alle Regressionen beruhen auf robusten Standardfehlern nach dem Huber-White-Verfahren.

Tabelle A6: Vergleich der Ergebnisse von OLS- und Ordered Logit-Modellen zum Einfluss soziodemographischer und theoriegeleiteter Bestimmungsfaktoren auf die Häufigkeit des Containerns.

	OLS (1)	Ordered Logit (1)	OLS (2)	Ordered Logit (2)	OLS (3)	Ordered Logit (3)	OLS (4)	Ordered Logit (4)	OLS (5)	Ordered Logit (5)	OLS (6)	Ordered Logit (6)	OLS (7)	Ordered Logit (7)	OLS (8)	Ordered Logit (8)	OLS (9)	Ordered Logit (9)
Begleitung	-0,427***	-0,667***	-0,431***	-0,687***	-0,433***	-0,687***	-0,431***	-0,687***	-0,410***	-0,658***	-0,429***	-0,685***	-0,440***	-0,706***	-0,370***	-0,605***	-0,357***	-0,590***
	(-7,02)	(-6,13)	(-6,42)	(-5,67)	(-6,52)	(-5,71)	(-6,40)	(-5,67)	(-5,95)	(-5,28)	(-6,32)	(-5,59)	(-6,49)	(-5,71)	(-5,10)	(-4,83)	(-4,89)	(-4,65)
Geschlecht (1= Frau)			-0,0556	-0,0799	-0,0249	-0,0473	-0,0518	-0,0786	0,0204	0,0126	-0,0406	-0,0674	-0,0426	-0,0547	-0,0854	-0,128	0,0353	0,0105
			(-0,31)	(-0,28)	(-0,13)	(-0,17)	(-0,28)	(-0,28)	(0,11)	(0,04)	(-0,22)	(-0,23)	(-0,23)	(-0,19)	(-0,48)	(-0,45)	(0,19)	(0,04)
Alter (in Jahren)			0,00245	0,0131	0,00368	0,0149	0,00276	0,0132	0,00851	0,0211	0,00392	0,0139	0,00448	0,0170	0,00057	0,00991	0,0106	0,0231
			(0,20)	(0,63)	(0,30)	(0,70)	(0,22)	(0,63)	(0,66)	(1,00)	(0,32)	(0,66)	(0,36)	(0,80)	(0,05)	(0,46)	(0,80)	(1,03)
Abitur			-0,0397	0,124	-0,0197	0,137	-0,0422	0,128	-0,0753	0,0790	-0,0491	0,115	-0,0116	0,179	-0,0729	0,0848	-0,0640	0,104
			(-0,17)	(0,32)	(-0,08)	(0,36)	(-0,18)	(0,33)	(-0,31)	(0,20)	(-0,20)	(0,30)	(-0,05)	(0,47)	(-0,31)	(0,22)	(-0,26)	(0,26)
Großstadt			-0,0676	-0,149	-0,0757	-0,154	-0,0628	-0,148	-0,0812	-0,164	-0,0605	-0,143	-0,0743	-0,164	-0,0230	-0,0828	-0,0408	-0,117
			(-0,40)	(-0,55)	(-0,45)	(-0,57)	(-0,38)	(-0,55)	(-0,49)	(-0,61)	(-0,36)	(-0,53)	(-0,44)	(-0,61)	(-0,14)	(-0,30)	(-0,25)	(-0,42)
Subjektive finanzielle Lage			0,0958	0,106	0,0981	0,113	0,105	0,116	0,0946	0,104	0,0995	0,106	0,0909	0,0961	0,122	0,150	0,126	0,156
			(0,71)	(0,50)	(0,73)	(0,53)	(0,77)	(0,55)	(0,71)	(0,49)	(0,74)	(0,50)	(0,68)	(0,45)	(0,92)	(0,70)	(0,95)	(0,71)
Geld zum Leben in €/100			0,0421*	0,0607^{+}	0,0434*	0,0613^{+}	0,0417*	0,0607^{+}	0,0408*	0,0589	0,0418*	0,0612^{+}	0,0426*	0,0616^{+}	0,0397^{+}	0,0580	0,0394^{+}	0,0575
			(2,12)	(1,67)	(2,15)	(1,68)	(2,11)	(1,68)	(2,00)	(1,58)	(2,09)	(1,67)	(2,17)	(1,71)	(1,97)	(1,52)	(1,92)	(1,45)
Politisches Interesse			0,00902	0,0244	0,0108	0,0237	0,00684	0,0232	-0,0237	-0,0207	0,0113	0,0251	0,0222	0,0449	0,00981	0,0222	-0,00286	0,00210
			(0,10)	(0,18)	(0,12)	(0,17)	(0,08)	(0,17)	(-0,27)	(-0,15)	(0,13)	(0,18)	(0,25)	(0,33)	(0,11)	(0,16)	(-0,03)	(0,02)
Position in der Gesell-schaft			-0,119*	-0,184^{+}	-0,118^{+}	-0,182^{+}	-0,117^{+}	-0,182^{+}	-0,114^{+}	-0,181^{+}	-0,122*	-0,186^{+}	-0,116^{+}	-0,180^{+}	-0,122*	-0,186^{+}	-0,112	-0,177^{+}
			(-1,99)	(-1,93)	(-1,95)	(-1,91)	(-1,95)	(-1,90)	(-1,95)	(-1,92)	(-2,04)	(-1,96)	(-1,94)	(-1,89)	(-2,05)	(-1,91)	(-1,94)	(-1,84)
Politische Orientierung (1= rechts bis 10= links)			-0,0109	-0,0335	-0,0128	-0,0337	-0,0191	-0,0413	-0,0655	-0,106	-0,0217	-0,0417	-0,00808	-0,0258	-0,0105	-0,0333	-0,0695	-0,0961
			(-0,17)	(-0,34)	(-0,20)	(-0,34)	(-0,29)	(-0,42)	(-1,02)	(-1,05)	(-0,32)	(-0,40)	(-0,12)	(-0,25)	(-0,16)	(-0,32)	(-1,06)	(-0,89)
Religiosität			0,149^{+}	0,213	0,156^{+}	0,221	0,153^{+}	0,220	0,170*	0,244^{+}	0,140	0,207	0,155^{+}	0,223	0,150^{+}	0,223^{+}	0,180*	0,280*
			(1,80)	(1,58)	(1,86)	(1,61)	(1,85)	(1,61)	(2,05)	(1,77)	(1,65)	(1,49)	(1,86)	(1,63)	(1,91)	(1,72)	(2,16)	(1,98)
Politischer Einfluss					-0,0389	-0,0473											-0,0336	-0,0352
					(-0,78)	(-0,59)											(-0,66)	(-0,43)
Politische Entfremdung							0,0163	0,0203									0,00760	0,0108
							(0,55)	(0,44)									(0,25)	(0,22)

Fortsetzung von Tabelle A6

	OLS (1)	Ordered Logit (1)	OLS (2)	Ordered Logit (2)	OLS (3)	Ordered Logit (3)	OLS (4)	Ordered Logit (4)	OLS (5)	Ordered Logit (5)	OLS (6)	Ordered Logit (6)	OLS (7)	Ordered Logit (7)	OLS (8)	Ordered Logit (8)	OLS (9)	Ordered Logit (9)
Wahrgem. Legitimität von Gewalt									0,0554* (2,10)	0,0785^{+} (1,91)							0,0518^{+} (1,89)	0,0764^{+} (1,76)
Soziale Norm											0,0710 (0,67)	0,0501 (0,30)					0,0393 (0,35)	-0,0104 (-0,06)
Persönliche Norm													-0,164 (-0,96)	-0,300 (-1,15)			-0,201 (-1,16)	-0,390 (-1,41)
Identität															0,278* (2,32)	0,398* (2,08)	0,303* (2,45)	0,459* (2,31)
Konstante	4,800*** (22,41)		4,686*** (5,29)		4,933*** (5,36)		4,462*** (4,36)		4,346*** (4,80)		4,588*** (5,14)		4,631*** (5,16)		4,226*** (4,67)		3,854*** (3,68)	
Cut 1		-4,667*** (-9,18)		-4,498** (-3,15)		-4,781** (-3,27)		-4,199* (-2,51)		-4,027** (-2,83)		-4,441** (-3,08)		-4,403** (-3,02)		-3,863** (-2,64)		-3,297^{+} (-1,92)
Cut 2		-3,267*** (-7,50)		-3,053* (-2,16)		-3,335* (-2,29)		-2,753^{+} (-1,65)		-2,575 (-1,82)		-2,996* (-2,11)		-2,959* (-2,05)		-2,387^{+} (-1,65)		-1,811 (-1,05)
Cut 3		-2,375*** (-5,85)		-2,130 (-1,51)		-2,414^{+} (-1,66)		-1,828 (-1,09)		-1,639 (1,16)		-2,074 (-1,46)		-2,036 (-1,41)		-1,443 (-1,00)		-0,849 (-0,49)
Cut 4		-0,935* (-2,55)		-0,648 (-0,46)		-0,931 (-0,64)		-0,344 (-0,21)		-0,136 (-0,10)		-0,591 (-0,42)		-0,543 (-0,38)		0,0558 (0,04)		0,688 (0,40)
Adj, R²/ Pseudo-R²	0,1792	0,0678	0,1836	0,0842	0,1818	0,0848	0,1804	0,0845	0,1955	0,0895	0,1812	0,0844	0,1831	0,0862	0,2039	0,0919	0,2091	0,1012
N	208	208	208	208	208	208	208	208	208	208	208	208	208	208	208	208	208	208

Anmerkungen: $^{+}$ p<0,1, * p<0,05, ** p<0,01, *** p<0,001; Berichtet werden die Koeffizienten multivariater Regressionen mit den dazugehörigen t-Werten bzw. z-Werten in Klammern. Alle Regressionen beruhen auf robusten Standardfehlern nach dem Huber-White-Verfahren.

Abbildung A2: Übersicht zur Antwortverteilung auf die Frage nach der Häufigkeit des Containerns.

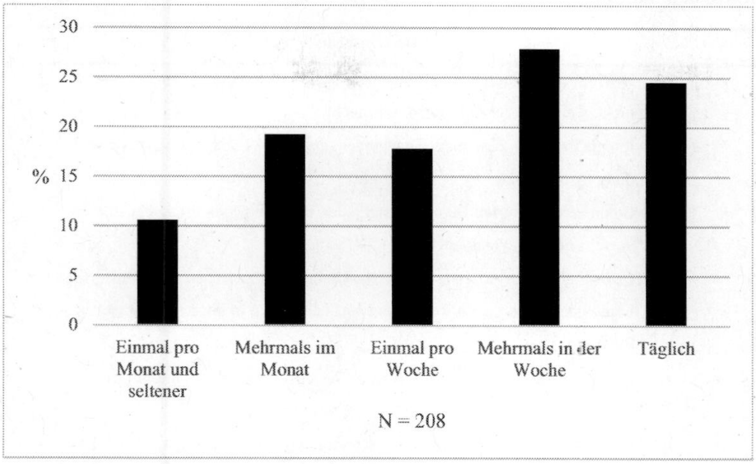

Abbildung A3: Übersicht zur Antwortverteilung auf die Frage nach den ausgeführten Handlungen in den letzten 12 Monaten.

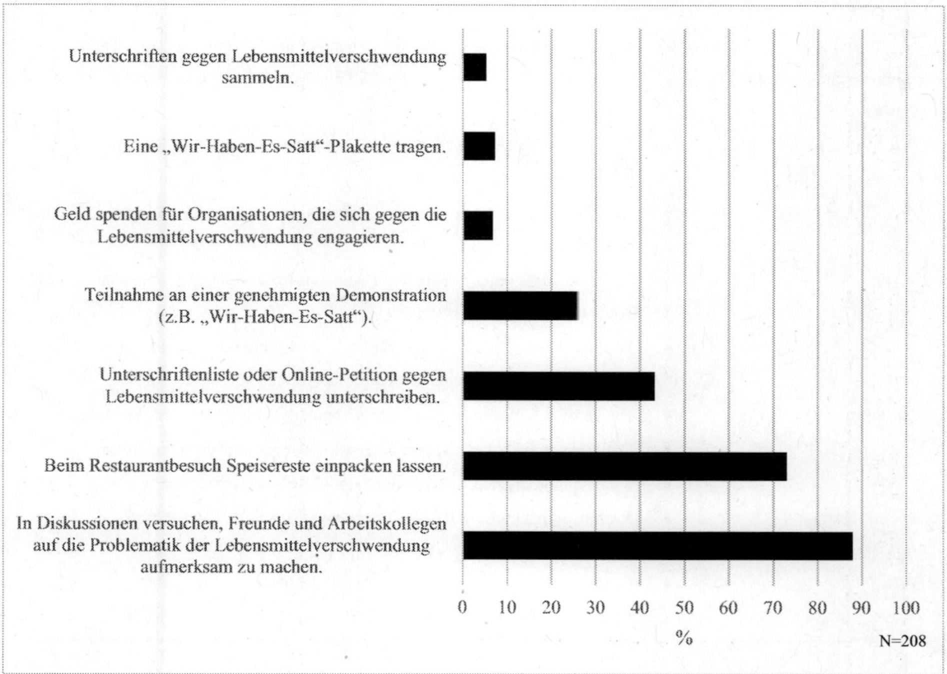

Tabelle A7: Übersicht zu den theoriegeleiteten Bestimmungsfaktoren und deren Implementierung in der Onlinebefragung der Aktivisten und Aktivistinnen.

Bestimmungsfaktor	Wortlaut im Fragebogen
Politischer Einfluss	• Die Frage, ob durch mein Engagement sich die Verhältnisse ändern oder nicht, stellt sich für mich überhaupt nicht. • Ich glaube nicht, dass mein Engagement gegen die Lebensmittelverschwendung Gewicht hat. • Einen nennenswerten Beitrag leistet jeder, der sich gegen die Lebensmittelverschwendung engagiert.
Politische Entfremdung	• Es macht mir Sorge, wenn ich an den Unterschied zwischen dem denke, was Leute wie ich im Leben wollen und was tatsächlich in unserem politischen System passiert. • Ich fühle mich in unserem politischen System eigentlich doch sehr gut vertreten. • Die wahre politische Macht in der Bundesrepublik ist nur einer kleinen Elite vorbehalten. Bürger haben kaum eine Chance, politische Entscheidungen zu beeinflussen. • Die politischen Einrichtungen der Bundesrepublik sind mir lieb und wert und ich achte sie hoch. • Ich bin immer wieder erschrocken und betroffen darüber, dass die wesentlichen Rechte der Bürger in der deutschen Politik so wenig beachtet werden.
Wahrgenommene Legitimität von Gewalt	• Ich meine, dass unter bestimmten Bedingungen Gewalt gegen Sachen moralisch gerechtfertigt ist. • Ich meine, dass unter bestimmten Bedingungen Gewalt gegen Sachen politisch gerechtfertigt ist. • Ich meine, dass unter bestimmten Bedingungen Gewalt gegen Personen moralisch gerechtfertigt ist. • Ich meine, dass unter bestimmten Bedingungen Gewalt gegen Personen politisch gerechtfertigt ist. • Wenn sich Bürger für wichtige politische Ziele einsetzen, dann kann es dabei auch schon mal nötig sein, Gesetze zu übertreten.
Soziale Norm	• Die Familie findet es eher gut oder sehr gut, dass Sie containern gehen. • Die Freunde finden es eher gut oder sehr gut, dass Sie containern gehen. • Ich bekomme soziale Anerkennung von Gleichgesinnten.
Persönliche Norm	• Ich fühle mich moralisch verpflichtet, etwas gegen die Lebensmittelverschwendung zu tun.
Identität	• Containern ist ein wichtiger Teil meiner Identität. • Das Containern erfüllt mich innerlich.

Abbildung A4: Übersicht zur Antwortverteilung der abgefragten Gründe containern zu gehen, aufgeschlüsselt nach dem erst-, zweit- und drittwichtigsten Grund.

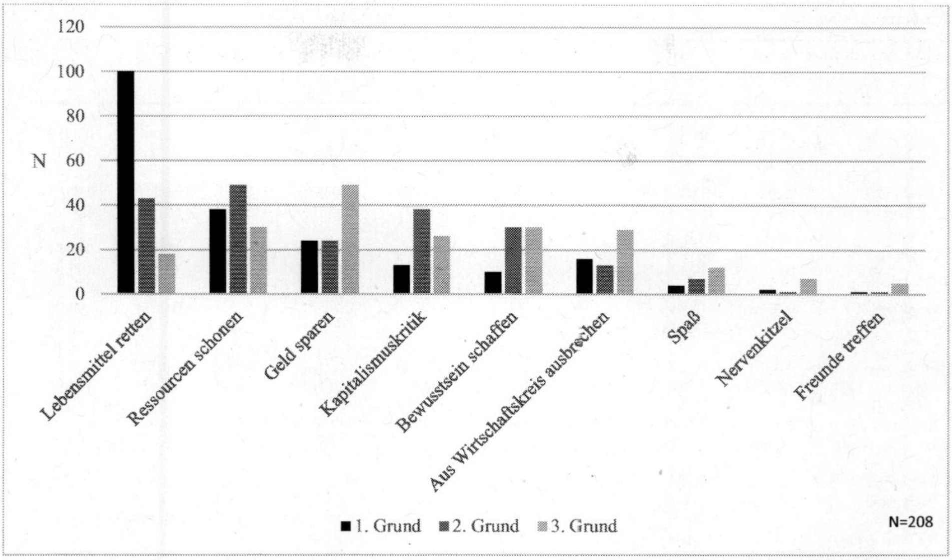

Tabelle A8: Ergebnisse multivariater OLS-Regressionen zum Einfluss soziodemographischer Faktoren auf die Motive des Containerns.

	Lebens-mittel retten	Ressour-cen schonen	Geld sparen	Kapita-lismus-kritik	Bewusst-sein schaffen	Aus Wirt-schafts-kreis aus-brechen	Spaß	Nerven-kitzel	Freunde treffen
Geschlecht (1= Frau)	0,222 (1,28)	0,0863 (0,50)	-0,303* (-2,08)	-0,0104 (-0,07)	0,389** (3,03)	-0,115 (-0,85)	-0,169^{+} (-1,97)	-0,144* (-2,21)	0,0459 (1,59)
Alter (in Jahren)	-0,00294 (-0,22)	-0,00190 (-0,14)	0,00514 (0,41)	-0,00596 (-0,67)	-0,00204 (-0,22)	0,00635 (0,56)	0,00184 (0,24)	-0,00376 (-1,18)	-0,00104 (-0,98)
Abitur	-0,182 (-0,69)	0,0375 (0,13)	0,132 (0,57)	-0,0127 (-0,06)	-0,106 (-0,49)	0,0161 (0,08)	-0,0183 (-0,18)	0,0816* (2,53)	0,0184 (0,86)
Großstadt	0,0376 (0,22)	-0,0493 (-0,30)	-0,158 (-1,16)	0,199 (1,50)	-0,0330 (-0,25)	-0,0682 (-0,52)	-0,0362 (-0,39)	0,0238 (0,44)	0,00857 (0,23)
Subjektive finanzielle Lage	0,0670 (0,53)	0,223^{+} (1,79)	-0,432*** (-4,71)	0,0239 (0,21)	-0,0749 (-0,81)	0,118 (1,17)	0,0526 (1,01)	-0,0322 (-1,43)	0,0481* (1,99)
Geld zum Leben in €/100	-0,00892 (-0,44)	-0,0265 (-1,58)	-0,0132 (-0,65)	-0,00364 (-0,20)	0,0218 (1,36)	0,0130 (0,75)	0,00364 (0,47)	0,00898 (1,25)	0,00214 (0,61)
Politisches Interesse	-0,0214 (-0,22)	0,180^{+} (1,87)	-0,207* (-2,35)	0,104 (1,39)	0,00774 (0,10)	0,0258 (0,32)	-0,0101 (-0,25)	-0,0367 (-0,90)	-0,0263 (-0,96)
Position in der Gesellschaft	0,0514 (0,83)	-0,0647 (-1,11)	-0,0109 (-0,27)	0,0163 (0,32)	0,0338 (0,83)	-0,0464 (-1,07)	0,00997 (0,37)	0,0192 (1,24)	-0,0139 (-1,13)
Politische Orientierung (1=rechts bis 10=links)	-0,117^{+} (-1,78)	0,0577 (0,78)	-0,0944 (-1,56)	0,146** (2,67)	-0,0862^{+} (-1,68)	0,105* (2,32)	0,00365 (0,15)	-0,00066 (-0,04)	-0,00274 (-0,26)
Religiosität	0,104 (1,23)	-0,00107 (-0,01)	-0,0288 (-0,49)	-0,0879 (-1,47)	0,0181 (0,29)	-0,0141 (-0,27)	-0,0102 (-0,31)	-0,0177 (-1,37)	0,0363 (1,25)
Konstante	2.391** (2.79)	-0.258 (-0.31)	3.674*** (4.83)	-0.797 (-1.27)	1.186^{+} (1.90)	-0.589 (-0.91)	0.0803 (0.28)	0.330^{+} (1.66)	0.0173 (0.15)
Adj, R^2	0,0232	0,0078	0,1646	0,0510	0,0325	0,0055	-0,0157	0,0121	0,0072
N	208	208	208	208	208	208	208	208	208

Anmerkungen: $^{+}$ p<0,1, * p<0,05, ** p<0,01, *** p<0,001; Berichtet werden die Koeffizienten multivariater Regressionen mit den dazugehörigen t-Werten in Klammern. Alle Regressionen beruhen auf robusten Standardfehlern nach dem Huber-White-Verfahren.

Tabelle A9: Ergebnisse von OLS-Regressionen zum Einfluss soziodemographischer und theoriegeleiteter Bestimmungsfaktoren auf die Häufigkeit des Containerns.

	Modell 1	Modell 2	Modell 3	Modell 4	Modell 5	Modell 6	Modell 7	Modell 8	Modell 9
Begleitung	-0,427***	-0,431***	-0,433***	-0,431***	-0,410***	-0,429***	-0,440***	-0,370***	-0,357***
	(-7,02)	(-6,42)	(-6,52)	(-6,40)	(-5,95)	(-6,32)	(-6,49)	(-5,10)	(-4,89)
Geschlecht (1= Frau)		-0,0556	-0,0249	-0,0518	0,0204	-0,0406	-0,0426	-0,0854	0,0353
		(-0,31)	(-0,13)	(-0,28)	(0,1[illegible])	(-0,22)	(-0,23)	(-0,48)	(0,19)
Alter (in Jahren)		0,00245	0,00368	0,00276	0,00851	0,00392	0,00448	0,00057	0,0106
		(0,20)	(0,30)	(0,22)	(0,66)	(0,32)	(0,36)	(0,05)	(0,80)
Abitur		-0,0397	-0,0197	-0,0422	-0,0753	-0,0491	-0,0116	-0,0729	-0,0640
		(-0,17)	(-0,08)	(-0,18)	(-0,31)	(-0,20)	(-0,05)	(-0,31)	(-0,26)
Großstadt		-0,0676	-0,0757	-0,0628	-0,0812	-0,0605	-0,0743	-0,0230	-0,0408
		(-0,40)	(-0,45)	(-0,38)	(-0,49)	(-0,36)	(-0,44)	(-0,14)	(-0,25)
Subjektive finanzielle Lage		0,0958	0,0981	0,105	0,0946	0,0995	0,0909	0,122	0,126
		(0,71)	(0,73)	(0,77)	(0,71)	(0,74)	(0,68)	(0,92)	(0,95)
Geld zum Leben in €/100		0,0421*	0,0434*	0,0417*	0,0408*	0,0418*	0,0426*	0,0397^{+}	0,0394^{+}
		(2,12)	(2,15)	(2,11)	(2,00)	(2,09)	(2,17)	(1,97)	(1,92)
Politisches Interesse		0,00902	0,0108	0,00684	-0,0237	0,0113	0,0222	0,00981	-0,00286
		(0,10)	(0,12)	(0,08)	(-0,27)	(0,13)	(0,25)	(0,11)	(-0,03)
Position in der Gesellschaft		-0,119*	-0,118^{+}	-0,117^{+}	-0,114^{+}	-0,122*	-0,116^{+}	-0,122*	-0,112^{+}
		(-1,99)	(-1,95)	(-1,95)	(-1,95)	(-2,04)	(-1,94)	(-2,05)	(-1,94)
Politische Orientierung (1= rechts bis 10= links)		-0,0109	-0,0128	-0,0191	-0,0655	-0,0217	-0,00808	-0,0105	-0,0695
		(-0,17)	(-0,20)	(-0,29)	(-1,02)	(-0,32)	(-0,12)	(-0,16)	(-1,06)
Religiosität		0,149^{+}	0,156^{+}	0,153^{+}	0,170*	0,140	0,155^{+}	0,150^{+}	0,180*
		(1,80)	(1,86)	(1,85)	(2,05)	(1,65)	(1,86)	(1,91)	(2,16)
Politischer Einfluss			-0,0389						-0,0336
			(-0,78)						(-0,66)
Politische Entfremdung				0,0163					0,00760
				(0,55)					(0,25)
Wahrgenommene Legitimität von Gewalt					0,0554*				0,0518^{+}
					(2,10)				(1,89)
Soziale Norm						0,0710			0,0393
						(0,67)			(0,35)
Persönliche Norm							-0,164		-0,201
							(-0,96)		(-1,16)
Identität								0,278*	0,303*
								(2,32)	(2,45)
Konstante	4,800***	4,686***	4,933***	4,462***	4,346***	4,588***	4,631***	4,226***	3,854***
	(22,41)	(5,29)	(5,36)	(4,36)	(4,80)	(5,14)	(5,16)	(4,67)	(3,68)
Adj. R^2	0,1792	0,1836	0,1818	0,1804	0,1955	0,1812	0,1831	0,2039	0,2091
N	208	208	208	208	208	208	208	208	208

Anmerkungen: $^{+}$ $p<0,1$, * $p<0,05$, ** $p<0,01$, *** $p<0,001$; Berichtet werden die Koeffizienten multivariater Regressionen mit den dazugehörigen t-Werten in Klammern. Alle Regressionen beruhen auf robusten Standardfehlern nach dem Huber-White-Verfahren.

Tabelle A10: Multivariate Zusammenhänge zwischen den vier Aktivitätsmaßen und den soziodemographischen Angaben der befragten Aktivisten und Aktivistinnen.

Soziodemographie	Häufigkeit des Containerns	Handlungen in den letzten 12 Monaten	Aktivitäten gegen Lebensmittelverschwendung	Mitgliedschaft in einer Organisation
Geschlecht (1= Frau)	-0,259	$0{,}358^{*}$	$0{,}293^{+}$	-0,441
	(-1,34)	(2,42)	(1,77)	(-1,37)
Alter (in Jahren)	$0{,}0274^{*}$	0,00167	-0,00204	0,0148
	(2,10)	(0,11)	(-0,15)	(0,54)
Abitur	-0,200	0,0177	-0,0750	-0,208
	(-0,68)	(0,07)	(-0,27)	(-0,38)
Großstadt	-0,0566	-0,163	$-0{,}274^{+}$	0,0152
	(-0,31)	(-1,13)	(-1,74)	(0,05)
Subjektive finanzielle Lage	$0{,}255^{+}$	-0,0792	0,0705	$0{,}428^{+}$
	(1,83)	(-0,79)	(0,55)	(1,79)
Geld zum Leben in €/100	0,0209	0,0208	-0,0179	0,0214
	(0,94)	(1,14)	(-0,91)	(0,58)
Politisches Interesse	-0,0123	$0{,}389^{***}$	0,0886	$0{,}489^{*}$
	(-0,12)	(4,45)	(1,00)	(2,44)
Position in der Gesellschaft	$-0{,}140^{*}$	0,0360	0,0762	0,100
	(-2,29)	(0,76)	(1,37)	(0,98)
Politische Orientierung (1=rechts bis 10=links)	0,0327	0,0670	0,111	$0{,}336^{*}$
	(0,46)	(1,09)	(1,63)	(2,36)
Religiosität	0,101	$0{,}109^{+}$	0,0367	0,142
	(1,11)	(1,75)	(0,44)	(1,03)
Konstante	$2{,}451^{**}$	-0,0504	0,277	$-6{,}860^{***}$
	(2,68)	(-0,07)	(0,29)	(-3,40)
Adj, R^2/ Pseudo-R^2	0,0233	0,1270	0,0285	0,1059
N	208	208	208	208

Anmerkungen: $^{+}$ p<0,1, * p<0,05, ** p<0,01, *** p<0,001; Berichtet werden die Koeffizienten multivariater linearer Regressionen mit den dazugehörigen t-Werten in Klammern. Da es sich bei der Mitgliedschaft in einer Organisation um eine binäre Variable handelt, wurden in diesem Fall ein multivariates binäres Logit-Modell (z-Werte in Klammern) gerechnet. Alle Regressionen beruhen auf robusten Standardfehlern nach dem Huber-White-Verfahren.

Tabelle A11: Multivariate Zusammenhänge zwischen den vier Aktivitätsmaßen und den Motiven zum Containern.

Motive (gewichtet)	Häufigkeit des Containerns	Handlungen in den letzten 12 Monaten	Aktivitäten gegen Lebensmittelverschwendung	Mitgliedschaft in einer Organisation
Lebensmittel retten	-0,0292	$0,492^{***}$	0,246	-0,150
	(-0,12)	(3,73)	(1,26)	(-0,38)
Ressourcen schonen	0,0159	$0,452^{***}$	$0,330^{+}$	0,0277
	(0,07)	(3,49)	(1,72)	(0,07)
Geld sparen	0,337	0,149	0,0808	-0,502
	(1,34)	(1,01)	(0,39)	(-1,20)
Kapitalismuskritik	0,0660	$0,476^{***}$	0,3,09	-0,113
	(0,27)	(3,48)	(1,53)	(-0,28)
Bewusstsein schaffen	-0,148	$0,455^{***}$	0,262	-0,527
	(-0,61)	(3,35)	(1,31)	(-1,30)
Aus Wirtschaftskreis ausbrechen	0,207	$0,304^{*}$	0,258	-0,153
	(0,84)	(2,16)	(1,29)	(-0,37)
Spaß	0,175	0,265	0,278	-0,112
	(0,66)	(1,48)	(1,17)	(-0,25)
Nervenkitzel	-0,0716	-0,0448	-0,117	-0,246
	(-0,21)	(-0,23)	(-0,48)	(-0,48)
Freunde treffen	0,0580	-0,0762	-0,0323	-0,188
	(0,19)	(-0,37)	(-0,13)	(-0,33)
Konstante	$3,039^{*}$	0,0380	0,510	0,979
	(2,17)	(0,05)	(0,46)	(0,43)
Adj, R^2/ Pseudo-R^2	0,0734	0,1408	0,0322	0,0577
N	208	208	208	208

Anmerkungen: $^{+}$ p<0,1, * p<0,05, ** p<0,01, *** p<0,001; Berichtet werden die Koeffizienten multivariater linearer Regressionen mit den dazugehörigen t-Werten in Klammern. Da es sich bei der Mitgliedschaft in einer Organisation um eine binäre Variable handelt, wurden in diesem Fall ein multivariates binäres Logit-Modell (z-Werte in Klammern) gerechnet. Alle Regressionen beruhen auf robusten Standardfehlern nach dem Huber-White-Verfahren.

Tabelle A12: Multivariate Zusammenhänge zwischen den vier Aktivitätsmaßen und den Skalen der Bestimmungsfaktoren.

Skalen	Häufigkeit des Containerns	Handlungen in den letzten 12 Monaten	Aktivitäten gegen Lebensmittelverschwendung	Mitgliedschaft in einer Organisation
Politischer Einfluss	-0,0270	0,125*	0,140**	0,0227
	(-0,51)	(2,45)	(2,88)	(0,25)
Politische Entfremdung	-0,00956	0,0137	0,0215	-0,0701
	(-0,29)	(0,42)	(0,73)	(-1,25)
Wahrgenommene	0,0561*	0,0369	0,0242	0,105*
Legitimität von Gewalt	(2,26)	(1,36)	(1,07)	(2,40)
Soziale Norm	-0,00821	0,0236	-0,0374	0,191
	(-0,07)	(0,23)	(-0,38)	(1,02)
Persönliche Norm	-0,107	0,549**	0,267	0,631*
	(-0,58)	(3,24)	(1,67)	(2,04)
Identität	0,517***	0,0959	0,0444	0,212
	(4,42)	(0,89)	(0,44)	(1,10)
Konstante	2,682***	0,377	0,670	-1,438
	(3,87)	(0,55)	(0,10)	(-1,26)
Adj, R^2/ Pseudo-R^2	0,0903	0,1007	0,0541	0,0536
N	208	208	208	208

Anmerkungen: $^{+}$ p<0,1, * p<0,05, ** p<0,01, *** p<0,001; Berichtet werden die Koeffizienten multivariater linearer Regressionen mit den dazugehörigen t-Werten in Klammern. Da es sich bei der Mitgliedschaft in einer Organisation um eine binäre Variable handelt, wurden in diesem Fall ein multivariates binäres Logit-Modell (z-Werte in Klammern) gerechnet. Alle Regressionen beruhen auf robusten Standardfehlern nach dem Huber-White-Verfahren.

Tabelle A13: Ergebnisse multivariater OLS-Regressionen zu den Vignetten-Experimenten in den Onlinebefragungen der Aktivisten und Aktivistinnen sowie der Bevölkerung zur Befürwortung von und Teilnahme beim Containern unter Berücksichtigung der Interaktionseffekte der Vignettenattribute.

	Aktivisten		Bevölkerung	
	Befürwortung	Teilnahme	Befürwortung	Teilnahme
Umzäunt	-0,665**	-0,767***	-0,183*	-0,0707
	(-2,94)	(-3,64)	(-2,10)	(-0,76)
Verschlossen	-1,695***	-1,537***	-0,707***	-0,345***
	(-7,04)	(-6,68)	(-8,13)	(-3,68)
Wachdienst	-0,172	-0,265	-0,156	-0,129
	(-0,84)	(-1,55)	(-1,45)	(-1,10)
Polizei	0,148	-0,208	-0,0149	-0,124
	(0,66)	(-0,82)	(-0,15)	(-1,06)
Reihenfolge	0,638***	-0,219	-0,120*	0,0302
(1= erst Teilnahme)	(4,25)	(-1,49)	(-2,28)	(0,59)
Wachdienst x	0,212	0,560	0,0731	0,0593
Umzäunt	(0,56)	(1,62)	(0,57)	(0,46)
Wachdienst x	-0,0111	-0,377	0,125	0,139
Verschlossen	(-0,03)	(-1,10)	(0,98)	(1,08)
Polizei x	-0,201	0,0227	-0,168	-0,00971
Umzäunt	(-0,60)	(0,06)	(-1,34)	(-0,08)
Polizei x	0,435	0,0688	0,1000	0,111
Verschlossen	(1,23)	(0,19)	(0,80)	(0,88)
Konstante	4,509***	4,992***	3,824***	2.145***
	(32,72)	(43,27)	(50,36)	(23,71)
Adj, R^2	0,4192	0,4459	0,0836	0,0120
N	208	208	1819	1819

Anmerkungen: * p<0,05, ** p<0,01, *** p<0,001; Berichtet werden die Koeffizienten multivariater linearer Regressionen mit den dazugehörigen t-Werten in Klammern. Alle Regressionen beruhen auf robusten Standardfehlern nach dem Huber-White-Verfahren.

Nachhaltigkeit bei oekom

Die Publikationen des oekom verlags ermutigen zu nachhaltigerem Handeln: glaubwürdig & konsequent – und das schon seit 30 Jahren!

Bereits seit 2017 verzichten wir bei den meisten Büchern auf das Einschweißen in Plastikfolie. In unserem Jubiläumsjahr machen wir den nächsten Schritt und weiten den Plastikverzicht auf alle ab 2019 erscheinenden Hardcover-Titel aus.

Auch sonst sind wir weiter Vorreiter: Für den Druck unserer Bücher und Zeitschriften verwenden wir vorwiegend Recyclingpapiere (mehrheitlich mit dem Blauen Engel zertifiziert) und drucken mineralölfrei. Unsere Druckereien und Dienstleister wählen wir im Hinblick auf ihr Umweltmanagement und möglichst kurze Transportwege aus. Dadurch liegen unsere CO_2-Emissionen um 25 Prozent unter denen vergleichbar großer Verlage. Unvermeidbare Emissionen kompensieren wir zudem durch Investitionen in ein Gold-Standard-Projekt zum Schutz des Klimas und zur Förderung der Artenvielfalt.

Als Ideengeber beteiligt sich oekom an zahlreichen Projekten, um in der Branche einen hohen ökologischen Standard zu verankern. Über unser Nachhaltigkeitsengagement berichten wir ausführlich im Deutschen Nachhaltigkeitskodex (www.deutscher-nachhaltigkeitskodex.de). Schritt für Schritt folgen wir so den Ideen unserer Publikationen – für eine nachhaltigere Zukunft.

Dr. Christoph Hirsch
Programmplanung und Leiter Buch

Anke Oxenfarth
Leiterin Stabsstelle Nachhaltigkeit